| 博士生导师学术文库 |

A Library of Academics by
Ph.D.Supervisors

人大组织与行使职权若干问题研究

刘松山 著

光明日报出版社

图书在版编目（CIP）数据

人大组织与行使职权若干问题研究 / 刘松山著 . ——北京：光明日报出版社，2021.7
　ISBN 978－7－5194－6210－9

　Ⅰ.①人… Ⅱ.①刘… Ⅲ.①全国人民代表大会—组织法—研究②全国人民代表大会—工作—研究 Ⅳ.①D921.114②D622

中国版本图书馆 CIP 数据核字（2021）第 156922 号

人大组织与行使职权若干问题研究
RENDA ZUZHI YU XINGSHI ZHIQUAN RUOGAN WENTI YANJIU

著　　　者：刘松山	
责任编辑：郭思齐	责任校对：刘浩平
封面设计：一站出版网	责任印制：曹　净

出版发行：光明日报出版社

地　　　址：北京市西城区永安路 106 号，100050

电　　　话：010－63169890（咨询），010－63131930（邮购）

传　　　真：010－63131930

网　　　址：http://book.gmw.cn

E － mail：gmrbcbs@gmw.cn

法律顾问：北京市兰台律师事务所龚柳方律师

印　　　刷：三河市华东印刷有限公司

装　　　订：三河市华东印刷有限公司

本书如有破损、缺页、装订错误，请与本社联系调换，电话：010－63131930

开　　本：170mm×240mm	
字　　数：315 千字	印　　张：17.5
版　　次：2022 年 3 月第 1 版	印　　次：2022 年 3 月第 1 次印刷
书　　号：ISBN 978－7－5194－6210－9	

定　　价：98.00 元

版权所有　　翻印必究

目 录
CONTENTS

一 准确把握党在宪法和法律范围内活动的含义 ········· 1
  （一）结合时代背景和特点来认识把握 ················ 2
  （二）从改革与宪法法律稳定性的关系来把握 ·········· 3
  （三）深入研究党领导人民制定宪法、法律与党自身在宪法、法律范围
       内活动的关系 ································ 4
  （四）重视宪法修改对党在宪法、法律范围内活动产生的重大影响 ······ 8
  （五）对"党"所指的范围应当有明确界定 ············ 9
  （六）对衔接协调党内法规与国家法律带来的影响 ········ 11

二 党领导立法工作需要研究解决的几个重要问题 ········ 16
  （一）党领导立法中的"党"是指什么范围的主体 ······ 16
  （二）党领导立法工作的性质是什么 ················ 18
  （三）党应当用何种方式领导立法工作 ·············· 20
  （四）党内如何坚持民主决策集体领导 ·············· 22
  （五）如何处理党委领导立法与人大及其常委会主导立法的关系 ····· 24
  （六）党领导立法工作与国家机关依法行使立法权是什么关系 ······ 26
  （七）党领导立法工作的长远方向 ·················· 26

三 人大主导立法的几个重要问题 ···················· 29
  （一）如何理解"主导"的基本范畴和法律定位 ········ 29
  （二）人大主导立法的针对性是什么 ················ 37
  （三）人大内部哪些主体以什么方式主导立法 ·········· 45
  （四）小结与建议 ······························ 55

四 论社会主义核心价值观融入法律政策体系 ············ 58
（一）梳理评估现有法律政策体系中的核心价值观 ············ 58
（二）核心价值观入法入政策，须协调、衔接宪法规定 ············ 65
（三）需要研究处理的五个重要关系 ············ 73
（四）小结与建议 ············ 81

五 全国人大及其常委会作出决议、决定的几个问题 ············ 82
（一）两个含义不甚清晰的用语 ············ 82
（二）八二宪法实施前的适用情况 ············ 90
（三）1982年后的规定、实施情况与进一步的问题 ············ 100
（四）区分两机关作出决议、决定以及制定法律权限的几个难点 ············ 114
（五）小结与建议 ············ 124

六 区域协同立法的宪法、法律问题 ············ 126
（一）宪法中区域协调发展与行政区划的内在冲突 ············ 126
（二）对区域协同立法的基础理论缺乏研究 ············ 131
（三）区域协同立法面临的合宪合法性困境 ············ 135
（四）一些意见和建议 ············ 141

七 地方人大立法规划的十个问题 ············ 147
（一）加强和改善地方党委对立法规划的领导 ············ 147
（二）编制立法规划应当体现探索创新的地方立法精神 ············ 149
（三）通过立法规划适当改变对法的稳定性的传统认识 ············ 152
（四）改变在法规与规章、政策关系上的一些认识偏颇 ············ 153
（五）通过立法规划解决立法门槛和部门利益问题 ············ 156
（六）将立法监督列为规划计划的重要内容 ············ 157
（七）适当淡化地方立法规划 ············ 159
（八）为代表委员提案进入立法程序预留空间 ············ 160
（九）建议地方人大一般不进行立法解释 ············ 161
（十）建议多用决议、决定的形式来解决问题 ············ 161

八 关于授权对浦东新区制定法规规章可行性的研究报告 ············ 163
（一）浦东新区迫切需要授权制定法规规章 ············ 164

（二）各方面的条件均有利于浦东新区申请立法授权 …………… 166
　　（三）授权在宪法、法律上是站得住的 …………………………… 167
　　（四）授权的对象、主体与方案 …………………………………… 168
　　（五）可能面临的一些问题 ………………………………………… 174

九　失信惩戒及其立法的三大问题 ……………………………………… **176**
　　（一）失信和违法、不文明行为的区别是什么 …………………… 177
　　（二）行政机关在社会信用建设中应当扮演何种角色 …………… 181
　　（三）谁有权对失信惩戒问题进行立法 …………………………… 184
　　（四）一些建议与感想 ……………………………………………… 186

十　监察法（草案）在宪法上总体是站得住的 ………………………… **188**
　　（一）监察法（草案）在宪法上总体是站得住的 ………………… 188
　　（二）全国人大常委会关于监察体制改革试点的两个决定并不违宪 … 195
　　（三）几个可以研究的相关问题 …………………………………… 197

十一　对修改全国人大及其常委会组织法和议事规则的若干建议 …… **201**
　　（一）贯彻落实"三统一""四善于"精神 ……………………… 201
　　（二）改革和明确全国人大常委会组成人员的人数 ……………… 202
　　（三）进一步明确委员长会议的性质与职权 ……………………… 203
　　（四）完善全国人大及其常委会的会期制度 ……………………… 206
　　（五）改革代表团、一定数量代表或者委员提出议案的制度 …… 208
　　（六）完善会议的公开制度 ………………………………………… 210
　　（七）完善全国人大会议审议工作报告的制度 …………………… 211
　　（八）完善出席会议人数和表决制度 ……………………………… 213
　　（九）其他一些建议 ………………………………………………… 214

十二　对全国人大组织法和议事规则修正案（草案）的意见 ………… **215**
　　（一）建议对要不要以及如何修改这两部法律再予研究 ………… 215
　　（二）建议对组织法所应规定的内容再做研究 …………………… 219
　　（三）对组织法新增"总则"的意见 ……………………………… 222
　　（四）对质询、罢免和表决器发生故障问题的意见 ……………… 227

十三 认识人大监督与支持关系的难点和根本所在 ·············· **233**
  （一）一些重要的提法及其变化 ·············· 233
  （二）认识中的困惑与难点 ·············· 242
  （三）理解监督也是支持的不同角度 ·············· 247
  （四）小结与建议 ·············· 255

十四 领导干部运用法治思维和法治方式是实现依法治国的必由之路 ······ **257**
  （一）提高运用法治思维和法治方式的能力，是我们党为适应全面推进依法治国事业需要，对领导干部法治素质提出的新要求 ·············· 257
  （二）要充分认识各级领导干部运用法治思维和法治方式，对于改进党的领导方式和执政方式，实现依法治国的重要意义 ·············· 260
  （三）要着力运用法治思维和法治方式，深化改革、推动发展、化解矛盾和维护稳定，推动依法治国事业不断推前进 ·············· 264

一

准确把握党在宪法和法律范围内活动的含义[①]

1982年9月6日，党的十二大对党章做出的一条重要修改，就是在党章中规定："党必须在宪法和法律的范围内活动。"十二大闭幕不到三个月，1982年12月4日通过的宪法第五条也明确规定，各政党都必须遵守宪法和法律。这里的各政党，当然包括或者可以说首先包括作为领导党和执政党的中国共产党。从十二大党章修改到八二宪法通过，至今党章和宪法经过多次修改，但是，党必须在宪法和法律范围内活动这条极其重要的原则，从来没有修改。不仅如此，在涉及宪法实施和监督以及民主法治建设其他方面的很多重要文件和领导人讲话中，这条原则都被反复地、常谈常新地强调。习近平总书记在2018年2月中央政治局集体学习宪法时，再次强调指出，"我们党首先要带头遵从和执行宪法，把领导人民制定和实施宪法法律同党坚持在宪法法律范围内活动统一起来。"[②] 由此可见，党必须在宪法、法律范围内活动，已经成为全党全国人民不变的共识。

但值得注意的是，我们强调党必须在宪法、法律范围内活动，有一个很大的特点，即基本停留在重要文件和领导人讲话的层面，比较宏观、抽象。即使在一些学术文章中，涉及这个问题的时候，也基本是照搬党章和宪法的原话，而缺乏具体的、针对性的深入分析（即使偶有一些分析，也很难说就抓住了问题的关键）。重要文件和领导人讲话中，重复强调这句话，是必要的、合适的，因为其所要阐明的常常是一种政治和法律的态度、要求，但在理论研究和实践操作中，如何落实这个重要原则，就应当有针对性，应当回答具体问题，应当有更加深入的思考。

[①] 本文发表于《法治研究》2019年第2期。
[②] 习近平强调：更加注重发挥宪法作用，把实施宪法提高到新水平 [N]. 人民日报，2018-02-25.

(一) 结合时代背景和特点来认识把握

考察历史就可以发现，党必须在宪法和法律的范围内活动，是在特定的历史背景下被写进党章的。在我国，党如何领导民主法治建设，经过了一个不断积累经验、不断总结教训的过程。党领导法治建设，碰到的要害问题，就是党自身是否必须遵守宪法、法律。客观地说，这个问题我们党在中华人民共和国成立后相当长一段时间内没有回答好，所以才发生了"文化大革命"。而"文化大革命"中，对毛泽东的个人崇拜被错误地推向极端，党内政治生活遭到严重破坏，法律制度被彻底摧毁，这促使全党全国人民在"文化大革命"后对我们党，特别是对党的领导人凌驾于宪法和法律之上产生的极大危害，进行了深刻反思。所以，胡耀邦在党的十二大报告中才痛彻地说："新党章关于'党必须在宪法和法律的范围内活动'的规定，是一项极其重要的原则。"[①] 而且，这条重要原则的确立与反对个人崇拜有密切关系，可以说，只要个人崇拜存在，就很难保证党在宪法和法律的范围内活动，所以，党的十二大在修改党章时，相应地专门加了一条，叫作"禁止任何形式的个人崇拜"。应当说，反思"文化大革命"，批判个人崇拜，就是将党必须在宪法和法律范围内活动写入党章和宪法的时代背景。

写进党章和宪法，是历史性的进步，解决了认识和立法上的问题，但如何在实践中贯彻落实党必须在宪法和法律范围内活动，就需要具体问题具体分析，特别是要结合不同时代、不同历史时期的具体特点分析问题。总结十二大修改后的党章和八二宪法实施以来几十年的实践，可以发现，在不同的历史时期，党在宪法和法律的范围内活动，无论在认识还是实践中，我们的看法和做法常常既有不变也有变化，甚至很不相同，有时还是曲折的。比如，全国人大常委会从1986年就提出要制定一部监督法。监督法的核心问题，就是能否以及如何监督一切组织和个人在宪法和法律的范围内活动，当然也包括了对党的监督。但这部法律从酝酿到正式出台，历经二十年，被舆论称为"二十年磨一剑"。为什么制定这部法律要经过这么长时间呢？主要的问题之一，就是对如何坚持在党的领导下，又以人大及其常委会的监督为切入点，保证党在宪法和法律的范围内活动，在认识和做法上，有分歧、有曲折，有不少重要问题没有研究透彻达成共识。比如，八二年宪法虽然规定各政党必须在宪法和法律的范围内活动，

[①] 中共中央文献研究室. 十二大以来重要文献选编（上）[G]. 北京：中央文献出版社，2011：29.

但是，在立宪过程中，曾经设计过宪法委员会，最终又被否决了。① 为什么设计了又被否决？从根本上，可能是因为对在坚持党的领导的前提下，碰到具体问题时，如何保证党必须在宪法和法律的范围内活动，在认识和做法上存在分歧。再如，党的十八大以来，以习近平同志为核心的党中央顺应时代和人民要求，全面从严治党，采取了一系列重大措施，惩治了一大批挑战宪法和法律权威的党内腐败分子，整顿了不少违宪违法的情况，就使得党在宪法和法律的范围内活动呈现出鲜明的时代要求和特点。

举以上几个例子，是想说明对党必须在宪法和法律的范围内活动，需要具体到历史背景和历史的情境特点中，特别是要放在具体问题上，才能得出具体的结论，否则，我们对这个问题的认识就是空洞的，甚至容易变成口号式的说法。今天，中国特色社会主义已经进入新时代，在这个新时代，党必须在宪法和法律范围内活动，有怎样的时代背景，有怎样的鲜活体现和内涵特点？这些都是值得我们深入思考的重要问题。

（二）从改革与宪法法律稳定性的关系来把握

与前一问题相连，1982年修改党章、制定宪法时，有一个大的背景，就是对什么是社会主义以及社会主义的发展阶段认识并不清晰，特别是对改革的艰巨性、曲折性以及改革与党的领导和立法的关系认识并不成熟。因此，强调党必须在宪法、法律范围内活动，有一个没有言明的前提，即新的宪法和已经制定以及将要制定的法律，具有极大的稳定性。宪法、法律具有极大稳定性，党又在宪法、法律范围内活动，法治建设必然会进入理想状态。

但是，形势比人强，宪法制定时，改革刚刚起步。宪法制定后，改革步伐加快，力度加大。1987年，党的十三大正式提出社会主义初级阶段的基本理论。1992年，党的十四大确立了建立社会主义市场经济体制的目标任务。2017年，党的十九大又调整充实了中国特色社会主义事业"五位一体"总体布局。这些认识是在制定八二宪法时都没有预见到的。贯彻社会主义初级阶段的基本路线，建设社会主义市场经济，实现"五位一体"的总体目标，面临的最大问题就是不断深化改革。而改革与已有的立法包括宪法的诸多重要规定，与未来的法治建设天然存在矛盾。改革是"变"，是要改变已有的社会关系，而立法是"定"，是要把已有的社会关系固定下来，如果以改革为社会发展的主旋律，那

---

① 刘松山.1981年：胎动而未形的宪法委员会设计［J］.政法论坛，2007（4）.

么，宪法、法律的稳定性只能是相对的，或者可以说，改革时期的宪法、法律天然具有不稳定性。

但是，中国的改革开放是由党领导的，当宪法、法律的规定不能适应新形势，不能解决新问题，不能反映改革的大趋势，是维护宪法、法律已经过时的规定，还是与时俱进，由党提出突破宪法、法律过时规定的改革主张？这是几十年来我们在理论上没有进行深入研究，至今没有达成共识的重大问题。它存在两方面的矛盾：一方面，如果强调宪法、法律的稳定性，但这种稳定性已经过时，是形式而非实质意义上的稳定性；另一方面，如果允许党提出与时俱进的改革主张，这个主张就会突破宪法、法律的规定，处理不好，党就容易被指为不在宪法、法律的范围内活动，甚至被指责为违宪违法，但党如果不提出与时俱进的主张，改革又无法前进。这两方面的矛盾，在全面深化改革和全面依法治国的新形势下变得日益突出。

实践中的情形是，宪法、法律的规定已经过时，在宪法、法律没有修改的情况下，党提出一些突破宪法、法律规定的改革主张，经过一段时间的探索、试验，被证明可行后，再领导修改宪法、法律。但在宪法、法律没有修改的情况下，党提出超越宪法、法律规定的改革主张，就容易被或明或暗地指责为违宪。这种情况以前在学术讨论中曾被冠以"良性违宪"的用语。对于过时的宪法、法律规定，党提出突破性的改革主张，形式上似乎没有在宪法、法律的范围内活动，或者被称为"良性违宪"，但实质上这种所谓的"良性违宪"，体现的却正是宪法、法律的应有精神和前进方向，从根本上说，不是什么违宪，或者所谓"良性""恶性"违宪的问题。在一党领导和执政的国家，问题的核心，恐怕还是如何准确理解党在宪法、法律的范围内活动的含义。这恐怕需要站在党领导改革开放的立场上，既着眼于社会主义初级阶段改革的全局和长远利益，又着眼于维护宪法、法律稳定的极端重要性，深刻把握党的领导、改革开放以及宪法、法律稳定性之间的平衡。把这个问题处理好了，对于科学认识和把握党在宪法、法律范围内活动的含义，具有极为重要的现实意义。

（三）深入研究党领导人民制定宪法、法律与党自身在宪法、法律范围内活动的关系

笔者通过阅读资料发现，对这个问题第一次做出权威表述的是前述党的十二大报告。后来，彭真在1983年宪法颁布一周年向新华社记者发表谈话时说，"党领导人民制定宪法和法律，党领导人民遵守、执行宪法和法律"，"党的各级组织和广大党员模范地遵守和执行宪法"。① 再后来，这个表述就逐步演变为今天人们耳熟能详的说法：党领导人民制定宪法、法律，党也领导人民遵守、执行宪法、法律，党自身也在宪法、法律的范围内活动。

在认识和实践中，人们对这样的表述并非没有疑问。最常见的疑问是，党一旦不在宪法、法律的范围内活动，怎么办？客观地说，对这个问题我们没有明确地回答和解决好。宪法监督问题，以及前述监督法制定过程中碰到的宪法、法律监督问题，一直没有解决好，根本原因也在这里。

但更需要进一步思考的是，党领导人民制定宪法、法律和党自身必须在宪法、法律范围内活动，究竟是什么关系？而这个问题，长期以来没有引起足够的重视和必要的研究。

笔者认为，认识两者之间的关系，需要把握几个关键点：

第一，党自身在宪法、法律的范围内活动，这里所指的宪法、法律，是反映了党的主张和人民意志的宪法、法律。一个规范性质的东西如果没有反映党的主张和人民意志，当然不能上升为宪法、法律。但宪法、法律的规定，过去反映了党的主张和人民意志，现在并不反映党的主张和人民意志了，党是不是必须遵守执行？从既往的实践看，党是可以不遵守执行也不必遵守执行的，否则，宪法、法律就无法与时俱进地被修改和完善了，而历次宪法修改的内容，以及许多法律修改中的重大事项，正是党先提出突破宪法、法律原有规定的主张，再由权力机关上升为国家意志的。党领导宪法、法律的修改已有实践充分证明，规定党必须在宪法、法律范围内活动的这个"宪法、法律"，所指的是反映了党的主张和人民意志的宪法、法律，而不是指已经过时的、不适应形势情况需要的、与党的主张和人民意志不符合的宪法、法律。它也表明，我们对"必须"这两个字不能作绝对化的、僵化的理解。

第二，党领导人民制定宪法、法律，本身就包含了党在特定条件情形下可以不在宪法、法律范围内活动的内容。而这个理解的角度长期没有引起人们的注意。一提这个问题，有人甚至会认为很吓人，认为这属于禁区，避席畏闻。但需要注意的是，宪法、法律的制定，既包含了制定，也包含了修改，而坚持党的领导是制定和修改宪法、法律的前提和先决条件，如果对党必须在宪法、法律的范围内活动作绝对化的理解，就意味着从宪法确立这一重大原则的那一天起，党就不能提出突破宪法规定的改革主张；宪法不能修改，过时的、不再

---

① 彭真. 论新时期的社会主义民主与法制建设 [M]. 北京：中央文献出版社，1997：209.

反映党的主张和人民意志的法律也不能修改或者废止了。那么，在这样绝对化的前提条件下，党如何领导和推动改革前进？当然，对党可以不在宪法、法律范围内活动中的"特定情况"，必须做严格界定，即只有在宪法、法律的规定已经不适应情况需要，不反映党的主张和人民意志的情况下，党才可以领导有关方面，突破宪法、法律已经过时的规定，推动改革前进。而在宪法、法律反映了党的主张和人民意志的情况下，全党都必须严格在宪法、法律的范围内活动，党的任何组织、任何领导干部都不得有超越宪法、法律的特权。这是一条十分重要的法治原则。

第三，党领导人民制定宪法、法律，是一党领导和执政的国情下的提法，同时也意味着，制定宪法、法律的主动权、主导权在党的手上，所以，是否必须在宪法、法律范围内活动，主动权、主导权实际也在党的手上，否则，一党领导和执政的提法就是空的。这一点，十八届四中全会决定说得很清楚，即"把党的领导贯彻到依法治国全过程和各方面，是我国社会主义法治建设的一条基本经验"，"坚持党的领导，是社会主义法治的根本要求，是党和国家的根本所在、命脉所在"。[①] 试想，在这样的前提下，我们怎么能机械地、不加分析地用一句"党必须在宪法、法律范围内活动"来限制甚至捆住党领导法治建设的主动权和主导权呢？我们反复强调的党的领导和社会主义法治是统一的、一致的，特别是在依法治国中党的领导是根本、是前提等提法，在基本的语法理解上，就排除了宪法、法律一经制定党就不能提出修改主张，就必须一成不变地在既有的宪法、法律范围内活动的含义。

第四，党自身必须在宪法、法律范围内活动，首先是党在政治上提出的自我要求和自我约束。这是一个十分重大的问题，尚没有引起应有的注意。这里有必要对政治与法律的关系做一个阐述。党的领导，最根本的是政治领导。也正是在这个意义上，我们强调中国共产党是国家的最高政治领导力量。在政治与法律的关系上，政治是第一位的，法律是政治的延伸和具体化。我们强调党必须在宪法、法律的范围内活动，首先是着眼于政治的，是对全党的政治要求；一旦党的组织和领导干部不在宪法、法律的范围内活动，也首先是需要在党纪范围内即政治范围内解决问题，只有在政治范围内解决问题后，必要时，才会到法律范围内解决问题。

但在认识中，对党必须在宪法、法律的范围内活动的理解，又容易仅仅被

[①] 中共中央关于全面推进依法治国若干重大问题的决定 [M]. 北京：人民出版社，2014：5.

局限于法律的层面。正是缘于这一认识局限，很多人就容易产生一种反向的思维，即党一旦不在宪法、法律的范围内活动，如何通过法律的程序予以追究？这种简单地用法律思维向政治思维提问的方式，本身就是思维的错位，没有在一个思维频道讨论问题，因而会产生很多困惑和矛盾。

党必须在宪法、法律的范围内活动，是对全党的政治要求，这个政治要求所指的是政治道德的要求，是全党的政治自觉。对这个问题，习近平总书记于2015年在省部级主要领导干部学习贯彻党的十八届四中全会精神全面推进依法治国专题研讨班上讲话时，就明确提出："全党在宪法法律范围内活动，这是我们党的高度自觉。"① 这个"高度自觉"，就是对全党提出的很高的政治道德要求。当然，实践中可能会出现一些党的组织和领导干部做不到"高度自觉"而违宪违法的问题，对这样的问题首先必须在政治纪律的范围内予以处理，这是没有疑问的，解决起来也相对容易。但在政治纪律处理后，如何在法律程序上予以处理，的确是一个难题，处理得好，就有利于树立宪法、法律的权威，但处理得不好，又容易损害党的领导和执政地位。这是一个需要深入研究并加以回答的重大问题。

第五，需要从"坚持党的领导、人民当家作主、依法治国有机统一"这个角度来认识问题。坚持党的领导、人民当家作主、依法治国有机统一，是2002年党的十六大报告首次提出的，一直沿用到党的十九大报告。实际上，再往前追溯可以发现，三者有机统一这个说法和精神，早在前述1983年彭真向新华社记者发表谈话时就提出了。他说："坚持党的领导，遵从人民意志，严格依法办事，三者是一致的、统一的。"② 现在的表述显然是由彭真的说法改造而来的，意思没有变。这也从另一个方面说明，在社会主义民主法治建设中，坚持党的领导、人民当家作主和依法治国有机统一，是十一届三中全会以来一以贯之的重大原则。

但长期以来，有关方面没有对这个"有机统一"作充分、深入、权威和有针对性的阐述，这就导致认识中出现了一些疑问。比较典型的是：当党的领导与人民意志不统一，与宪法、法律不统一，怎么办？这个疑问看上去很尖锐甚至可能被认为刁钻，但细加思考就会发现，这是一个伪问题。比较类

---

① 中共中央文献研究室.习近平关于全面依法治国论述摘编[G].北京：中央文献出版社，2015：36.
② 彭真.论新时期的社会主义民主与法制建设[M].北京：中央文献出版社，1997：209.

似的问题还有：宪法规定，一切国家机关都必须遵守宪法，一切违反宪法的行为，都必须予以追究。有人就问，一旦全国人民代表大会违反了宪法怎么办？这实际也是一个伪问题，因为全国人大是最高国家权力机关，政治制度设计的一个重要假设就是，全国人大不会违宪，它既制定宪法，又修改宪法，怎么会违宪呢？如果认为全国人大会违宪，我们的制度设计就会陷入不可知论的境地。

现在，对于党的领导、人民当家作主和依法治国一旦不统一怎么办的疑问，实际上也存在这个问题。因为中国共产党是国家的最高政治领导力量，在党的领导、人民当家作主、依法治国三者的关系中，党的领导是前提和首要，党可以要求自己必须在宪法、法律的范围内活动，强调一切违反宪法、法律的行为必须予以追究，但如果提出党不在宪法、法律的范围内活动怎么办，就破坏了坚持党的领导这个前提，陷入不可知论了。所以，质疑党不在宪法、法律的范围内活动怎么办，是一个不应当成为问题的问题，是伪命题。

（四）重视宪法修改对党在宪法、法律范围内活动产生的重大影响

八二宪法将党的领导写在序言中，但是，对宪法序言是否具有法律效力，实际上一直存在争议。这样，党和国家机关之间的关系也就不十分明确。这种情况在很大程度上影响了人们对党在宪法、法律范围内活动的认识，比较突出的前述例子就是，对党提出的突破宪法、法律的改革主张提出异议，认为党突破宪法、法律制定改革的政策、提出改革的建议，是违宪违法的，也应当受到宪法、法律的监督。客观地说，这也确实是长期困扰我们的不易解决的难题。

但是，2018年修改宪法将党的领导是中国特色社会主义最本质特征写入宪法正文的第一条。这个修改具有十分重大的意义，对党和国家的政治体制必将产生深刻影响。如果说以前将党的领导写在序言中而效力不甚明确的话，那么，现在将党的领导写到条文中，并与国体放在一起表述，就可以说，党的领导具有明确的、最高的法律效力了。与这个修改内容相配套，党的十八大以来，以习近平同志为核心的党中央特别强调，中国共产党是国家的最高政治领导力量，党政军民学、东西南北中，党是领导一切的，必须坚持和加强党对一切工作的领导，坚决维护党中央权威和集中统一领导，要把党的领导贯彻到依法治国全过程和各方面。这些重要表述，实际上都是对宪法的延伸和烘托，值得高度重视、深度解读，是中国特色社会主义进入新时代后，处理党的领导与宪法、法律关系的重大时代背景和重大时代特点，对于正确认识党在宪法、法律范围内活动的含义，具有十分重要的意义。

在这样的时代背景和特点下，宪法中所有制度的确立和实施，都是以坚持党的领导为前提的，宪法监督的核心问题实际已经变成监督是否坚持党的领导，再加上十八届四中全会决定所提出的党的领导是社会主义法治最根本的保证，党的领导和社会主义法治是一致的等重大论断，我们就应当进一步把握党在宪法、法律范围内活动的新含义。是否可以这么说：如果把党看作一个统一的整体，实际已不存在所谓党不在宪法、法律范围内活动的问题，因为党的领导是中国特色社会主义的最本质特征，宪法、法律的内容和党的领导是完全统一的、一致的，党的领导已经贯彻到宪法、法律制定与实施的全过程和各方面。在这种情况下，作为一个统一的领导党和执政党，哪里会出现不在宪法、法律范围内活动的问题呢？

对这个问题的理解，可以用习近平总书记关于"党大还是法大"的一段论述加以阐述。习近平总书记在2015年省部级主要领导干部学习贯彻党的十八届四中全会精神全面推进依法治国专题研讨班上讲话时，提出："我们说不存在'党大还是法大'的问题，是把党作为一个执政整体而言的，具体到每个党组织、每个领导干部，就必须服从和遵守宪法法律，就不能以党自居，就不能把党的领导作为个人以言代法、以权压法、徇私枉法的挡箭牌。"[①] 习近平总书记这段讲话虽然针对的是"党大还是法大"的问题，但所谓"党大还是法大"，在实践中的具体表现就是党是否在宪法、法律范围内活动的问题。习近平总书记这个论述给我们的启发是，如果把党作为一个统一的执政整体，就不存在所谓"党大还是法大"的问题，因而也不存在党不在宪法、法律范围内活动的问题。如果要说党不在宪法、法律范围内活动，只能是指党的某些组织和领导干部个人不在宪法、法律的范围内活动，而不能质疑整个执政党不在宪法、法律的范围内活动。这个问题将在下文进一步展开。

（五）对"党"所指的范围应当有明确界定

这是一个重要问题，强调党在宪法、法律范围内活动，那么，这个"党"所指为何？

对于"党"是指什么范围的主体，长期以来，没有形成一体遵循的称谓。在抽象意义上，为了与其他党派区别开，与国家政权机关区别开，我们可以

---

① 中共中央文献研究室. 习近平依法治国重要论述摘编［G］. 北京：中央文献出版社，2015：37.

将中国共产党笼统地称为"党"。在具体意义上,对于党中央、中央政治局、中央政治局常委会以及政治局常委个人,我们当然可以称为"党",但我们也习惯于把一个党委书记、党支部书记叫作"党"。那么,党必须在宪法、法律范围内活动这个表述中的"党",是指什么范围的主体?是抽象意义上的,还是具体意义上的所指?这个问题没有引起人们的足够注意,也缺乏统一的规范。

党的十二大报告在首次提出党必须在宪法、法律范围内活动的同时,明确了这个"党"所包括的范围,即"党领导人民制定宪法和法律,一经国家权力机关通过,全党必须严格遵守","从中央到地方,一切党组织和党员的活动都不得同国家的宪法和法律相抵触"[①]。可见,这里的党包括从中央到地方的各级党组织以及任何一个党员。但如前所述,十二大提出这一重大论断,有特殊的时代背景,党对领导改革和宪法、法律的稳定性等问题的认识,在那一时期,还受到不少局限。如果现在还不加分析地强调"党"的范围包括各级党组织和党员个人,那么实践中已经发生的很多党领导改革开放和法治建设的做法就不好解释。

笔者认为,如果站在具体的党的组织和党内成员的角度看,对党必须在宪法、法律范围内活动中的"党",应当在两种意义上理解。第一种理解是,在宪法、法律反映了党的主张、反映了情况形势的需要、不需要修改的情况下,党的各级组织以及党内的所有成员,都必须无条件地在宪法、法律的范围内活动。我们通常强调的党必须在宪法、法律的范围内活动,就是在这个意义上讲的。这个重大政治原则和法治原则,在任何情况下都不能动摇、不能改变。第二种理解是,宪法、法律的内容已经不适应情况、形势的需要,甚至阻滞了改革前进的步伐和社会发展的规律,应当做出修改,在这种情况下,必须在宪法、法律范围内活动的"党"的范围,主要应当指除了党中央、中央政治局、中央政治局常委会以外的各级各类党组织,以及所有共产党员。这时候,对于党中央、中央政治局、中央政治局常委会在宪法、法律范围内活动的理解,恐怕不能绝对化、机械化,因为在一党领导和执政的国情下,这三个主体是全党、全国最高政治领导力量的核心,宪法的修改、法律的制定和修改,本身就要坚持这三个主体的具体领导,涉及全党、全国的重大主张都要由这三个主体领导和提出,如果说宪法、法律出台后,这三个主体永远都不能提出突破性的改革主张,不

---

① 中共中央文献研究室. 十二大以来重要文献选编(上)[G]. 北京:中央文献出版社,2011:29 - 30.

能越宪法、法律既有规定的雷池一步，那宪法、法律本身就成为静止的东西了，这不符合社会主义法治建设的常理和逻辑。笔者认为，有关方面应当以适当方式对这个重大问题予以阐明，以澄清认识中一些或是模糊或是闪烁其词、欲言又止的观点和说法。

总之，强调党的任何组织和成员必须在宪法、法律的范围内活动，是指宪法、法律本身就反映了党的主张和人民意志，在两者一致的情况下，全党包括党中央、中央政治局以及政治局常委会都必须严格遵守执行，而不能说宪法、法律的内容本身已经过时了，这三个主体都不能预先提出修改、废止的主张。但应当提出的是，除了这三个主体外，其他的任何党组织和党员个人都必须无条件地遵守宪法、法律，即使宪法、法律的规定已经过时了，也必须无条件地遵守。这是由维护宪法、法律稳定权威的必要性决定的，因为如果各级党的组织甚至党内的个人都可以对宪法、法律是否过时进行判断，并在认为已经过时的情况下就不遵守执行，或者提出违宪违法的修改、废止的主张，那宪法、法律的稳定性和权威性就真的荡然无存了。

（六）对衔接协调党内法规与国家法律带来的影响

由以上分析可以得出一个基本结论，就是对党必须在宪法、法律范围内活动，需要具体情况具体分析，不能作绝对、静止、机械、僵化的理解，否则，在处理党与宪法、法律的关系上，有很多问题都不好解释，不好规范，不好操作。

现在，处理党与宪法、法律的关系的一个重要抓手，就是用党内法规衔接协调国家法律，并以此为杠杆撬动党对整个法治建设的领导。党的十八届四中全会提出，要加强党内法规建设，注重党内法规与国家法律的衔接协调。十九大报告进一步提出，加快形成覆盖党的领导和党的建设各方面的党内法规制度体系，加强和改善党对国家政权机关的领导。加强党内法规建设，特别是衔接协调党内法规与国家法律的关系，对于提升党的领导执政能力，加强和改善党对国家政权机关的领导，至关重要。但是，衔接协调党内法规与国家法律，需要在认识和实践中解决的一个前提性问题，是如何准确把握党在宪法、法律范围内活动的含义，因为党内法规是党的组织制定的，党内法规与国家法律的关系，在很大程度上就表现为党的活动与宪法、法律的关系。衔接协调党内法规与国家法律，有很多问题需要研究，有很多线索可以牵引，但是，其中最根本的问题和线索，是要将党在宪法、法律范围内活动界定清楚，并以这个清楚的含义来确立党内法规衔接国家法律的基本原则，达到纲举目张的效果。

笔者认为，结合前面所述，至少有以下几个问题值得把握和研究。

1. 如何看待党章与宪法的政治效力与法律效力

长期以来，我们谈到法的规范之间的效力等级时，基本局限于法律方面的效力等级，即所谓法律效力。那么，在一个完整的政治秩序内，除了法律效力的等级外，有没有其他的效力等级，比如政治效力方面的等级？应当说是有的。这涉及政治和法律的关系。对这个问题，习近平总书记在前述2015年的省部级主要领导干部专题研讨班上讲话时就提出："党和法的关系是政治和法治关系的集中反映。法治当中有政治，没有脱离政治的法治。"① 他还说："西方法学家也认为公法只是一种复杂的政治话语形态，公法领域内的争论只是政治争论的延伸。每一种法治形态背后都有一种政治理论，每一种法治模式当中都有一种政治逻辑，每一种法治道路底下都有一种政治立场。"② 习近平总书记以上关于法治和政治关系的重要论述对于研究中国政治与法律的关系，具有纲举目张的指导意义，但在理论研究中尚没有引起重视。

具体到党章和宪法的效力关系方面，一个值得注意的现象是，党章不是国家法律，但在政治上，它的效力是高于国家机关制定的法律的，每当党章做出重大修改后，宪法就随之做出相应修改，就是典型的例子。实践证明，在政治方面，宪法虽然也有极高的地位，但党章的效力显然是高于宪法的，宪法的不少重要内容实际上是党章的政治延伸。但在法律方面，我们又强调宪法具有最高的法律效力，党章要求党必须在宪法、法律的范围内活动，我们通常的理解，就是宪法具有最高法律效力。强调宪法的最高法律效力，但党章又实际上经常突破宪法并使宪法随着党章的修改而修改，就容易让人产生宪法是不是有最高法律效力的疑问。如果引入政治效力的说法，将两者结合起来，对认识问题会有所帮助。实际上，政治效力和法律效力虽有区别，但也有很多联系甚至是相互交织的地方。两个效力既有一致的地方，也有不一致的地方，那么，如何看待和处理这两种不同性质的效力？这个问题需要研究。

2. 如何认识处理党内法规先进性与国家法律稳定性的关系

在我国，中国共产党是领导党和执政党，将党章和党的全国代表大会形

---

① 中共中央文献研究室．习近平关于全面依法治国论述摘编［G］．北京：中央文献出版社，2015：34.
② 中共中央文献研究室．习近平关于全面依法治国论述摘编［G］．北京：中央文献出版社，2015：34.

成的意志上升为宪法、法律，没有任何问题。但值得注意的是，党章是党的行动纲领，其他党内法规也是规范党自身建设的文件，基于加强党自身建设的需要，党内法规是可以经常修改的。仅拿党的全国代表大会来说，每五年开一次，每次都会提出重大主张。所以，党章等党内法规包括党的全国代表大会形成的报告等党内重要文件的一个重要特点，就是不靠稳定性而是靠先进性来支撑它的权威，而且，允许党内法规具有灵活性和可变性，才能保证我们党永远立于时代的浪尖潮头，不断与时俱进，及时提出各种先进主张和正确的路线方针政策。

但国家法律与党内法规相比，一个重要区别就是，前者特别是其中的宪法，是全体人民的共识，是靠共识而不是先进性来支撑它的权威；而要大家都达成共识，就必然不能变得太快，必然要保持必要的稳定性，并以避免修改来维护自身的稳定性，树立起权威。全体人民不能与一个先进的政党相比，全体人民的共识难以达成，一旦达成了就不能变得太快，不然人民中的很大一部分就会不适应，处理不好，共识就会被破坏。而一个政党要保持先进性和战斗力，就必须永远走在时代的前列，必须以不断地上下求索、灵活变化为使命和特点。所以，我们需要充分认识到，党内法规的可变性、灵活性与宪法的稳定性、不可变性要求在客观上是存在矛盾的。如何认识和处理这个矛盾，是衔接协调党内法规与国家法律特别是宪法时需要解决的根本性的问题，建议有关方面予以专门研究。

3. 哪些党内法规可以突破国家法律

从前文关于党必须在宪法、法律范围内活动的论述可以发现，将这个说法作绝对化理解，不仅在实证上站不住，从我国的政治体制和政治制度看，也得不到支持。这就意味着，党内法规是可以突破国家法律的。但是，按照党内法规制定条例的规定，有权制定党内法规的主体很多，如党中央的一个部门、一省省级党委，如果每一个有权主体都可以制定突破国家法律的党内法规，那么，宪法、法律的权威就会受到严重挑战。但如前所述，如果一概不允许党内法规突破国家法律，改革和法治都将无法前进，所以，什么样的主体制定的党内法规才能突破国家法律，是很值得研究的重要问题。

4. 党内法规在什么条件下、在哪些方面可以突破国家法律

在一党领导和执政的国家，如果不允许党内法规包括党的政策适度地突破国家法律，那么，党领导推动改革和法治的前进，就是不可想象的。但需要特别注意的是，党内法规突破国家法律，必须有严格的条件，必须以有利于增强而不是损害国家法律的权威为前提，以有利于健全完善人民代表大会

制度、实现人民当家作主而不是损害人民代表大会制度、损害人民当家作主为前提。这方面，我们的理论研究很不充分，实践方面也有值得讨论的问题。在什么条件下，党内法规可以突破国家法律？大概可以研究确立一些原则和标准。

举一个突出的例子：党内法规能否突破宪法关于公民基本权利规定的重要原则，对作为公民的党员的权利义务作出突破宪法的规定？因为从党章的结构就可以看出，党章是把党员的义务放在权利前面规定的，而宪法是把公民的基本权利放在国家机构前面规定的，可以说，党章秉持的是义务本位，而宪法秉持的权利本位，在这种情况下，依据党章制定的其他党内法规，为了保持党的先进性、纯洁性，对党员权利义务作出的规定，就很可能突破宪法的规定。但是，按照2013年中共中央通过的《党内法规制定条例》的规定，制定党内法规要遵循的一条原则就是，"遵守党必须在宪法和法律范围内活动的规定"。原则性地强调党章和宪法的这一表述当然没有问题，但遇到类似党员和公民权利义务关系的具体问题时，恐怕就需要慎重研究。除此之外，党内法规总体上在哪些领域、哪些方面可以突破国家法律，都是可以深加研究并确立一些基本的范围和边界的。

5. 党内法规衔接协调国家法律是双向还是单向的

党内法规与国家法律衔接协调，有一个具体的对接问题。既然是对接，那么，究竟是党内法规向国家法律靠拢，还是国家法律向党内法规靠拢呢？从以往的做法来看，两种情况都有。比如，原来党内法规规定了"双规"这一涉及人身自由的措施，但由于"双规"与宪法、法律的关系引发了不少疑问，2018年全国人大就专门制定了监察法，将"双规"变为"留置"，纳入法律之中，这实际是党内法规向国家法律靠拢了。但是，这种靠拢解决的是形式上的党内法规与国家法律的对接问题，把原来的问题移向了法律，用国家法律解决了党内法规的问题，但监察法中的不少规定又涉及宪法与其他法律的关系（这在监察法的制定和实施过程中已经遇到不少争议），所以，实质上问题还没有完全解决。这里想提出的是，如果让党内法规向国家法律靠拢衔接，那么，这种靠拢衔接的原则和理论基础是什么？这是需要认真研究的。

另一种情况是国家法律向党内法规靠拢。比较典型的是党章修改后，宪法就主动适应党章的需要，相应地做修改。这主要表现在党的指导思想和国家根本任务等方面，党章发生变化，宪法主动与之衔接协调。有时候，党内法规没有变化，国家法律包括宪法也可以主动修改，以便与党内法规对接上。但是，党章等党内法规变化了，国家法律为什么必须随之变化，遇到什么情形才可以随之变化，什么时候必须随之变化，或者党内法规没有变化，国家法律又为什么可以主动变化以与党内法规对接，这些做法的道理、原则是什么，这方面，我们的研究也相当薄弱。党内法规向国家法律靠拢，当然表明党在宪法、法律范围内活动的主动性，但国家法律特别是宪法向党内法规特别是党章靠拢，又如何用党在宪法、法律范围内活动来解释？这些都是涉及国家政治体制以及党和国家治理体系的重大问题，建议有关方面加强研究。

二

党领导立法工作需要研究解决的几个重要问题[①]

改革开放以来我国立法工作的巨大成就，都是在党的领导下取得的。而党对立法工作的领导，又是以党中央和中央办公厅印发的三个重要文件为依据的。第一个文件是1979年8月中共中央办公厅印发的《彭真同志关于制定和修订法律、法规审批程序的请示报告》，第二个文件是1991年2月中共中央印发的《关于加强对国家立法工作领导的若干意见》，第三个文件是2016年2月中共中央印发的《关于加强党领导立法工作的意见》。这三个文件先后对党在不同历史时期如何领导立法工作，提出了一系列要求，对当代中国的立法乃至民主法治建设的全局性事业，产生了广泛而深刻的影响。三个文件中，特别重要的是2016年2月印发的《关于加强党领导立法工作的意见》（以下简称《意见》）。这是对新的历史时期党如何领导立法工作规定得最详细、具体的一个文件，在立法包括依法治国的整体事业中，处于牵一发而动全身的地位，对进一步加强党的领导，做好立法工作，必将产生深远影响。《意见》印发以来，得到各级党组织的有效实施，产生了积极效果。但在理论和实践中，对于如何学习、领会和不折不扣地贯彻落实《意见》，仍然有不少重要问题需要研究回答。

（一）党领导立法中的"党"是指什么范围的主体

立法工作必须坚持党的领导，这是毫无疑问的。但是，什么范围的主体可以叫作"党"，谁可以代表党领导立法工作？长期以来，这个问题没有得到统一和明确的规范。在中央一级，哪些主体能够代表党领导立法工作，党的中央委员会、中央政治局、中央政治局常委会，当然可以代表党领导立法工作，但是，党的总书记、其他中央政治局常委、中央政治局委员等中央领导人个人，能否

[①] 本文发表于《法学》2017年第5期。

代表党领导立法工作？全国人大常委会以及国务院的党组能否代表党领导立法工作？在地方，立法法修改后，除了省一级的地方有立法权外，还有280多个设区的市都获得了立法权，那么，一个省委书记、设区的市的市委书记以及省、市的党委常委个人能否代表党领导立法工作？还有，在中央和地方，党委的办公厅（室）、组织部、宣传部等工作机关能否代表党领导立法工作？以上这些都是需要明确规范的重要问题，否则，就会给党领导立法工作带来很多困境和不顺。比如，实践中，不少地方经常出现党委书记或者一名党委常委就可以决定是否制定一部法规的情况，而一个省、市是否制定一部政府规章，以及这部规章规定什么内容，则更是常常由作为省委、市委副书记的省长、市长个人决定。有的地方党委办公厅、研究室等机构及其负责人的意见也经常能决定立法的内容和走向。

如何界定党领导立法的主体范围，涉及对八二宪法的理解。这部宪法在序言中写了党的领导，但是，"党"是指什么范围的主体，宪法并没有做明确界定。2018年修改宪法，将"中国共产党领导是中国特色社会主义最本质的特征"写入宪法总纲第一条。但是，"党"是指什么范围的主体，宪法仍然没有做出明确界定。1981年到1982年，主持制定这部宪法的彭真，在宪法制定后的不同场合，对这个范围的表述也不尽一致，从党中央到国营工厂的党委，都包括在内。但是，修宪时任彭真秘书的项淳一却把"党"的范围限定在党中央。他认为："只有中央的领导才是代表党的领导，任何一个党组织或者领导人如果离开了党的路线、方针、政策，都不能代表党说话，不能说反对支部书记或者反对某个领导人就是反党。"[1]但是，除了党中央以外，其他的各级党组织和个人又以什么名义领导呢？项淳一的解释是："当然，党的组织和个人在执行党的正确的路线和政策时，他是整个党的一部分，是代表党的。"[2]据笔者所阅，最早将宪法中"党"的范围明确地界定为党中央的，大概就是项淳一了。但长期以来，在认识和实践中，究竟谁才能代表党，是存在不少模糊和混乱认识的，领导立法工作的主体就是一例。

实际上，即使将领导立法工作的"党"界定为党中央，也有一些问题需要研究。比如，一级党的组织及其负责人在领导立法时贯彻党中央的方针政策，能否说这个党的组织及其负责人就代表了党中央？比如，党中央的领导人常常可以代表党中央做出很多重要的政治和法律行为，但是，如果有关方面在立法

---

[1] 项淳一. 关于学习宪法的几个问题[J]. 人大工作通讯，1995（19）.
[2] 项淳一. 关于学习宪法的几个问题[J]. 人大工作通讯，1995（19）.

中对党的方针政策的理解产生意见分歧，该领导人出面协调时，他个人的意见能否代表党中央，能否说成党中央的意见？再比如，地方立法的不少内容具有自主性和创制性，并没有党中央直接的方针政策依据，地方党的组织及其负责人对这类立法工作提出意见和主张时，能否说是在代表党？

《意见》没有从正面对党领导立法工作的主体做明确规范，只是根据具体情况，提出了党中央、中央政治局常委会会议、中央政治局会议、全国人大常委会党组、国务院党组、有立法权地方的党委以及地方党委的主要负责同志等主体，在不同立法事项中的具体领导任务和方法，但这些具体要求尚不能解决实践中出现的各种问题。比如，一些党组织和个人虽然承担一定的领导立法工作职能，但能否说这些组织和个人就代表了党？比如，一些党的组织和个人虽然没有在文件中出现，但实际上却在立法工作中发挥了重要作用，能说这些组织和个人是在领导立法工作？所以，谁有权代表党、如何代表党，以及在多大范围和程度上代表党领导立法工作，是一个需要全面和慎重研究回答的问题。

（二）党领导立法工作的性质是什么

通常说，党的领导包括对政治、思想和组织的领导。党对立法工作的领导当然也包括对政治、思想和组织的领导，但立法是一项非常特殊的工作，党领导这项工作的特殊性在哪里呢？对于这个问题，彭真在1979年向中央的报告中没有直接点明，但他在具体工作中将党对立法工作的领导界定为政治领导。1991年，中央《关于加强对国家立法工作领导的若干意见》中对党领导立法工作的性质是这样界定的："中央对国家立法工作主要实行政治即方针政策的领导。"这实际上是对彭真所持观点的延续。2016年的《意见》也类似于这个表述，称"坚持主要实行政治领导，即方针政策领导"。由此可见，按照中央一贯的意见，党对立法工作的领导，在性质上主要是政治领导，即对于方针政策的领导。

将党对立法工作的领导，定性为主要实行政治领导即方针政策领导，符合党的宗旨和人民代表大会制度的要求，但仍然有几个问题需要研究回答。

第一，这种政治领导是不是必须服从？现在，我们在实践中对党领导立法工作，有一种看法，就是人大及其常委会立什么法、什么时候立法、在一部法中规定什么内容，只要党组织及其领导人、负责人提出了意见，人大及其常委会就必须服从，人们认为只有这样，才能确保将党的主张上升为国家意志。但是，又有一种观点认为，党的领导，要靠它的路线方针政策的正确来实现。八二宪法制定时，彭真在向全国人大常委会所作的宪法修改草案的说明中，对党的领导也是强调"正确"二字的，其中一个重要内容就是，"坚持党的领导，最根本的、最主要的是靠党的思想政治领导的正确，靠党的路线、方针、政策的正确"①。这就把"正确"放到出发点和落脚点的位置。应当说，彭真的这个说法是立宪的原意。现在的问题是，如果将党对立法工作的政治领导理解为必须服从，与立宪的原意显然有差距，但如果将党的领导理解为正确方针政策的领导，那么，在党的方针政策还没有经过实践检验是否正确时，如何在实践中具体地理解和执行党对立法工作的领导？能否要求立法机关无条件地服从呢？

第二，如何理解方针政策？日常工作中，我们习惯说党通过方针政策领导立法，但细究下来就会发现，有不少问题长期以来似乎没有引起思考重视。比如，什么叫方针政策？方针政策的条件和标准是什么？什么样的方针政策才可以作为领导立法的根据？比如，谁有权制定方针政策？党中央当然有权制定方针政策，但是，地方党委是否有权以及在什么范围内可以制定方针政策？党组织的工作机关能否制定方针政策？党的领导人或者党组织的负责人个人的讲话和批示能否叫作方针政策？再比如，如何保持方针政策的连续性和稳定性？提出这些问题，是因为在实践中，党通过方针政策领导立法遇到不少困惑。比如，有的地方，省委书记、市委书记，省长、市长或者其他的党委常委讲一句话，做一个批示，党组织开会形成一个会议纪要，党委办公厅发一个文件或者与政府办公厅联合发一个文件，人大及其常委会就通过立法的形式来落实。再比如，有的地方，根据前一届党委制定的方针政策，有关部门已经启动立法程序，但党委换届后，方针政策虽然未被否定，受重视程度却大为下降，这样的方针政策实际上就不能领导立法了。

第三，除了方针政策之外，是不是还有其他的领导？如何理解方针政策之外的领导？这有两个问题：一是，如前所述，实践中，各级党的组织及其领导人或者负责人在党的方针政策之外对立法施加的影响应当受到重视并予以规范。二是，党对立法工作的领导，是否包括对路线的领导？我们讲党的领导，习惯称对路线、方针、政策的领导，但对于立法工作，《意见》强调的是对方针政策的领导，那么，是否还包括对路线的领导？我们党自成立以来，坚持什么样的路线，始终是一个根本性问题，路线的冲突甚至斗争几乎从未间断。当代中国，举什么样的旗，走什么样的路，在立法领域就有十分尖锐的冲突甚至斗争。比如，在国家机构的组织与职权方面，是走西方国家的三权分立道路还是坚持人

---

① 彭真. 论新时期的社会主义民主与法制建设 [M]. 北京：中央文献出版社，1997：103.

民代表大会制度；在经济制度方面，是坚持以公有制为主体，还是走私有化的道路，都有尖锐分歧，这是典型的立法路线的分歧。那么，党对立法工作的领导，能否排除路线领导？恐怕不能。路线领导是根本性的领导。

第四，一级党委特别是地方党委的方针政策，有没有正确与不正确、合法与不合法的区分？坚持党对立法工作的领导，是不能动摇的政治原则，但如果一个地方党委的方针政策并不符合本地区的实际情况，群众认为是不正确的，并不赞成，在这种情况下，如何理解和执行党对立法工作的领导？应当建立什么样的机制来避免用群众不赞成的方针政策领导立法工作？地方党委的方针政策还有一个是否与宪法和法律相抵触的问题，如果某一方针政策违背了宪法和法律，而依照宪法和法律的规定，地方人大及其常委会在本行政区域内又负有监督宪法和法律实施的职权，这种情况下，如何来理解和贯彻党的方针政策对立法工作的领导？

（三）党应当用何种方式领导立法工作

按照1979年彭真给中央的报告，党领导立法工作的方式主要有两种：一种是"审批"，即"今后新草拟的和修订的法规，在提出前都由主管草拟的或负责修订的国务院或人大直属的机关，报请中央审批"。另一种是"原则批准"，即主管部门"应将拟定或修订的法规要解决的主要问题和意见，请示中央原则批准"。这两种方式中，前者是指要不要制定一部法律，事前需要报请中央"审批"；而后者是指已经确定要制定或修改一部法律了，须将法律所解决的主要问题报请中央"原则批准"。对于要不要制定一部法律，中央把关很严，而在确定制定或修改一部法律后，中央的把关是具有原则性的。

所有立法，实际上都可分为两个大的阶段：一是立法的准备阶段；二是立项或者提出议案后的审议决定阶段。其中，准备阶段是立法的总开关，那么，党如何把好这个总开关呢？按照《意见》的要求，党中央除了直接提出宪法修改和解释的建议外，还审定立法规划计划，提出立改废释意见建议，讨论同意政治方面立法和重大经济社会方面立法等，有立法权地方的党委也要加强对本地区立法规划计划的领导，研究同意政治方面和重大经济社会方面立法。应当说，几十年来，党在领导要不要制定一部法时，始终从严把关，没有出过什么问题，有效地保证了国家政治、经济和社会制度的根本方面，沿着中国特色社会主义道路前进。今后，为确保党对立法工作的领导，坚持各级党组织对立法准备阶段的从严把关，十分必要。但是，也有几个重要问题需要研究回答：一是，党组织审定或者同意制定一部法，其初衷、出发点和基本原则是什么？二是，审定或者同意的制度基础和理论基础是什么？三是，如何从体制和机制上保证党组织的审定或者同意与有关国家机关行使立法提案权的科学衔接？四是，如何避免审定或者同意的标准过严，使反映民主法治建设需求而应当尽快制定的法难以出台？

那么，一部法进入立项或者提案审议阶段之后，党应当如何领导呢？对这个问题，彭真当年的提法和做法，就是"原则批准"，即"全国人大常委会通过的法案，在党内都是事先报经党中央原则批准的"①。"原则批准"实际上是政治审查，是指党中央对法律草案所要解决的主要问题进行原则性、政治性审查，看是否符合党的路线、方针、政策，如果符合，就"原则批准"。经过党中央"原则批准"的法律草案，已代表了党的意见和主张，在此基础上，由全国人大及其常委会通过法定程序进行审议和表决后，就成为国家法律。

党中央对立法中主要问题的"原则批准"，一个重要的特点是，不对法律草案的具体内容发号施令、一锤定音、拍板决定。中央在"原则批准"法律草案，包括提出宪法修正案建议后，也仍然十分注意吸收各方面的意见。一个典型事例是，八二宪法修改时，中央政治局开了八次会议讨论酝酿修改宪法。八次会议彭真都出席了，但会后，在宪法修改讨论的各种场合，他从来没有传达和透露政治局会议的讨论情况，而是鼓励大家充分发表意见。彭真为什么不传达透露中央讨论的意见呢？就是担心一旦传达中央的讨论情况，就可能产生一种先入为主的导向，让大家觉得，中央都有了意见，就不再发表不同意见了。

但在现在的实践中，一部法立项或者进入审议程序后，各级党组织领导的方式并不一致，缺乏统一规范。按照《意见》的要求，要把党的领导贯彻到立法的全过程，党明确立法工作中的重大问题，党中央和有立法权地方的党委要讨论决定立法涉及的重大体制和重大政策调整，协调解决重大立法争议。这些领导方式和当年彭真所说的"原则批准"已有很大差别。

应当说，《意见》提出的这些领导方式有现实针对性，十分必要，但在实践中如何把握，仍然有一些问题需要研究：一是，党明确立法工作中重大问题的范围和方式是什么？二是，立法中哪些具体类型的重大体制和重大政策调整，需要由党中央和有立法权地方的党委讨论决定？三是，对于重大体制和重大政策调整，党内何时讨论决定？是在立法之前还是在立法过程中，是先一锤定音，还是在立法过程中出现分歧意见之后再讨论决定？四是，对党内讨论决定的结

---

① 刘政，于友民，程湘清．人民代表大会工作全书［M］．北京：中国法制出版社，1999：1010．

果，立法机关特别是人大及其常委会是否还可以在审议中提出不同意见？如果出现了倾向性的不同意见，怎么办？如果社会上也出现倾向性的不同意见，怎么办？五是，党中央和有立法权地方的党委协调解决重大立法争议，这种协调是超脱性、程序性的协调，还是可以直接表明立场，对重大立法争议的具体内容拍板决定？

（四）党内如何坚持民主决策集体领导

上一问题说的是党在外部对有关国家机关修改宪法、制定和修改法律法规规章的领导方式，那么，党组织在内部如何形成领导立法工作的决策呢？这是一个极为重要的前提性问题，因为只有党组织在内部形成的决策是正确的，才能保证其对立法工作领导的正确性。为保证党组织在内部决策的正确性，《意见》提出的总体要求是"坚持民主决策集体领导"，具体包括坚持民主集中制，遵循党内重大决策程序规定，集体研究决定立法中的重大问题等。但是，这些要求在具体落实中仍然有几个问题需要研究回答。

第一，党内民主决策集体领导的具体方式和程序是什么？这包括不少具体问题。比如，按照党内民主集中制的要求，对立法过程中的重大问题，应当遵循在民主基础上的集中和集中指导下的民主这一原则，以少数服从多数的方式做出决定，但是，少数服从多数是实行公开表决还是无记名表决？如果实行无记名表决，又如何落实集中指导下的民主？比如，一个地方党委书记对某一立法重大问题提出的意见并不正确，其他多数常委对这一问题缺乏必要的研究和认识，难以表态，或者即使有不同意见，为了维护书记的权威，也不作反对，这种情况下，又如何保证党委做出领导决策的正确性？再比如，按照党内民主集中制的要求，下级党委必须服从上级党委，如果下级党委与同级人大常委会在重大立法问题上的意见是一致的，但是，上级党委不同意下级党委和人大常委会的意见，而下级人大常委会是本行政区域内的国家权力机关，上级党委是否可以向下级党委下命令，要求下级党委不允许同级人大常委会制定某一部法规或者在法规中规定某一内容？

第二，党内重大决策程序与国家机关的民主决策程序是什么关系？我们强调的科学决策、民主决策，不仅适用于党内，也适用于国家机关。但是，党内的决策程序与国家机关的决策程序有哪些相同点，又有哪些根本性的不同，如何衔接？对这些问题，我们在理论和实践中尚缺乏系统的研究回答。具体到党对重大立法问题的决策领导，就涉及党内重大决策程序与国家机关重大决策程序的比较和衔接。以重大决策征求意见为例：党的十八大以来，各级党委都在建立健全党内重大决策的征求意见制度，十八届六中全会强调，党的各级组织对重大决策和重大问题，应该采取多种方式征求党员意见。这样，对于某一重大立法问题，党委在做出领导决策前，应当先在党内征求意见。而对于立法中的重大问题，有立法权的人大及其常委会在立法过程中召开座谈会、论证会、听证会以及采取其他形式征求各方面意见，也是必经的法定程序。党内征求党员意见，人大及其常委会征求社会意见，两者的意见完全一致，党对立法工作的领导就是顺利的，但是，一旦党内意见的结果与人大及其常委会征求社会征求意见的结果不一致甚至相互冲突，这时候，如何贯彻党对立法工作的领导？再比如，一个地方党委就某一重大立法问题在党内征求意见的结果，与同级人大常委会组成人员审议过程中的多数意见不一致，这时候，又如何贯彻党委对立法工作的领导？法理基础是什么？所以，如何实现重大立法问题的党内决策程序与国家机关决策程序的比较与衔接，是应予研究的重要问题。

第三，如何看待党内决策与国家机关特别是立法机关决策中的人数比例关系。党内对重大立法问题进行决策，一般是党委常委的几个人或者十几个人进行决策，要拿到党委全体会议上进行决策的问题是很少的。而人大及其常委会常常是几十人甚至几百人、上千人的审议表决，两者的决策都是民主决策，但相比下来，党内显然是少数人的决策，而人大及其常委会明显是多数人的决策。在这一情况下，党领导立法工作，两个集体形成的意见主张，多半情况下是一致的，但也有可能是不一致的，一旦发生不一致甚至相互冲突的情形，有人质疑决策人数的比例，怎么办？

第四，如何认识处理党内民主决策集体领导与发挥地方党组织主要负责人作用的关系。《意见》在强调党对立法工作实行民主决策集体领导的同时，又明确要求，有立法权地方的党委要建立健全领导立法工作责任制，党委主要负责同志要"履行领导立法工作第一责任人职责"，做到"三亲自"，即"重点立法工作亲自过问、重要立法项目亲自推进、重大立法问题亲自协调"。在提出地方党委主要负责人"三亲自"的同时，《意见》还提出，"其他负责同志要按照党委统一部署抓好分管领域相关重要立法事项"。

由于地方党委主要负责人是"班长"，在党委中居于关键地位，发挥关键作用，如何处理好其履行领导立法工作的第一责任人职责与党委民主决策集体领导的关系，就有一些问题需要研究。比如，党委主要负责人亲自领导三类立法工作的意见，是否应当先经党内讨论并做出决定？如果党内没有或者来不及讨论决定，党委主要负责人能否代表党委对立法工作中出现的紧急重大问题亲自过问？比如，党委主要负责人对领导立法工作的意见与党委内部其他负责人的意见不一致，怎么办？他的第一责任人的职责又如何体现？再比如，由于党委主要负责人在党委中的重要地位，其他党委负责人出于各种考虑，可能不对主要负责人领导立法工作的主张发表不同意见，在这种情况下，党对立法工作的领导又如何体现民主决策集体领导的性质？

还需要进一步讨论的问题是，如何看待党委负责人包括党中央主要领导人个人在领导立法工作中的作用？这实在是一个特别重大的问题。在我国，党中央主要领导人以及地方党委主要负责人在领导立法工作中所发挥的作用，十分关键，十分重要。制定八二宪法的历史表明，这部宪法规定的所有重大事项，几乎都是由邓小平这位伟大历史人物领导拍板决定的。除了八二宪法之外，几十年来从中央到地方的很多次立法中，党中央主要领导人和地方党委主要负责人都发挥了重要作用。坚持党对立法工作的领导，就必须高度重视党中央主要领导人和地方党委主要负责人的作用。党的十八届六中全会明确提出："一个国家，一个政党，领导核心至关重要。"习近平总书记在党中央领导立法工作中处于核心地位，有立法权地方的党委主要负责人在领导地方立法工作中处于第一责任人的地位，这是做好立法工作必须坚持的重要政治原则。也正因为此，总结历史和现实，以历史唯物主义的观点，对党中央主要领导人和地方党委主要负责人个人在领导立法中所发挥的作用加以深入研究，具有极为重要的意义。

（五）如何处理党委领导立法与人大及其常委会主导立法的关系

《意见》在强调党领导立法工作的同时，也提出，要充分发挥人大及其常委会在立法工作中的主导作用。这与党的十八届四中全会精神是完全一致的。但一些观点对党委领导与人大及其常委会主导的关系提出疑问。有的提出，既然是党委领导，那么人大及其常委会还能主导吗？有的提出，既然是人大及其常委会主导，就不应当强调党委领导。这就把立法工作中的党委领导与人大及其常委会主导对立起来了，是值得高度重视的问题。

十八届四中全会提出，"把党的领导贯彻到依法治国全过程和各方面"，《意见》提出，"把党的领导贯彻到立法工作全过程"，没有提"各方面"，与四中全会的表述有区别。这就产生两种理解。一种理解是，党委的领导应当贯彻到立法工作的全过程，但并不是所有的方面，在有些方面，人大及其常委会是可以"说了算"的。另一种理解是，既然把党的领导贯彻到立法工作的"全过程"，就意味着必须贯彻到"各方面"，因为"全过程"与"各方面"是不可分割的。《意见》对党委领导的重点事项与方式环节提出不少要求，显然意图在领导立法工作中抓住重点，有所为有所不为，但在认识和实践中，仍然会遇到不少具体问题。

以上所述，归结起来，是要我们研究回答党委领导立法与人大及其常委会主导立法两者之间的根本性关系。这包括几个具体问题：一是，"领导"和"主导"的含义、特征以及具体区别是什么。二是，能否说党委领导是绝对的、无条件的，人大及其常委会主导是相对的、有条件的，人大及其常委会的主导是在坚持和服从党委领导前提下的主导。三是，能否说党委领导与人大及其常委会主导的关系是"你中有我"、"我中有你"、相互交叉和吸收融合的关系。四是，能否说党委领导与人大及其常委会主导是各有侧重、各有重点事项与关键环节，凡是党委领导的事项与环节，人大及其常委会就不宜主导，凡是人大及其常委会主导的事项与环节，党委也不宜干预。五是，如果党委领导立法工作的意见与人大及其常委会在立法程序中的主导性意见完全一致，那么，党委领导与人大及其常委会主导就是一致的，但是，如果发生不一致的情况，怎么办？这些问题都十分关键，把它们回答清楚了，对于理直气壮地坚持党对立法工作的领导，充分发挥人大及其常委会在立法中的主导作用，有重要意义。

还有一个重要的具体问题：党委领导立法的主体与人大及其常委会主导立法的主体，分别是什么范围，有什么关系？现在，不仅党委领导立法的主体不甚明确，人大及其常委会主导立法的主体也不甚明确，党委中的哪一个主体领导人大及其常委会中的哪一个主体，同样缺乏统一规范。

举一例：实践中，我们习惯将人大的专门委员会和常委会法制工作机构组织有关部门起草法律法规草案，视为人大及其常委会主导立法的重要方面。但是，在参与起草的多个部门中，很可能有党委的办公厅、研究室、组织部、宣传部等工作机关，那么，在起草中，党委的这些机关及其工作人员能否起领导作用？如果可以起领导作用，又以什么名义和程序进行领导？这种领导是对人大及其常委会的工作机构还是对人大及其常委会这一权力机关的领导？如果党委的机关和人员在这一过程中起领导作用，还能否说人大及其常委会在立法中发挥主导作用？

再举一例：如果地方党委主要负责人对人大常委会工作机构的立法辅助文件做出批示，然后，工作机构通过人大常委会内部的运转环节，将这一批示通过法定程序上升为地方性法规的内容。那么，党委主要负责人的这一批示，是对人大常委会工作机构的领导，还是对人大及其常委会的领导？或者是通过工作机构对人大及其常委会进行领导？而在将党委主要负责人的意见上升为法规内容的审议表决过程中，能否说人大常委会在发挥主导作用？

又举一例：如果地方人大常委会制定地方性法规时，专门就某一法规草案向同级党委办公厅征求意见,作为党委的核心工作机关,党委办公厅提出的意见,人大常委会在审议过程中是否应当接受?如果接受了,这是不是党对立法工作的领导?能不能说人大常委会在立法中发挥主导作用?

类似的问题还有不少,在实践中呈现出复杂的具体情况,需要系统研究规范。

(六)党领导立法工作与国家机关依法行使立法权是什么关系

《意见》提出,"党领导立法工作必须在宪法法律范围内进行,不允许随意干预甚至替代立法活动",要"做好党领导立法工作程序与立法程序的对接,不允许以党内程序代替立法程序"。这是十分重要的内容,但在实践中,当党委的主张与有关国家机关依照宪法、法律的规定行使立法权发生冲突时,怎么办?

例如,在有立法权的地方人大常委会会议上,一定数量的常委会委员依照地方组织法等法律法规赋予的职权,提出立法规划和立法计划之外的立法议案,但同级党委不同意提案,党委强调党的领导,人大常委会委员强调要依法行使职权,两者发生冲突,怎么办?这种情况下,如果人大常委会委员坚持要依法行使提案权,如何做好党领导立法工作程序与法定立法程序的对接?

再如,政府实行首长负责制,它的行政首长如果同时担任党组书记,制定行政法规规章时,就不存在党委与政府的冲突问题。但是,国务院有的部门党组书记和部门负责人是由两个人担任的,在这种情况下,一旦部门负责人要制定规章或者在规章中规定某一内容,党组书记不同意,怎么办?

又如,党通过人大常委会的党组领导立法工作,人大常委会党组可以通过党内民主集中制的原则对人大常委会的党员委员下命令,要求他们在审议表决过程中坚决贯彻落实党委部署,遵守政治纪律和政治规矩,确保党委的主张得以实现,但党员委员依照宪法和法律规定,有独立思考和无记名投票表决的权利,在这种情况下,党的领导与宪法、法律规定发生冲突,党员委员不执行党组的命令而依照宪法和法律规定行使表决权,怎么办?

以上几个假设性案例是随时可能发生并已有发生的,对这类问题,需要慎重研究解决。

(七)党领导立法工作的长远方向

坚持党对立法工作的领导,是实行依法治国的重要前提,是做好立法工作的根本保证,决不能动摇。总结历史可以发现,党对立法工作的领导,在不同的历史时期，有不同的方式和特点。当前甚至今后相当长的一段时间内，面对错综复杂的国际国内形势和法治建设的历史与现状，我们党正在领导人民进行许多具有新的历史特点的伟大斗争，为了取得这些伟大斗争的最后胜利，坚持党在一定范围内和一定程度上，对立法工作进行掌控式、审批式、监管式的领导，十分必要。为不折不扣地贯彻落实《意见》，有关方面应尽快研究和解决党在领导立法工作中可能面临的若干重要问题。但从长远看，要坚持党对立法工作的领导，必须改善党的领导，不断推进领导方式的变革，具体有以下几个要点：

第一，党领导立法工作，要靠对国家立法事业的高瞻远瞩和远见卓识，对法所要规范的社会关系的发生发展规律特别是立法的必要性、适时性和适当性的准确认识把握。这是党领导立法工作的根本所在、精神所在、生命力所在，是一个很高的境界。

第二，党领导立法工作，要靠党的路线方针政策的正确。路线方针政策符合国情和实际，得到社会认同和群众拥护，正确反映社会发展方向，再通过法定程序上升为国家意志，就是水到渠成之事。

第三，党领导立法工作，要靠党的组织及其领导成员深入实际，密切联系群众，深入了解民意，广泛集中民智，在贯彻群众路线中把握社会对立法的需求。群众路线贯彻好了，党对立法工作的领导就会顺利。

第四，党领导立法工作，应当充分发挥人大及其常委会组成人员中党员代表委员的先锋模范作用。党员代表委员，在立法过程中要通过自己的思想、观点和言行，体现出他们的先进性，进而影响非党员代表委员，让非党员代表委员自觉自愿地接受党员代表委员的立法意见和主张，而不宜简单地靠党员代表委员在人大及其常委会组成人员中占绝对多数和党内纪律约束进行投票，来实现党在立法中的主张。

第五，党领导立法工作，应当坚持有利于增强而不是削弱人大及其常委会权威的原则，在领导立法工作的过程中，坚持人民主体地位，切实充分发挥人大及其常委会的主导作用。

第六，党领导立法工作，应当依靠党内高度民主、高度科学的决策程序，只有这个决策程序比国家机关的决策程序先进发达，才能保证党委决策的结果先进于国家机关的决策结果，从而顺利实现对立法工作的领导。

第七，党领导立法工作，需要一支精通立法的内部力量。立法是政治性、专业性、理论性、实践性很强的一项复杂工作，要成功实现对立法工作的领导，担负领导立法职责的各级党委，不仅其主要负责人要精通立法，还需要培养造就一支精通立法的参谋助手队伍。

第八,党领导立法工作,需要高超的政治智慧和政治艺术。要科学处理好坚持党的领导、坚持人民主体地位、发挥人大及其常委会主导作用的关系,不是一件易之事。各级党委应当总结吸取有益经验,并在实践中摸索创新,找出一套办法,既有利于加强党对立法工作的领导,又有利于在立法机关充分发扬民主,使党的领导与人大及其常委会的民主立法相辅相成、相得益彰,有效保障党的主张与人民意见一致,并通过法定程序上升为国家意志。

做好党对立法工作的领导,是一项系统、复杂的工程,只有把上述重要的前提性问题研究解决了,党对立法工作的领导才能纲举目张。把党领导立法工作的主体范围明确了,就可以解决谁才可以代表党领导立法的问题;把党领导立法工作的性质明确了,就可以保证立法工作沿着正确的道路前进;把党领导立法工作的方式明确了,就可以正确处理党与国家机关在立法工作中的关系;把党内民主决策集体领导的程序明确了,就可以保证党内形成的领导决策的正确性;把党委领导立法与人大及其常委会主导立法的关系处理好了,就可以保证党的主张顺利通过法定程序上升为国家意志;把党领导立法与保证国家机关依法行使职权的关系处理好了,就可以保证党在宪法、法律的范围内活动,做好党内法规与国家法律的衔接协调。研究解决这些问题,需要深入贯彻十八大以来党的一系列重要文件,特别是十八届六中全会精神,不断加强和改善党的领导,健全完善人民代表大会制度的政治体制。把这些重要问题研究、规范清楚了,就会为进一步提升党领导立法工作的境界,实现立法领域党的领导、人民当家作主、依法治国有机统一,打下坚实的基础。

三

人大主导立法的几个重要问题[①]

党的十八届四中全会提出,健全有立法权的人大主导立法工作的体制机制,发挥人大及其常委会在立法中的主导作用。不仅如此,修改后的立法法还明确规定,全国人大及其常委会加强对立法工作组织协调,发挥在立法工作中的主导作用。这就把四中全会决定的内容法律化了。党的十九大报告再次提出,发挥人大及其常委会在立法工作中的主导作用。四中全会决定和十九大报告的精神,以及立法法的相关规定,不仅是立法工作中的一个新命题,也是人民代表大会制度政治体制中的一个新命题,需要全面准确地理解和执行。近年来,人们对人大主导立法问题展开了热烈讨论,见仁见智,但其中不少关键性问题并未引起足够注意并达成共识。而对这些问题在认识和执行中一旦发生分歧和偏差,不仅会对立法工作造成损害,也会对我国根本政治制度造成损害。

(一) 如何理解"主导"的基本范畴和法律定位

在人民代表大会制度体制下,依照宪法和法律规定,人大及其常委会在立法体制中处于核心地位,全国人大及其常委会行使国家立法权,有立法权的地方人大及其常委会行使地方立法权,人大及其常委会对法律法规的草案进行审议表决,委员长会议、主任会议、专门委员会和常委会工作机构在立法过程中依法行使职权,可以说,在党的领导下,人大及其常委会以及委员长会议、主任会议、专门委员会和常委会工作机构等主体在立法中发挥极其重要的作用,这是毋庸置疑的。但是,能否说这些主体在立法中发挥作用就是人大主导立法?进一步看,人大能否主导立法?如果能,又如何科学理解这一提法的含义?

[①] 本文发表于《政治与法律》2018年第2期,发表时有较多删节。

1. 如何把握"主导"的几个基本要素

这不仅是实践问题，还是重要的理论问题。按照新版《现代汉语词典》的解释，所谓"主导"，可以在动词和名词两种意义上使用。作为动词的"主导"，是指"决定并引导事物向某方面发展"，而作为名词的主导，是指"起主导作用的事物"。[①] 但无论是动词还是名词意义上的主导，都有几个特点：一是，在事物发展的结果出来之前，主导者对结果已经有了结论性的认知。二是，在事物发展的过程中，主导者推动和引导其他参与事物发展的主体去实现自己的认知结论，其他主体是被主导者。三是，主导行为的性质具有行政性、执行性，有发号施令的特点，在行为过程中会采取措施要求甚至迫使其他主体服从它，否则它就无法发挥主导作用，实现对事物发展的预期目标。四是，主导是与效率联系在一起的，而效率又与权力的集中统一行使联系在一起，没有效率和很大程度上的集权，就难以保证主导作用的实现。五是，在很多情况下，主导的主体只能是个人或者少数人，因为通常只有个人才能独立思考问题，形成预先结论，引导其他主体向他的方向靠拢，以保证主导作用的实现；少数人也基本可以保证一定程度的独立思考，较容易达成共识，但如果很多人同时对一个问题进行思考，就很难保证得出相同的结论，也就很难有一个共同的主导方向了。所以，我们习惯说行政主导，并将行政主导与首长负责制联系起来（比如，在特别行政区实行行政主导）。

从以上几个特点可以看出，如果把主导用到国家机关行使职权的过程中，依照其语言含义，除了军事机关外，能够起主导作用的首先应当是行政机关，因为法律制定后，法律的规定就是行政活动的目标，行政机关的任务是引导和推动参与行政活动的各个主体向这一目标行进，在整个行政权的行使过程中发挥主导作用。也正是为了保证这一主导作用的实现，需要在行政机关内部实行首长负责制，并在上下级之间建立领导关系的体制。但与行政机关不同，作为审判机关的人民法院就不能实现院长、庭长或者审判委员会等主体的主导，因为案件的审理应当把公正而不是把效率放在第一位，而公正的结论既不是在审理之前就能得出，也不是靠院长、庭长、审判委员会集中行使权力就可以得出的，只有经过法定的庭审程序才能查清事实，并在此基础上适用法律，得出裁判结论。所以，法院不能在案件审理之前就由院长、庭长或者审判委员会等主体预先形成裁判的结果，并由这些主体实行审判主导。

---

① 中国社会科学院语言研究所词典编辑室. 现代汉语词典（第6版）[M]. 北京：商务印书馆，2012：1699.

那么，人大及其常委会在立法中能否实行主导？根据上述《现代汉语词典》对"主导"一词的解释，如果将"主导"用到立法中，就意味着立法中的某个或者某些主体，决定并引导立法的内容向某个方向发展，在立法活动中起主导作用。进一步说，就是在立法表决之前，立法的主导者对立法的必要性、可行性以及法律规范草案的具体内容包括表决的结果，都已经有了结论性的甚至具体准确的认知了，即已经预知立法的结果。在这种情况下，立法活动中的主导者实际就类似一部影视剧的导演，其任务是组织、协调、引导、推动参与立法活动的各方，去实现主导者预期的目标。导演是一个具有很强行政色彩又时常缺乏必要约束的角色。稍作对比即可发现，如果以"主导"的应有之义来理解人大在立法中发挥主导作用，那么，人大主导立法似乎就类似于一名导演在导演影视剧。如果这样，很大程度上的集权和效率，必将成为人大在立法中的重要特征。这是否符合我国人民代表大会制度的基本特点和本意，以及立法工作的基本规律，恐怕就值得讨论。

假设以上问题得到有说服力的回答，得出人大应当也能够主导立法的结论，紧接着，还有几个关于主导的基本范畴需要讨论。

一是，主导的主体是谁？基于本文结构安排的考虑，这个问题将在后文逐步展开论述。

二是，主导的方式是什么？人大应当采取何种方式主导各类立法参与主体？比如，它能不能以及在多大程度上对被主导者进行组织协调、监督执行甚至代替它们的工作？法理依据是什么？这个问题也将在后文分别展开。

三是，主导的具体环节是什么？每个环节主导的主体又是谁？笼统地讲人大主导立法，似乎没有问题，因为人大是民意代表机关，人大主导立法，从理论上讲就是人民主导立法，让法反映人民意志。但问题是，制定一部法律法规，不是人大及其常委会在一个环节、一次性就能表决通过的，更不是人大及其常委会的一个人或者少数人就能说了算的，而是要经过提案、审议和表决三个基本的法定程序，在这三个程序之外，就我国的具体情况而言，还要经过了解民意、制订立法规划计划、起草、论证、修改、协调等多个辅助性程序。可以说，制定一部法律法规，要经过复杂的、环环相扣、逐步递进、既开放又相对封闭的系统性程序，而在这一复杂程序中，参与立法活动的主体众多，每个程序的参与主体又时常具有不确定性，无论如何远不止人大和它的常委会这两个主体。那么，在这个程序链中，谁能代表人大？在哪些环节代表人大？人大要不要在每一个环节中都起主导作用？如果要，又如何起主导作用？能否笼统地要求人大起主导作用？

这实在是一个有意思的问题。来自全国人大常委会的有关领导人、工作机构负责人的讲话和委员长会议的文件最有说服力。让我们看看几份来自立法机关的讲话文件的表述。

材料一：在2011年的地方立法研讨会上，李建国在说到人大主导立法时，先总体强调人大及其常委会要加强立法组织协调，积极推动立法规划和立法工作计划的落实。然后他说了两个具体的主导措施，一个是，在起草环节，人大有关专门委员会和常委会工作机构要积极主动介入；另一个是，完善代表参与立法的工作机制，发挥代表作用。[①]

材料二：在2014年的地方立法研讨会上，王晨在论述人大主导立法时，先有一个总的概括，说立法要"历经立项、起草、审议、修改等各个环节"，因此要"发挥人大及其常委会在立法中的主导作用，切实加强立法工作的组织协调"。这给人的感觉是，人大要在立项、起草、审议和修改的各个环节都以加强组织协调的方式发挥主导作用，与前述李建国的说法大体相似。但接着，他又说了三个具体的主导内容：一是，要把握立法决策主导，主要是抓好项目论证，避免久议不决，妥善解决重点难点问题；二是，要把握立法起草主导；三是，要发挥人大代表作用。[②]

材料三：由委员长会议通过的全国人大常委会2016年的工作要点所说的人大主导包括：健全专门委员会和常委会工作机构起草重要法律草案机制；督促有关方面及时起草法律草案；加强立法审议；做好法律案提请大会审议的相关工作。[③]

材料四：在2016年的地方人大立法研讨会上，时任法工委主任李适时以生动的语言介绍了地方人大主导立法的几个经验：一是，有的地方不断完善立项、起草、审议、表决、报批、公布、备案等不同环节的工作机制，为发挥主导作用提供保障。二是，有的地方通过主导年度立法计划编制，变"等米下锅"为"点菜上桌"，把握立项和起草主导。三是，有的地方建立"立项通知书"机制，向起草部门明确起草重点和要求。四是，有的地方建立立法联席会议制度，对立法工作实施全程"领跑"。五是，有的地方发挥代表作用，把完善常委会会议制度、审议制度与创新工作机制结合起来，等等。[④]

[①] 李建国. 加强和改进地方立法工作 不断完善中国特色社会主义法律体系［J］. 中国人大，2011（22）.

[②] 王晨. 在新起点上切实加强和改进立法工作［J］. 中国人大，2014（19）.

[③] 全国人大常委会2016年工作要点［J］. 中国人大，2016（9）.

[④] 李适时. 不断加强和改进地方立法工作［J］. 中国人大，2016（18）.

材料五：委员长会议通过的全国人大常委会2017年立法工作计划，在强调加强人大及其常委会立法工作组织协调后，要求把好立项关，科学合理安排立法进度，在起草、论证、协调、审议过程中，防止部门利益法律化和争权诿责现象，专门委员会和有关工作委员会要督促有关单位和地方制定配套法规，尊重代表主体地位，发挥代表作用。①

材料六：在2017年地方立法工作座谈会上，全国人大常委会法工委主任沈春耀说，立法工作主要有三个环节，一是规划立项，二是组织起草，三是人大审议。人大的主导作用，在这三个环节上，都是不可或缺的。②

分析上面六份材料中的提法，可以形成以下几个初步印象，并引出一些问题。

第一，无论全国人大及其常委会还是地方人大及其常委会，都把组织协调作为主导立法的重要抓手，但是，组织协调的主体又被笼统地说成人大及其常委会，而人大及其常委会作为一个合议机关能否组织协调，在哪些环节组织协调，如何组织协调，似乎未交代清楚。

第二，从立法的环节上看，人大的主导已然是全过程主导，一部法从规划立项到起草再到审议，几乎都由人大主导。但仔细分析又可发现，除了明确专门委员会和常委会工作机构在法律法规草案起草中的主导作用外，对于其他各类立法环节中谁是主导主体，以上材料均未作清晰表述，或者干脆略去主导的主体。实际上，所谓"人大"或者"人大及其常委会"，很多时候是一个虚拟的、模糊的泛称，作为合议机关，它不可能在立法程序的每一个环节都采取集体行动，主导立法进程，如果说立法有一个主导的话，那么，在不同的环节中，这个主导的主体很可能会有所不同。

第三，几份材料中表述人大主导的逻辑层次不甚清晰，按理应当是先对人大主导做总的表述，紧接着表述具体的主导环节、主导主体、主导事项和主导程序，条理清楚、层次分明，但这些逻辑特点在上述材料中不甚明显。其中，几份材料在按立法过程表述立法主导的同时，又提出发挥代表作用问题，给人逻辑不通的感觉。这可能会让人认为：在立法机关那里，关于主导环节、主导主体、主导事项和主导程序的细化问题和相关法理问题，没有得到足够重视和研究，缺乏清晰的思路。

---

① 全国人大常委会2017年立法工作计划［J］.中国人大，2017（8）.
② 沈春耀.适应全面依法治国新形势，进一步加强和改进立法工作［N］.法制日报，2017-09-12.

第四，关于地方人大主导经验的一些做法和提法，是否符合人民代表大会制度的要求和立法规律，容易引人怀疑。李适时在2014年地方立法研讨会上的讲话强调，发挥人大主导作用，"在制度上，要符合坚持和完善人民代表大会制度的要求"，"在法理上，要符合立法规律，也就是要坚守法治底线"[①]。但他于2016年在地方立法研讨会上介绍和肯定的一些地方主导经验，是否符合其前一年讲话的要求，可能就会引发议论。比如，有的地方人大在立法中采取的"点菜上桌"行为，建立的"立项通知书"机制，甚至是对立法进行全程"领跑"的立法联席会议制度等，有没有干预和代替有关提案主体法定职权的嫌疑呢？再比如，实施这些主导行为的主体又是谁，是不是人大及其常委会？其主导行为的法律依据和法理基础是什么？如果人大对立法实行全程"领跑"和全程主导，甚至对立法程序的每一个环节都进行干预甚至包揽代替，那人大与行政机关又有什么区别？人大主导不就容易变成行政主导吗？

建议有关方面结合理论和实践中提出的问题，对人大主导立法的基本要素进行研究。

2. 如何准确理解人大主导立法的法律定位

人大主导立法是统揽性和纲举目张式的提法。单从这个表述看，如果要制定一部法律，人大的主导作用应当在以下三个层次进行法律定位，才能显示出其重要性：第一个层次是，属于立法活动的指导思想或者基本原则的重要内容。比如，写在立法法第一章的"总则"中，放到立法应当坚持四项基本原则之后，依照法定权限程序和民主立法、科学立法等内容之前。第二个层次是，属于立法体制中的重要内容。比如，立法法第二章第一节的"立法权限"，在规定全国人大及其常委会制定法律的权限以及相关授权立法的同时，加上发挥人大及其常委会主导作用，作为划分立法权限的基本原则。第三个层次是，在立法程序中做出规定。比如，在立法法第二章的第二节和第三节有关全国人大及其常委会的立法程序中，分别规定两者应当以及如何发挥主导作用，在第四章关于地方性法规的一节中，规定地方人大及其常委会在立法程序中应当以及如何发挥主导作用，这样，人大及其常委会的主导作用，就成为立法程序的基本原则和内容，在法律和地方性法规的制定程序中居于重要地位。

但是，2015年修改的立法法，并没有在以上三个层次和篇章结构中规定人大及其常委会在立法中的主导作用，而是将全国人大及其常委会的主导作用写在第二章"法律"的最后一节即第五节的"其他规定"中。什么叫"其他规

---

① 李适时. 发挥人大在立法中的主导作用[J]. 中国人大，2014（20）.

定"？目前，由立法机关编写的各类立法法释义和讲话，均未对"其他规定"做出解释。总结法律中"其他规定"所规定的内容，可以发现，所谓"其他规定"，一般是指不宜规定在法律主要章节条文中的技术性、例外性、附带性、补充性、说明性、参考性的内容，从法理、逻辑和立法技术上都不适宜进入法律的正文，或者属于可写可不写的内容。现在，立法法将发挥全国人大及其常委会在立法工作中的主导作用写入"其他规定"中，实际就是在法律中对这一内容给了一个"其他性"的法律定位，如果单纯对法律文本进行分析，应当说，这个定位是不高的，甚至是很低、很不重要的，表明发挥全国人大及其常委会的主导作用，不是制定法律的基本原则，不是划分立法权限的基本原则，也不是法律制定程序中必须遵循的基本原则，甚至不是立法程序中的法定环节。

但问题是，脱离了具体法律文本，单纯强调发挥人大在立法工作中的主导作用，在认识和实践中，就很容易对这一提法做拔高理解、扩大理解，不适当地强调人大的主导作用，进而影响人大及其常委会在立法活动中依法、科学地处理与其他立法参与主体之间的关系。四中全会决定、立法法和十九大报告中提出发挥人大主导作用后，在各方的热议推进中，这种拔高和扩大理解的苗头已经显露。提法很高，法律定位却不高，又很难要求人们在法律文本的整体结构中去认识理解人大主导的实际定位，这是应当引起注意的问题。

3. 如何科学界定人大与其他立法参与主体之间的关系

这是前两个问题的应有之义，但有两个重要关系需要讨论：一是人大主导立法与党领导立法的关系；二是人大主导立法与"一府两院"等主体在立法活动中行使职权之间的关系。

关于人大主导立法与党领导立法之间可能出现的一些矛盾困惑，笔者已做过一些论述。[1] 如何处理这对关系？在涉及这个问题时，一些权威文件和领导人、机构负责人的讲话，没有例外，都是强调党的领导，但都比较宏观、抽象、具有原则性。比如，李适时在2014年地方立法研讨会上说："人大在立法中的主导作用，是在党的领导和支持下的主导作用，越是坚持党的领导，就越能有效地发挥人大的主导作用。"[2] 但实践中需要回答不少具体问题。比如，为什么说越是坚持党的领导，就越能发挥人大的主导作用？比如，重大立法问题由党委直至党中央决定，与四中全会同时提出的党要善于通过法定程序将自己的主张上升为国家意志有什么关系？再比如，将党的领导贯彻到立法全过程与人大

---

[1] 刘松山. 党领导立法需要研究解决的几个重要问题[J]. 法学，2017 (5).
[2] 李适时. 发挥人大在立法中的主导作用[J]. 中国人大，2014 (20).

依照法定程序审议通过法律法规有什么关系？等等。建议有关方面对人大主导立法与党领导立法的关系，在理论上进行系统的有说服力的阐述，对党委领导与人大主导的原则、事项、程序，特别是遇到冲突时的解决办法，做出清晰的、可操作的规范，以消除认识偏差，在党的领导下把人大主导立法落到实处。

除了与党的领导关系之外，单纯强调人大主导立法，不仅在认识上容易形成偏差，在实践中也可能影响其他立法参与主体作用的发挥，甚至可能使人大与其他主体特别是参与立法活动最多的政府之间的关系变得微妙紧张起来。分析前述沈春耀在2017年地方立法工作座谈会上的讲话即可发现，与以往有关领导人和负责人讲话的一个很大不同是，他在讲发挥人大主导作用的同时，特别提出要发挥"政府在立法工作中的重要作用"，并对政府的重要作用与人大的主导作用的关系做了专门阐述。这个阐述对科学界定人大与其他立法参与主体特别是政府的关系，是很有必要的。

事实的确如此。即使在看上去完全由人大说了算的立法审议环节，对人大主导立法的认识也不宜绝对化。比如，在常委会审议法律草案的过程中，常委会组成人员对草案中的某个重大问题有集体性认识偏差，而该问题牵涉立法的全局和方向，如不加以说明纠正，很可能会做出错误的表决。这时候，受人大之外有关部门指派，来听取意见、介绍情况和回答询问的部门工作人员，对该问题做出颠覆常委会组成人员认识的说明解释，改变了立法表决的方向。这种情况下，该工作人员称，他和他所在的部门在这部法律的审议过程中，发挥了主导作用，说他也主导了一次立法，又有什么错呢？

界定人大与其他立法参与主体的关系，关键是要充分尊重其他主体在不同立法环节中参与立法的职权。比如，宪法和法律规定了"一府两院"和中央军委的立法提案权，但人大主导立法中的制订立法规划计划、起草法律草案、组织协调等程序，显然与它们的立法提案权发生了关联，一旦人大的主导与这些国家机关依法行使提案权的意见不一致甚至发生冲突，怎么办？这就需要我们回答：制定法律的提案权能否成为一项独立的职权？如果是一项独立的职权，它应当包括什么样的内容？人大主导立法与提案主体依法行使提案权是什么关系？宪法和法律对人大之外有关机关、组织参与立法的职权，以及职权之外应当受到必要尊重的话语权，有的规定比较零碎，有的没有明确规定，也不适宜规定，但从人大及其常委会与其他机关、组织的关系看，人大是权力机关，也应当遵循彭真当年所说的"既不失职，也不越权"的原则，给自己的权力确定科学的边界。

(二) 人大主导立法的针对性是什么

为什么要强调发挥人大在立法中的主导作用？总体上看，恐怕有以下几个针对性，但这些针对性中又有一些值得研究的问题。

1. 立法的综合性很强，需要人大主导

2015年修改的立法法增加规定，在全国人大及其常委会的立法中，"综合性、全局性、基础性的重要法律草案，可以由有关的专门委员会或者常务委员会工作机构组织起草"。为证明人大在这方面发挥主导作用的必要性和已经取得的成功经验，全国人大机关的《中国人大》杂志，在立法法通过后还专门登载了一篇文章，将全国人大常委会法工委牵头组织起草民法总则作为人大主导立法的成功案例加以宣传报道。[①] 对于人大及其常委会的工作机构能否主导立法，将在后文再予述及，这里提出几个问题：

一是，"综合性、全局性、基础性"的判断标准是什么？几乎每一部法律都可以说是综合性的，涉及很多部门，也几乎每一部法律都可以说涉及某一方面的全局性和基础性。所以，综合性、全局性、基础性的标准条件很难说清楚。即使说清楚了，还要回答：为什么要由专门委员会和常委会工作机构组织起草？比如，民法总则当然可以说是综合性、全局性、基础性的重要法律，但离这个法律规范内容最近的实际是从事民事审判工作的人民法院，为什么不可以说最高人民法院组织起草这部法律最合适呢？

二是，什么叫"可以由"？我们注意到，立法法修正案的规定是，上述重要法律草案，"可以由"有关工作机构组织起草。但"可以由"的表述实际是否定了人大的主导，它的含义应当是，这些法律的草案主要还是由或者本来应当由其他国家机关组织起草，但也"可以由"专门委员会和常委会工作机构组织起草。而在实践中，这类重要法律草案主要就是由其他国家机关组织起草的，宪法和法律也没有禁止人大及其常委会的工作机构组织起草，为什么立法法修改要多此一举，加上"可以由"呢？

三是，"综合性、全局性、基础性的重要法律"与宪法第62条和立法法第7条中的"基本法律"有什么关系？按照宪法的规定，基本法律应当由全国人大制定，综合性、全局性、基础性的重要法律能否等同于基本法律？如果把这些法律都视为基本法律，又强调它们的草案由专门委员会和常委会工作机构组织

[①] 陈甦. 人大充分发挥立法主导作用的生动典范[J]. 中国人大, 2016 (14).

起草，是否合适，法理依据是什么？

2. 立法引领推动改革，需要人大主导

十八届四中全会提出"必须坚持立法先行，发挥立法的引领和推动作用"①。这是一个新命题。四中全会召开的2014年，在全国地方立法研讨会上，王晨明确提出，"充分发挥立法的引领推动作用，必然要求在党的领导下发挥好人大及其常委会在立法中的主导作用"②。立法要引领推动什么？结合四中全会提出的立法与改革决策相衔接和重大改革于法有据的要求，特别是这几年全国人大及其常委会的立法实践，可以发现，大凡用立法引领推动的基本都是改革，特别是重大改革，而且范围很大。那么，人大在引领推动改革的立法中能否发挥主导作用？如果能，又如何发挥主导作用？

由于改革本身具有很大的探索性、不确定性，既可能成功，也可能失败，而立法是十分严肃的，对于不确定的社会关系一般不能做规定，对于可能陷于失败的改革更不能鼓励，即使对改革成果有科学预见和成功把握的那些社会关系，立法也应当慎之又慎，这是维护法制统一和权威的需要，也是维护立法机关自身权威和尊重人民主体地位的需要。如果人大主导制定了引领推动改革的法律，但改革最终以失败告终，人大就会使自己陷于被动。所以，在引领推动改革的立法中，如何正确认识人大主导的内涵，至关重要。对审议过程中达成广泛共识的改革举措，及时用立法推动，是一种主导。但是，对引领推动改革的主张、提案，进行冷静思考，为改革把一道关，为维护法制统一和权威把一道关，也是一种主导，甚至是更重要的主导。现在，改革大面积铺开，过于热衷于以立法方式推动改革的冲动和苗头已经显露出来，在这种背景下，强调人大这种把关式的主导，具有特别重要的意义。

第一，在把党的主张上升为国家意志的过程中，人大要把好"法定程序"这一关，在法定程序中起主导作用。改革事业是在党的领导下奋力前行的，很多改革主张，特别是那些重大的改革主张，都是由党中央提出的，如果说要把这些改革主张上升为国家法律，实际的主导者是党中央。那么，在党中央提出重大改革主张，并建议上升为国家法律的过程中，人大应当做什么？现在有一种倾向性观点，认为党中央提出什么，人大就赞成表决什么，党中央要改革，人大就迅速跟进，制定相关法律。在这种观点看来，人大的任务就是把党的主张及时地、不折不扣地上升为国家法律，并把这种做法叫作贯彻落实党中央的

---

① 中共中央关于全面推进依法治国若干重大问题的决定［M］．北京：人民出版社，2014．
② 王晨．在新起点上切实加强和改进立法工作［J］．中国人大，2014（19）．

重大决策部署，或者叫作确保将党的主张上升为国家法律。这种观点认为，这样做，就是坚持党的领导的最好体现，就是以人大主导立法的方式引领推动改革。这种认识在政治站位上无疑是正确且必要的，但处理不好又容易自觉不自觉地把人大当成党的下级机关和执行机关了，不符合十八届四中全会精神，不利于党对改革事业的正确领导。

十八届四中全会提出的"四善于"，其中十分重要的一条，就是党要"善于"通过法定程序将自己的主张上升为国家意志。如何"善于"，是由党来回答的重大问题。但在人大方面，党提出了改革主张，对于这种主张能不能上升为法律，在多大程度上以及什么时候上升为法律，人大的职权是，依照法定程序开展广泛的调查研究，最大限度地集中民意民智，并在这个基础上进行审议，提出各种意见，包括赞成的意见、修改的意见，也包括不赞成甚至反对的意见，最终在少数服从多数的基础上形成人大的主导性意见。这个意见既可能主导进，也可能主导停和退。党领导的人大，就应当是这样一个依照法定程序行使职权的人大，而不是一个等因奉此、不问是非地执行党的命令的人大。党可以对人大常委会的党组下命令，但不能也不会对人大这个权力机关下命令。经过了法定程序，人大形成的主导性意见可能与党的主张完全一致，这样就可以顺利制定法律。但人大的主导性意见也可能与党的主张不完全一致或者不一致，这时候，党就会很重视人大的意见，并可能研究吸收不同的意见，不断修正和完善自己的改革主张，进一步向人大提出关于改革的立法建议，人大再依法进行认真审议，如此循环，最终在改革事项的立法中，达到党的领导、人民当家作主、依法治国的有机统一。对于引领推动改革，人大在立法中发挥主导作用的着力点应当在这里。

第二，人大要为各类提案主体所提的改革议案把关。为落实四中全会关于立法引领推动和重大改革于法有据的精神，要改革，先立法，受到前所未有的重视。但各类提案主体提出的有关改革的立法议案，不可避免地存在问题。对于这些议案，人大不能随声附和、一哄而上，而应当与提案者做适当切割，为提案把关。提案者可以冲动，甚至可以犯错误，但人大不能冲动，不能犯错误，它要着眼于党和国家各项事业的全局和长远发展，对人民负责。对符合民意的改革要主导助推立法，对不符合民意的改革，要主导过滤纠正。

第三，对于重大的改革性立法，人大的委员长会议、主任会议和专门委员会等内部组织，应当尽量减少和避免提出立法议案。现在，一提人大主导立法，引领推动改革，有人很容易认为，人大内部的有关组织主动提出议案，就是主导立法的好方式。我们恐怕不能这样认为。有几个理由：一是，人大之外的国家机关一般走在相关领域改革实践的前沿，对改革最敏锐，容易先发现问题、研究问题，并找到改革的路径，通过立法推动改革的动力强、积极性高，由它们提出立法议案更为合适。二是，人大方面主动提改革性立法议案，如果处在实践第一线的立法参与主体的主导性意见与人大不一致，是听人大的还是听其他主体的？比如，此前委员长会议向全国人大常委会提出的授权进行监察体制改革试点的议案，如果与改革关系十分密切的检察机关实际上并不赞成，怎么办？再比如，对于由全国人大内务司法委员会向常委会提出的修改法院组织法和检察院组织法的议案，假如审判机关和检察机关实际上也不赞成，怎么办？三是，委员长会议、主任会议、专门委员会是人大内部的组织机构，由它们提出改革性立法议案，立了法，最后一旦改革遇到纷争甚至陷于失败，人家就会问，人大自己提的议案，自己审议，最后失败了，怎么办？谁来负责任？这样，最终损害的很可能是人大的权威。当然，人大的代表团或者代表和常委会委员联名提出改革的立法议案，一般不存在这个问题，因为他们的提案往往是分散的、自发的。

第四，人大在引领推动改革的立法中，要主导达成共识，而不能引起社会纷争。改革是一项大事业。有改革就必然有反对改革的不同意见，也不可避免地有因盲动而产生的改革动议。面对这样的情况，人大对于引领推动改革的立法动议，应当十分慎重，准确把握改革的脉搏，寻找改革的最大共识，对于可能存在严重分歧的改革动议，不付诸立法。人大的改革性立法，应当凝聚和代表社会共识，是多数真实意见形成的定论，而不能是存在严重裂痕和分歧的产物，或者为虚假多数意见所掩盖的存在裂痕和分歧的产物，更不能因缺乏科学预见而引起事后的纷争乃至分裂。这是人大主导改革性立法的一条十分重要的原则。从这几年的情况看，人大通过的一些改革性立法，在理论和实践中遇到不少纷争，这是需要高度警惕的。

第五，人大在引领推动改革的立法中，特别要主导坚守宪法和人民代表大会制度的底线。实践中，有些改革的设想和议案，有明显违反宪法和人民代表大会制度基本要求的内容，对于这些内容，在宪法修改之前，人大不能以立法方式肯定下来，并引领推动相关改革。这几年，一些重大改革的授权立法，在理论和实践中已经引发是否违宪、是否损害人民代表大会制度的争议，这同样是应当引起高度警惕的问题。

总之，在引领推动改革的立法中，人大被动一些比过于主动要好。不能主张者、动议者提出什么，人大就审议通过什么。人大不能为实现某一改革目标，在缺乏动议者的情况下，主动寻找动议者，或者干脆自己既当动议者，又当审议和表决者。特别重要的是，人大引领推动改革的任何立法，都应当凝聚、反映改革共识，守住宪法和根本政治制度的底线，这是人大主导立法应当遵循的重大政治原则和法治原则。

3. 为解决部门问题，需要人大主导

立法中的部门问题是一个老生常谈的问题。从四中全会决定和立法法修改的意图看，强调人大主导立法，一个重要指向就是部门在立法中存在的各种问题。对这些问题，前述2011年李建国的表述，是立法"涉及诸多方面的利益关系，涉及多个部门的工作和体制机制"①。其中，"诸多方面的利益关系"，恐怕主要是指各个部门的利益关系；"多个部门的工作和体制机制"，恐怕很大程度上是指立法中不少部门之间存在各自为政的情况，现有的体制机制又难以让这些部门自觉有效地协调合作。2014年王晨在地方立法工作研讨会上对部门问题的表述是，"需要各相关方面共同配合，也不可避免地会受到各方利益的影响。"② 其中，"需要各相关方面共同配合"，实际暗指各相关方面（当然主要指的就是部门）难以配合或者不配合；"不可避免地受到各方利益的影响"，实际主要暗指的也是部门利益的影响。李建国和王晨的讲话主要着眼于全局，也许是碍于中央一级部门的面子，没有直接点明法律制定中的部门利益和部门难以配合协调的问题，而在2014年的地方立法研讨会上，李适时则直接批评了地方立法中存在的"部门利益影响甚至阻碍地方立法进程"的问题。③

十八届四中全会决定明确指出"立法工作中部门化倾向、争权诿责现象较为突出"的问题，并针对性地提出要发挥人大及其常委会在立法工作中的主导作用。④

立法法修正案通过后，全国人大常委会法工委国家法室编写的立法法释义，仍然将发挥全国人大及其常委会主导作用的针对性指向部门："目前，许多法律草案由政府有关部门起草，部门主导立法的问题普遍存在，要么导致各相关部门因利益冲突而相互扯皮、推诿塞责，使得该立的法迟迟立不起来；要么由于部门主导而致使部门利益法律化。"⑤ 不仅如此，释义还对四中全会决定进行了

---

① 李建国. 加强和改进地方立法工作 不断完善中国特色社会主义法律体系［J］. 中国人大，2011（12）.
② 王晨. 在新起点上切实加强和改进立法工作［J］. 中国人大，2014（19）.
③ 李适时. 发挥人大在立法中的主导作用［J］. 中国人大，2014（20）.
④ 中共中央关于全面推进依法治国若干重大问题的决定［M］. 北京：人民出版社，2014.
⑤ 全国人大常委会法工委国家法室. 中华人民共和国立法法释义［M］. 北京：法律出版社，2015：160.

解读，说发挥人大主导作用就是"针对这一状况"提出的。①

以上关于立法中部门问题的这些表述不尽一致，侧重点各有不同，但主要表现为部门争利益、争权、诿责、权力边界不清、难以配合协调，核心问题实际还是部门利益问题。克服这些问题需要发挥人大的主导作用，但仍然有一些问题需要研究。

（1）如何看待部门利益？

几十年来，我们总在批评和设法克服立法中的部门利益，但效果似乎并不明显，在法律体系形成之后，部门利益好像还越发严重了。在法律体系形成的过程中，人大在立法中能够起主导作用并已经起了主导作用，仍未能解决部门利益问题，但在法律体系形成后更好地发挥人大的主导作用，果真能解决部门利益问题吗？

对于立法中的部门利益，有以下几个问题值得关注和讨论：

一是，应当承认，只要有部门就有部门利益。只是部门利益有正当的利益，也有不正当的利益，立法应当克服的是部门谋取不正当的利益。

二是，一部法的条文是不是有不正当的部门利益倾向，在法的起草审议甚至表决过程中，有时很难看得出来，可能只有在实践中才会逐步显现。在立法中，为了避免部门谋取不正当的利益，用一个部门来制约和替代另一个部门的工作，当然有其必要性和合理性，但过于依赖人大的主导作用，特别是依赖专门委员会和常委会工作机构发挥主导作用，在法理依据、体制依据和实际效果等方面，就值得研究了。而一部法的草案，部门还没有起草，有一方就先入为主地认为它有部门利益倾向，或者要避免它的部门利益倾向，因而要专门委员会和常委会工作机构来组织起草或者提前介入起草，从道理上能否讲得通？是否缺少了对部门必要的尊重？

三是，人大本身也是部门，它的专门委员会和常委会工作机构更是具体的部门，那么，如果有人提出它们也难免有自身的部门利益倾向，或者其他部门为争取自己的不正当利益倾向，通过人大的部门对立法施加影响，怎么办？

四是，对于已经制定的法律法规，人大不宜过于指摘它的部门利益倾向，因为如果这样，被指摘的部门可能就会提出，这个法律不是人大审议通过的吗，人大为什么在审议修改时不消除部门利益倾向，却在表决通过后来批评部门利益倾向？

---

① 全国人大常委会法工委国家法室．中华人民共和国立法法释义［M］．北京：法律出版社，2015：160.

五是，如果不能通过改革的手段，从体制上扼制、消除滋生部门不正当利益的土壤，光靠人大在立法中发挥主导作用的一些体制机制，恐怕是治标不治本，未必能解决问题。

（2）如何看待部门争权诿责现象？

部门在立法过程中所争之权、所诿之责，是科学还是不科学、必要还是不必要，应当由谁来判断取舍？人大的专门委员会和常委会工作机构是否适宜作判断的主体？部门的不少权和责边界不清，可能有在立法之前宪法、法律已有规定不清晰的问题，也有部门之间政治道德建设的问题，还有实践中一时难以看清和回答的问题，更有需要在改革过程中逐步解决的问题，针对这些情况，通过人大主导立法能否科学地、根本地解决问题？

（3）如何看待部门起草和部门主导立法？

这里的关键问题是，部门起草法律法规草案是否必然导致部门利益的产生？似乎未必。从部门出来的法律法规草案，主要是由部门内设机构起草的，而部门内设机构起草的草案，在经过部门负责人审查后，还要经过提案主体的审查，在提出议案后，还要经过人大及其常委会审议、修改、表决等程序，其中的每一个环节、每一个程序，都有足够的时间和空间对不正当的部门利益进行过滤和消减。以全国人大常委会制定法律为例，仅在审议阶段，就不仅有常委会会议一般至少三次的审议，还有法律委员会的统一审议以及专门委员会的参与，还要向各方面反复征求意见，解决不正当部门利益的余地，无论从时间还是空间上看，实际是很大的。

上述法工委国家法室的法律释义中还有一种说法，就是将部门起草法律草案与部门主导立法联系起来了，这容易让人觉得部门起草就导致了部门主导。实际上，部门起草法律草案与部门主导立法可能还不是一回事，无论中央还是地方的立法中，部门起草的内容被否定或者弃之不用的情况都不少见。而部门主导立法的提法是否适当，倒是值得讨论的。在立法的审议和表决中，如果人大及其常委会能充分发扬民主，把握审议修改表决的各个环节，部门是不可能主导立法的，但如果在立法的各个阶段，常委会会议以及人大及其常委会工作机构了解情况不充分，或者不能切实使用法定职权，被部门牵着鼻子走，就真是部门主导立法了。现在，为克服部门利益倾向，就削弱甚至取消部门起草或者组织起草一些重要法律法规草案的职权，其依据可能需要进行充分论证。

（4）如何看待前述立法的综合性强以及由此涉及的多部门工作和体制机制？

所谓综合性强，在立法中实际上是很难判断的问题，如前所述，几乎所有的法律法规都可以说综合性强，都会涉及多部门的工作和体制机制，针对这一情况，就要发挥人大的主导作用，那么，人大主导的面可能就会很宽、很不确定。

4. 为提高立法效率、节约立法资源，需要人大主导

在前述 2014 年的地方立法研讨会上，李适时以地方立法中存在的问题为例，阐述了发挥人大主导作用的背景和具体做法："针对部门利益影响甚至阻碍地方立法进程，或者滥用地方立法资源等实践中存在的突出问题，各地努力从制度上加以规制，推出了不少好的做法。"① 比如，"有的加强立项主导，努力改变部门提什么人大就审什么的模式，由被动'等米下锅'转变为'点菜上桌'"；"有的强化立法前评估，加强立项论证，坚持'四个不立'，即不是经济社会发展急需的不立，立法条件不具备的不立，能用党纪、政策、规章、道德解决的不立，立法针对性不强、效果不理想的不立"②。

进一步说，这方面，强调人大主导立法有两个相反的重要理由：一是，部门在立法中存在利益博弈、争权诿责等问题，使该立的法立不起来，因而需要人大主导，推动应该立法的事项尽快立法；二是，一些部门对不该立法的事项总想立法，滥用立法资源，因而需要人大主导，及时制止随意立法的现象。由人大发挥主导作用，提高立法效率、节约立法资源，克服这两种消极现象，无疑是必要的，但存在的问题是：立法动议主体提出议案的法定职权可能会被削弱；人大改变"等米下锅"做法，实行"点菜上桌"，"点菜上桌"的法律和理论依据似乎不充分；人大审议或者表决一部法的草案之前，对于这部法该不该立、何时立、应当由谁来评估和决定、在什么时候评估和决定、法理依据是什么，需要进行深入研究。

5. 为防止地方保护主义，需要人大主导

习近平总书记在对四中全会决定所做的说明中提出，"一些地方利用法规实行地方保护主义"，因此，为"明确立法权力边界，从体制机制和工作程序上有效防止部门利益和地方保护主义法律化"，全会决定采取的一个重要措施就是，"健全有立法权的人大主导立法工作的体制机制，发挥人大及其常委会在立法工作中的主导作用"③。

按照习近平总书记讲话和四中全会要求，发挥地方人大在立法中的主导作

---

① 李适时. 发挥人大在立法中的主导作用［J］. 中国人大，2014（20）.
② 李适时. 发挥人大在立法中的主导作用［J］. 中国人大，2014（20）.
③ 习近平. 关于《中共中央关于全面推进依法治国若干重大问题的决定》的说明［EB/OL］. 共产党员网，2014 - 10 - 28.

用，克服地方保护主义法律化，十分必要。但一些损害市场统一、破坏有序竞争、保护地方利益的地方性法规，正是由地方人大及其常委会制定的，通过立法实行地方保护，不仅地方政府及其部门有这一倾向，地方人大及其常委会作为本行政区域的权力机关，也不可避免地有这一倾向，在这种情况下，让人大发挥主导作用，战胜自我，克服地方保护倾向，就有更难的工作要做。

（三）人大内部哪些主体以什么方式主导立法

笼统地强调人大主导立法，似乎理所当然，但具体到人大内部谁才能主导立法，以什么方式主导立法，恐怕就有不少问题值得讨论。

1. 主导立法各类主体的提法存在问题

这个问题前面已经提出。仔细查看各类文件的表述，就会发现对于主导立法的主体究竟是谁，需要进一步统一认识。四中全会决定在同一个段落中，先是有这样的表述："健全有立法权的人大主导立法工作的体制机制，发挥人大及其常委会在立法工作中的主导作用。"[1] 这就涉及两个用语，即"人大主导"和"人大及其常委会"主导，而"人大"主导和"人大及其常委会"主导所包含的主体范围是有很大差别的。接着，对具体主导主体的表述又包括全国人大的专门委员会、全国人大常委会法制工作委员会、常委会委员，甚至延伸到立法专家顾问。李建国在2015年向全国人大会议所做立法法修正案草案的说明中所说的主体，不仅包括人大、全国人大及其常委会、全国人大的专门委员会、常委会工作机构，还特别强调要发挥全国人大代表在立法中的作用。[2] 而修改后的立法法在全国人大及其常委会主导立法的表述中，又增加了委员长会议这个主体。可见，这些权威文件甚至立法性文件对人大内部主导的主体，表述并不一致。而在日常的学术论文、研讨会讨论以及工作交流中，对主导立法的主体究竟是谁，更是存在随意用语、似是而非甚至比较混乱的现象。

从口头表述或者广泛的意义上，人们容易形成一种认识习惯，认为人大主导、人大及其常委会主导、委员长会议主导、专门委员会主导、常委会工作机构主导，甚至代表和常委会委员主导，都可以说是人大主导，即大凡人大内部的各类组织或者成员的主导，都是人大主导。但稍一推敲即可发现，这些认识显然存在问题。如果将人大主导和人大及其常委会主导等同起来表述，大体还能站得住，因为两者都是权力机关，常委会又是代表大会的常设机关，经常可

---

[1] 中共中央关于全面推进依法治国若干重大问题的决定 [M]．北京：人民出版社，2014．
[2] 中华人民共和国立法法 [M]．北京：法律出版社，2015：56－57．

以交换合并表述。但是，如果把委员长会议和地方人大常委会的主任会议、专门委员会、常委会工作机构甚至代表和委员在立法中发挥的作用，都叫作人大主导，无论从宪法体制还是理论认识上看，恐怕都站不住，因为这实际上是把这些主体与人大及其常委会等同起来了，如果用之于实践，就会产生不少负面影响。对此下文将会述及。

2. 人大及其常委会主导立法的障碍

人大主导立法，从根本上说当然是人大和它的常委会两个主体主导立法。但如果这两个主体可以主导立法，就会出现以下几个关键问题：

第一，在立法表决的结果出来之前，人大及其常委会如何预知表决结果，并将立法活动向这一结果加以引导推动？按照宪法和法律规定，立法活动至少由提出议案、审议和表决三个关键性程序组成，在这三个程序中，提出议案的主体众多，人大及其常委会的组成人员又分散于各个方面，代表委员们的观点意见在审议过程中可能各不相同，即使到了表决阶段，很多时候也各不相同，那么，在如此复杂的情况下，由个体代表委员组成的人大及其常委会，又如何预知立法结果并从一开始就对立法活动进行主导呢？

第二，按照人民代表大会制度的基本要求，人民代表大会是一个合议机关，它的常务委员会也是合议机关，两者行使职权的共同特点是：集体有权、个人无权，即集体行使职权，一人一票，委员长或者人大常委会主任也只有一票表决权。而人大及其常委会是国家权力机关，除了由它们的组成人员进行表决形成意志之外，依照宪法和法律规定，也没有任何一个组织和个人可以将自己的意志强加于它们，那么，在这样的合议机关中，如果没有进行表决，所谓立法的主导意见又从何而来？而没有主导意见，合议机关又谈何主导立法呢？

第三，人大及其常委会在立法的哪些环节能发挥主导作用？2015年9月上旬，张德江委员长在广东调研时强调发挥人大立法的主导作用，要求人大及其常委会"把握立项、起草、审议等关键环节"，"形成立法工作合力"[1]，即人大及其常委会要在立法的关键环节发挥主导作用，强调的是关键环节。从前面所述全国人大常委会有关副委员长和工作机构负责人的讲话看，他们对人大及其常委会应当在哪些具体环节发挥主导作用，表述并不清晰一致。再看法工委国家法室编写的《立法法释义》，它说，"人大及其常委会的主导作用应当体现在

---

[1] 张德江. 发挥人大立法主导作用，加快形成完备的法律规范体系[J]. 中国人大，2015（18）.

法律法规的立项、起草、审议、修改、表决等各个环节"①，也就是说，要在各个环节发挥主导作用。这比上述张德江委员长所说关键环节的面还要宽，可以说是要主导立法的全过程了。

问题是，除了人大常委会可以用向人大提出立法议案的形式，在立法动议环节发挥主导作用外，人大及其常委会在立法中行使职权的方式，只有审议和表决两项（当然，其中也包括修改），这样，它有什么办法在各个环节发挥主导作用呢？难道人大及其常委会还可以在立法议案提出之前先审议和表决要不要制定一部法，以及这部法应当规定什么内容，或者集体起草一部法的草案？这里想说的是，以会议形式集体行使职权的特点，决定了人大及其常委会实际上很难或者不可能在立法的各个环节发挥主导作用。如果一定要强调主导作用的话，这个主导作用主要还是审议和表决。这个问题下文还将述及。

第四，人大及其常委会能否对立法工作进行组织协调？《立法法》第51条的表述是这样的："全国人民代表大会及其常务委员会加强对立法工作的组织协调，发挥在立法工作中的主导作用。"这个规定的意思很明确，即全国人大及其常委会通过组织协调的方式发挥主导作用。但是，什么叫组织协调？组织协调的法理依据、性质和具体方式是什么？组织协调与主导是什么关系？人大及其常委会作为集体行使职权的审议表决机构，又如何组织协调其他的立法参与主体？它们能以会议的形式现场办公进行组织协调吗？

所谓组织协调，更多是指中国共产党对别的党派和国家机关以及其他各类组织的领导方式，即通常所说的统揽全局、协调各方。比如，在司法领域，有些重大复杂的疑难案件，光靠公检法机关各自行使职权，容易出现扯皮、诿责、争权等消极现象，就需要党委通过它的政法委员会对公检法机关进行组织协调，但即使政法委员会组织协调公检法机关，也是组织协调它们查清案件事实，更好地适用法律，而绝不是从实体和程序上干预公检法机关办案，把自己的意见强加于公检法机关。所以，组织协调更多应当是超脱性的、非干预性的，不能代替、命令或者变向命令被组织协调者，不能把组织协调变成发号施令，也正因为这个原因，我们强调司法工作要坚持党的领导，但不能说党要在司法工作中发挥主导作用。但如果在立法工作中，人大及其常委会组织协调又不等同于发号施令，不能拍板定调，能说是发挥主导作用吗？具体到人大及其常委会发挥主导作用，遇到的问题是，它们在立法过程中要去组织协调哪些主体？它们

---

① 全国人大常委会法工委国家法室. 中华人民共和国立法法释义 [M]. 北京：法律出版社，2015：162.

与被组织协调者之间是什么关系？组织协调行为是什么性质，有什么法律效力？如果被组织协调者不执行人大及其常委会的意志，怎么办？这些问题恐怕应当从法理和我国政治制度的层面谨慎研究回答。

当然，我们知道，人大及其常委会作为一个合议机构不可能具体地组织协调，甚至也不会组织协调委员长会议，真正组织协调的往往是人大及其常委会的领导人个人甚至是常委会工作机构的负责人。比如，副委员长兼秘书长可能就是重要的组织协调主体。这里想说的是，法律规定人大及其常委会组织协调立法工作，如果有人较起真来，是经不住推敲的。

第五，人大常委会能否通过立法规划或计划主导立法工作？现在，立法规划或计划被视为人大常委会主导立法的重要抓手，但立法规划或计划是行政性的，无论人大还是它的常委会都不适宜事先审议通过一个规划或者计划，然后用来约束要求各个立法参与主体。这个问题笔者已有过论述，这里不再重复。[①]但修改后的立法法加上了全国人大常委会通过立法规划或计划主导立法工作的相关内容，这很可能会引起一系列弊端和问题。对此下文将予以阐述。

3. 委员长会议或者主任会议主导立法需要研究的问题

委员长会议和地方人大常委会的主任会议是人大常委会的一个非常特殊的机构，对这个机构的性质、地位和职权，理论和实践中有不少需要重视和研究的问题，主导立法就是其中之一。这里着重以委员长会议为例讨论这一问题。

关于人大主导立法的主体的表述，一般文件都没有包括委员长会议，但在人大及其常委会的具体主导工作中，委员长会议的权力实际上是很大的，有时甚至让人难以搞清究竟是常委会还是委员长会议在真正地主导立法。

这里主要以立法规划或计划为例进行讨论。修改后的立法法规定，全国人大常委会"通过立法规划、年度立法计划等形式，加强对立法工作的统筹安排"，即在立法中发挥主导作用。按理说，常委会要通过立法规划或计划安排立法工作，这个规划或计划就应当由常委会审议通过。但立法法没有规定常委会审议通过，却规定"立法规划和年度立法计划由委员长会议通过"。这是不是容易给人一种错觉：真正以规划或计划主导立法的是委员长会议而不是常委会？而立法法赋予委员长会议这一职权是否合适，恐怕需要讨论。

全国人大组织法是一部对委员长会议组织与职权做出系统规定的重要基本法律。这部法律在第 25 条规定，委员长会议的职权是处理常委会的"重要日常工作"，并明确列举了四项职权：一是，决定常委会会议的会期，拟定会议议程

[①] 刘松山. 立法规划之淡化与反思[J]. 政治与法律，2014（12）.

草案；二是，将向常委会提出的议案和质询案，决定交由有关专门委员会审议或者提请常委会审议（当然，全国人大常委会议事规则和立法法对如何决定立法的议案还做了具体限制）；三是，指导和协调专门委员会的日常工作；四是，处理常委会其他重要日常工作。这里有两个问题：

第一个问题是，委员长会议通过立法规划或计划，是否符合全国人大组织法的这一规定？显然，全国人大组织法规定的委员长会议的职权中，没有通过立法规划或计划这一项。那么，能否对这四项职权进行扩充理解，推导出有制定立法规划或计划的含义呢？恐怕也很困难。比如，第一项职权中的会期显然不包括规划或计划，而拟定会议议程草案，也是在法定主体提出议案之后对议案做日程安排，不包括对于谁提出和何时提出法律案进行规划或计划。比如，第二项职权中对有关主体提出的议案决定交专门委员会审议或者提请常委会审议的内容，主要还是程序安排性质的，可能带有一定的规划或计划的性质，但这个规划或计划仍然是被动的、"等米下锅"的、难以预测的，甚至不能说是规划或计划，因为议案的动议权在提案主体手里，委员长会议不能对它进行规划或计划。再比如，第三项指导协调专门委员会日常工作的职权，范围也局限于专门委员会，由于是指导协调，也就不能对专门委员会发号施令，要求其提不提、何时提议案，所以也谈不上对专门委员会提案进行规划或计划。总体上看，委员长会议所处理的"重要日常工作"，具有明显的程序性、超脱性、协助性、被动性、临时性、服务性特点，并局限于常委会内部和专门委员会之间，显然不包括立法规划或计划这样统筹立法全局的重大事项。

那么，能否将通过立法规划或计划归为"其他"的重要日常工作呢？恐怕也不能，因为"其他"的事项在重要性方面肯定比不上前三项日常工作，而立法规划或计划实际上是立法的总开关，对是否要立一部法律、何时审议通过一部法律，甚至由谁起草和提出法律案等事项，都要进行统筹安排，这是比全国人大组织法规定的上述重要日常工作还重要得多的工作。应当说，委员长会议通过立法规划或计划，明显不符合全国人大组织法的相关规定。

第二个问题是，立法法能否做出违背全国人大组织法精神的规定？全国人大组织法是关于全国人大及其常委会包括委员长会议的组织和职权的重要基本法律，从立法精神原意上看，委员长会议不能通过立法规划或计划这一统管立法全局的重大事项，即不能通过立法规划或计划的方式主导立法，但立法法是关于立法制度方面的基本法律，全国人大在修改这部法律的过程中又规定，委员长会议有权通过立法规划或计划。两部法律都是全国人大会议通过的，如何看待其中相关规定的关系？建议有关方面予以研究。

但无论立法法如何规定，由委员长会议通过立法规划或计划（哪怕这个规划或计划也在常委会会议上审议一下），都存在不少障碍：

一是，代表大会和常委会都是权力机关，委员长会议不适宜通过一个约束权力机关的立法规划或计划，因为这不符合我国的政治体制。

二是，委员长会议也不适宜通过一个规划或计划约束、要求其他提出法律案的主体，因为是否提案、何时提案，是宪法和法律赋予提案主体的职权，委员长会议不适宜去干预。

三是，委员长会议不是立法机关，也不是法定的执法机关，它通过的立法规划或计划并没有法律效力，别的主体不执行也不会产生法律后果。

四是，委员长会议"通过"的方式是什么，并不明确，法律既没有规定委员长会议以审议和表决方式集体行使职权，也没有规定委员长会议实行其他的工作体制机制，但无论是集体行使职权还是以其他方式行使职权，委员长会议组成人员都是常委会组成人员的很少一部分，在一个投票完全平等的合议机关中，少数成员以缺乏法律规定的方式通过一项立法规划或计划，再让绝大多数成员去执行，法理和制度依据是什么，就值得研究了。

五是，立法规划或计划所包括的内容已经远不止常委会的"重要日常工作"了，它还包括代表大会要不要立法的职权，包括其他国家机关以及人大主席团、专门委员会提出法律案的职权等，这已远超委员长会议的职权范围。

委员长会议通过立法规划或计划后还有一个执行问题，即把这个规划或计划布置安排下去，要求各类主体实施。这项工作由谁来做？立法法第52条的规定很有意思，让全国人大常委会通过规划或计划等形式，加强对立法工作的统筹安排。据此，统筹安排的主体就是常委会了。但实践中，常委会似乎从来没有对某一立法规划或计划如何落实做出过具体决议决定。比如，要求某一主体何时提出某一法律案，或者某个法律必须在哪个时间段内审议通过。那么，实际在对规划或计划进行统筹安排的是谁？委员长会议恐怕是重要主体之一。但如果委员长会议可以统筹安排规划或计划，它就不仅是规划或计划的制订者，也是统筹安排的落实者了，委员长会议这样行使职权是否合适？能等同于全国人大常委会行使职权吗？

现在，我们习惯于把委员长会议通过的立法规划或计划当作常委会的立法规划或计划，把委员长会议通过立法规划或计划发挥主导作用说成常委会在发挥主导作用，这些似是而非的看法、说法、做法，可能不仅仅是不准确的问题，还涉及常委会和委员长会议实际上的地位高低和职权大小的问题，应当引起有关方面的高度重视。

我们不否认委员长会议在立法中具有重要作用，甚至在某些环节具有主导作用。比如，依照法律规定，委员长会议有权提出法律案，这个提案权是一项独立的法定职权，在提案这一环节，它实际上就发挥了立法的主导作用。但是，委员长会议是否适宜制订并实施立法规划或计划，并以此发挥立法主导作用，而且将这一作用视为全国人大常委会的立法主导作用，就值得讨论了。委员长会议处理的常委会重要日常工作中，有不少立法工作的内容，但这些内容在多大程度上、多大范围内可以叫作主导立法的工作，恐怕也是值得讨论的。比如，很多针对议案的管控措施能不能叫主导立法？再比如，委员长会议在多大程度上能代表常委会？

委员长会议的示范作用十分重要。地方人大常委会还有一个主任会议问题，委员长会议怎么做，主任会议就会参照效仿，如果做得不好，可能就成为主任会议甚至人大常委会主任个人主导立法了。

4. 专门委员会、常委会工作机构、人大代表等主导立法的问题

按照修改后的立法法规定，在法律的制定中，发挥人大主导作用，还有几个重要内容：专门委员会、常委会工作机构提前参与法律草案起草；涉及综合性、全局性、基础性等事项的重要法律草案，可以由专门委员会和常委会工作机构组织起草；充分发挥代表作用，以及专家学者在法律起草中的作用等。但这仍然有一些问题需要研究。

（1）能不能将发挥专门委员会和常委会工作机构在立法中的作用，等同于人大主导立法？

恐怕不能。一是，人大及其常委会是合议机关，在人大及其常委会审议表决之前，无论专门委员会还是常委会工作机构，都并不知道表决结果，因此，它们在立法中所做的工作，都不能代表人大及其常委会。二是，专门委员会和常委会工作机构所做的具体立法工作，包括起草的法律草案和提出的立法意见等，在立法过程中本身还要接受常委会的审议、辨别和取舍，未必就会被人大及其常委会会议所接受，所以，在表决之前它们所发挥的作用无论多大，恐怕都不能说是人大及其常委会的主导作用。三是，专门委员会依照法律规定有提出法律案的职权，这可以说是在立法的一个环节起一定的主导作用，但这个主导仍然是专门委员会的主导，而不是人大及其常委会的主导，因为它提出的法律案还要经过委员长会议的过滤，并经过人大及其常委会的审议和表决，并不代表人大及其常委会的意志。

当然，如果获得人大及其常委会的授权，专门委员会和常委会工作机构在立法工作中可以代表人大及其常委会发挥授权范围内的主导作用。比如，立法

法规定，常委会工作机构按照常委会的要求，督促立法规划或计划的落实。这种情况下，如果说工作机构按照常委会要求督促立法规划或计划的落实是一种主导的话，这种主导可以说是常委会的主导。

专门委员会和常委会工作机构是人大及其常委会的工作机构，它们与国务院的部门不同，部门是国务院的组成部分，部门依法行使职权就是国务院在行使职权，但专门委员会不是人大的组成部分，常委会工作机构也不是常委会的组成部分，它们只是人大及其常委会的参谋助手，为人大及其常委会行使职权提供工作服务，它们行使职权不等于人大及其常委会行使职权，除非获得专门的授权。而就获得授权来说，国务院实行首长负责制，部门获得总理的同意即可代表国务院，也比较容易做到，但人大及其常委会是合议机关，专门委员会和常委会工作机构要获得合议机关的授权同意并非易事，所以要代表合议机关也并非易事。

建立健全体制机制，充分发挥专门委员会和常委会工作机构在立法中的积极作用，为人大主导立法创造条件，是必要的，但应当避免将这种积极作用的发挥等同于人大主导立法。

（2）如何看待专门委员会在一定意义上的主导作用？

专门委员会的组成人员虽然是人大代表，但专门委员会的性质仍然是人大的工作机构，也是常委会的工作机构。对于专门委员会的职责，制定八二宪法时，胡乔木曾专门有一个说明。他说，专门委员会"大体上应该做些什么事？我们设想，应该主要的是进行调查研究，征求各方面的意见，便于人大和人大常委会制定法律或者其他的决议"，"这是它的主要的作用。这些专门委员会不是任何形式的权力机关，它只是人大和人大常委会的助手"①。从这里可以看出，按照立宪的初衷，专门委员会主要应当做调查研究，全面收集各方面意见，为人大及其常委会决策提供参考。即使提出自己的意见，也应当以收集的意见为基础，而不是脱离各方面意见，以主导为己任，偏重于表述专门委员会的倾向性意见，也只有这样，它才能为人大及其常委会提供全面的决策参考。宪法规定专门委员会在全国人大及其常委会的领导下，研究、审议和拟定议案，宗旨在这里。

有意思的是，八二宪法并没有规定全国人大的专门委员会可以提出议案，只是同时通过的全国人大组织法规定了专门委员会可以提出议案，而宪法却明确规定，全国人大代表和常委会委员有权提出议案。要知道，提出法律的议案

---

① 胡乔木文集（第二卷）[M]．北京：人民出版社，1993：514．

是主导立法的重要环节，相比之下似乎可以发现，通过提出议案主导立法的倒更应当是人大及其常委会的组成人员，而不是专门委员会，但实践中的情况似乎正好相反，建议有关方面对专门委员会在立法中的职责做进一步研究。比如，专门委员会提出法律案的道理是什么，专门委员会在调查研究、收集意见和提出法律议案之间，更应当把工作重点放在哪里？比如，某专门委员会拟定一项议案，是不是意味着此议案就一定要由该专门委员会提出？拟定议案和提出议案是什么关系？再比如，专门委员会提出的议案是不是应当有所侧重，结合专门委员会设立的初衷，它主要应当提出立法方面的议案还是监督方面的议案？等等。

(3) 如何看待专门委员会和常委会工作机构组织起草或者参与起草法律草案？

为克服部门利益倾向，设想由专门委员会或者常委会工作机构组织起草或者参与起草法律草案，认为这就是人大主导立法或者有利于人大主导立法，初衷是好的，但会遇到一些问题：

一是，如果把组织起草或者参与起草就视为人大主导立法或者认为这样做有利于人大主导立法，那么，起草的这个草案在常委会会议上一旦被否定，怎么办？这种情况下，有人说，不是人大主导立法吗，怎么你牵头起草（或者参与起草）的法律草案被人大自己否定了？为加强人大主导，现在有一种强调由专门委员会和常委会工作机构组织起草的倾向，特别是强调综合性、全局性、基础性的重要法律草案由这两类机构组织起草。但组织起草是一把双刃剑，我们对它所面临的复杂问题，应当有足够估计。实践中，为突出人大主导，有的地方人大的专门委员会，对由政府部门起草更为合适的本区域综合性、全局性、基础性的法规草案，主动牵头组织起草，数易其稿，但草案在征求意见和常委会审议的过程中，因饱受非议而迟迟不能出台，最后非但未能起到主导作用，反倒影响了专门委员会的权威。

二是，如前所述，不宜将起草法律草案与部门利益、部门主导等同起来，只要是起草者，都有可能被利益所渗透，专门委员会也不是天衣无缝的，而且，专门委员会组成人员很多就是从部门转岗过来的，与部门有着千丝万缕的联系。又如前述，专门委员会和常委会工作机构也是一个部门，也不能完全否定其在立法中有自己的利益倾向，不要说专门委员会和常委会工作机构，即使是专家参与起草，也不可避免地会带有复杂的自身利益倾向和部门利益倾向。为克服部门利益倾向就把组织起草权从部门那里拿过来，能否从根上解决问题，恐怕需要研究。

三是，起草法律草案与该法律案的提案权有什么关系？此问题前面已提出。从道理上讲，谁提案、谁起草，应当站得住，可以说，起草本身就是提案主体的一项职权。当然，提案主体可以委托其他主体起草法律草案。但如果提案主体坚持自己起草法律草案，而专门委员会和常委会工作机构认为这样会导致部门利益问题，从部门那里争来起草权，自己组织起草，最终出来的草案与部门的意图不相符，相关提案主体不予提案，或者消极抵制提案，怎么办？建议有关方面加强对法律草案的起草与提案权之间关系的研究。

四是，应当重视专门委员会和常委会工作机构的起草力量。任何一部法律所涉及的面都有很强的特殊性、专业性，但专门委员会的力量是有限的，常委会工作机构比如法制工作委员会，其工作人员长期主要学习、研究法律，其他方面的专业力量既有局限性，又缺乏实践经验，能否适应起草诸多重要法律草案的需要？

五是，为克服部门利益倾向，专门委员会和常委会工作机构除了在起草这一环节参与外，其他还有哪些环节可以发挥作用？是不是广泛征求意见，加强调研，为人大及其常委会审议法律草案提供全方位的意见，可能更有利于发挥人大主导作用？

(4) 人大代表应当以什么方式主导立法？

为体现全国人大代表在立法中的主体地位，立法法修改时增加了有关规定。比如，规定常委会工作机构编制立法规划或计划时认真研究代表议案和建议，常委会审议法律案要邀请代表列席，征求代表意见并向代表反馈情况，专门委员会和常委会工作机构立法调研时要邀请代表参加。但仔细分析这些规定，总让人不自觉地产生疑虑：①代表究竟是权力机关的主体还是客体？代表本身是权力机关组成人员，常委会工作机构是为代表服务的，但编制立法规划或计划时，代表提出的议案建议却要交由工作机构"认真研究"。也就是说，这个议案建议行不行，判断权还是在工作机构那里。②常委会是由代表大会选举产生的，但它审议法律案时，代表只能受邀列席，提出的意见只能得到反馈。③专门委员会和工作机构本身是为代表服务的，但它们立法调研时，被邀请参加似乎成了代表的待遇。这些规定，初衷当然是发挥代表的主体作用，但是不是又容易给人一种感觉：在立法工作中，代表实际成了常委会、专门委员会和常委会工作机构的行政相对人甚至下级人员？或者比一般社会公众稍有特权的人？

以上所述实际上向我们提出一个问题：在立法中发挥代表主导作用的关键点是什么？这恐怕还要回到宪法的规定。代表大会开会时，全体代表的权力是清楚的，就是审议和表决，但部分代表的作用如何体现？如前所述，宪法没有规定专门委员会的提案权,却专门规定了代表提出议案的权力,这当然包括提出法律案的权力。在立法程序中,提案权是一项独立的、主动的职权,代表通过提案推动立法,就是在主导立法。但立法法修改的内容,实际将代表放在一个被动的位置,一个仅限于向常委会、专门委员会和常委会工作机构提出意见的位置,这个位置恐怕更多的是客体而非主体的位置,很难说是在独立地主导立法。在代表大会闭会期间,对于立法,代表当然可以广泛参与,表达意见,但其主要任务似乎应当是为提出法律案做精心准备。但在我国,国家对代表不配备个人参谋助手,专门委员会和常委会工作机构是代表大会的集体参谋助手,当然也有服务于代表个人的职责,它们既然有能力组织起草或者参与起草法律草案,为什么就不能帮助或者协助代表起草法律草案,推动部分代表在会议上提出一个优质的法律议案并进入审议和表决程序以发挥立法主导作用呢?

不仅是代表,常委会委员也有这个问题。代表委员通过提出法律案主导立法,是宪法赋予的重要职权,专门委员会和常委会工作机构在立法中适当转变工作理念和服务重心,将协助代表委员起草法律案作为重要职责,起草后再由代表委员在代表大会和常委会会议上提出法律案,很可能是创新人大主导立法工作体制机制的新抓手和新亮点,也有利于专门委员会和常委会工作机构依照宪法、法律的规定进行自我定位。

(四) 小结与建议

从上面的分析可以看出,人大主导立法是一个新提法,对促进民主立法具有重要意义。但是,如何科学理解、把握这个提法,还有不少问题需要研究。对"主导"这一用语的含义和相关范畴作什么样的理解,直接关系到人大在立法中如何进行自我定位。按照我国的政治体制,特别是宪法、立法法等法律确立的立法体制和立法程序的要求,强调人大主导立法是必要的,但要妥善处理人大主导立法与党领导立法的关系,以及人大主导立法与其他主体依法参与立法的关系,不宜将委员长会议、主任会议、专门委员会和常委会工作机构等主体在立法中发挥积极作用与人大主导立法等同起来。理解人大主导立法,需要考察这一提法出现的背景和针对性,研究针对不同事项的主导应当把握什么样的界限。总之,发挥人大在立法中的主导作用,需要找准人大主导的宪法、法律定位,加强相关研究,避免对人大主导立法产生各种误解和分歧。为此,本书提出一些建议:

第一,建议对各类立法参与主体发挥作用的提法进行规范清理。现在,对各类立法参与主体在立法中的地位作用表述比较多,内容含义又不甚清晰,容易产生理解执行的偏差。比如,"坚持党对立法工作的领导""发挥人大在立法中的主导作用""发挥人大的决定性作用""发挥代表和常委会委员的主体作用""发挥政府在立法中的重要作用""发挥政府在立法中的基础作用",等等,不一而足。这些地位作用的提法,本身含义很难说有清晰的界限,看上去、听上去都很重要、很关键,在不同的环境中又被不断变化使用,不要说社会公众和各级人大及其常委会组成人员,即使是长期从事立法理论研究和实际工作的专业人士,恐怕也未必能把这些说法的区别搞清楚。建议有关方面在公文中对这类提法删繁就简,统一规范。

第二,建议将"主导"这一用语与汉语语言的基本含义和语法要求尽量对接起来。政治法律方面的官方用语,应当十分严谨准确,符合汉语的常规要求。立法语言有一些特殊性,但也只有在找不到更合适的语言表述的情况下,才可以适当脱离语言常规,赋予法律语言一些特殊的含义。"主导"一词的汉语内涵与人大行使职权的特点明显不相符,建议有关方面要么对这一用语做适当界定,要么逐渐减少使用,要么在适当时候更换用语。

第三,建议对党领导立法与人大主导立法中可能遇到和已经遇到的各类问题进行研究规范。在提人大主导立法的同时,不宜只笼统地强调坚持党的领导是前提,而要直面问题,全面梳理和研究规范党领导立法与人大主导立法可能面临的矛盾。实践中,这方面的问题不少,处理不好,既影响党领导立法,也不利于人大主导立法。

第四,建议对人大主导立法究竟要解决什么问题、能够解决什么问题,以及可能带来的负面影响,进行深入研究。如前所述,从已有的官方文件和人大常委会领导人、工作机构负责人讲话来看,人大主导立法的提法存在针对性不甚明确和不甚统一的情况,或者即使比较明确又会面临争议甚至带来其他负面影响的情况。比较典型的是,人大以主导立法的方式引领推动改革,在理论和实践中已经引起不少争议,强调通过人大主导立法来克服立法中的部门利益倾向,也面临争议和矛盾。建议有关方面对这类问题予以重视研究。

第五,建议科学认识各个立法参与主体在立法中与民意的关系。现在,强调人大主导立法,实际上有一个重要的理论假设和制度假设:人大是民意机关,代表人民意志,所以它应当主导立法。但不能忘记,依照宪法的规定,政府、法院、检察院这些重要的立法参与主体名称中也有"人民"二字,它们在不同的侧面也代表了人民的意志,在立法活动中它们也是代表民意的。人大也是一个国家机关,基于制度设计的考虑,让它在立法中代表民意行使审议和表决的职权,并不等于说它就是民意的唯一代表机关,其他的立法参与主体在不同的立法环节中，也从不同的侧面代表和反映民意。这是一个应当引起重视的认识问题。

第六，建议将人大主导立法的关键放在审议和表决两个环节上。除了人大常委会向代表大会提出立法案之外，人大及其常委会在立法中真正能够集体行使职权的实际只有审议和表决两个环节，作为合议机关的人大主导，只能是对这两个环节的主导。把审议民主和表决民主发挥好了，人大的主导作用就实现了。所以，人大能不能主导立法，主导立法的质量如何，从根本上说，取决于审议和表决的质量，健全人大审议民主和表决民主的体制机制，是保证人大主导立法的根本手段。

第七，建议对委员长会议和主任会议在立法中的性质、地位和职权做研究和规范。这个问题涉及委员长会议和主任会议整体性职权的行使。实践中，委员长会议和主任会议行使的权力似乎已远超全国人大组织法等法律的规定，如何看待这个问题？是不是应该修改全国人大组织法等相关法律，建议研究考虑。而在立法中，与委员长会议、主任会议密切相关的，还有委员长和副委员长兼秘书长、主任和副主任兼秘书长这几个人大常委会的重要职务，也需要加以研究规范，因为他们的权力也很大，又缺乏系统明确的法律规定。

第八，专门委员会、常委会工作机构在人大主导立法中当有何为？似乎还是应当围绕参谋和助手的法律定位，充分发挥作用，比如加强调研、采取多种方式了解各方意见、向人大及其常委会提出研究意见和建议，而不宜强化提出立法议案和组织起草法律法规草案的职权，因为这可能带来许多弊端。如果有组织起草法律法规草案的条件资源，就转过来帮助代表委员起草，由代表委员依法行使提案权。

四

论社会主义核心价值观融入法律政策体系*

党的十八大以来,以习近平总书记为核心的党中央十分重视发挥社会主义核心价值观在法治建设中的作用,先后出台了一系列推动社会主义核心价值观融入法治建设的重要指导性文件。党的十九届四中全会进一步提出,要"完善弘扬社会主义核心价值观的法律政策体系"。2020年,中共中央印发的《法治社会建设实施纲要（2020—2025年）》,又将完善社会主义核心价值观的法律政策体系列入五年法治建设的规划。同年,全国哲学社会科学工作办公室专门将"完善弘扬社会主义核心价值观的法律政策体系"确立为研究阐释党的十九届四中全会精神国家社科基金重大项目。2021年,中共中央办公厅、国务院办公厅印发《关于加强社会主义法治文化建设的意见》,提出要"把社会主义核心价值观融入法律法规立改废释的全过程,使法律法规、司法解释等更好体现国家价值目标、社会价值取向和公民价值准则"②。由此可见,完善弘扬社会主义核心价值观的法律政策体系,是一个崭新、重大的时代命题和紧迫任务,深入研究实现这一任务的问题与路径,特别是其中的关键问题,对于实现依法治国与以德治国相结合,推进国家治理体系和治理能力现代化,具有十分重要的意义。

（一）梳理评估现有法律政策体系中的核心价值观

分析十九届四中全会"完善弘扬社会主义核心价值观的法律政策体系"的表述,应抓住"完善"二字,因为它说明,现有法律政策体系在弘扬社会主义核心价值观方面,是不完善的。进一步的问题是：在哪些方面不完善、为什么不完善、应当以什么方式完善？等等。而研究回答这些问题,首先需要对现有

---

* 本文载《地方立法研究》2021年第5期。
② 关于加强社会主义法治文化建设的意见[N].法治日报,2021-04-06.

法律政策体系中的社会主义核心价值观予以系统梳理、分析和评估，只有在此基础上，才能进一步提出完善的对策。

2018年5月7日，中共中央印发的《社会主义核心价值观融入法治建设立法修法规划》（下文简称《规划》）提出，要力争经过5—10年时间，推动社会主义核心价值观全面进入中国特色社会主义法律体系，并明确要完成六个方面立法修法的主要任务。① 中共中央印发的这个立法修法规划文件，从侧面说明，有关方面对现行法律体系中的核心价值观问题已经做了较为深入的研究和评估，并认为在法律制度上，有六个方面的内容明显不完善、不充分，因此，需要加快立法步伐，建立和完善相关的法律制度。

但这个《规划》印发于2018年5月7日，它所提出的仅是5—10年立法修法的主要内容和任务。而十九届四中全会召开于当年10月28日至31日，全会决定中对核心价值观如何融入法治建设的表述，与这一立法修法规划相比，有很大的丰富和拓展：一是，将原来的"法律体系"改为"法律政策体系"，即不仅要求完善弘扬核心价值观的法律体系，而且要求完善相关的政策体系；二是，与《规划》中用5—10年时间完成立法修法的任务不同，全会对完善弘扬核心价值观的法律政策体系，没有列出明确的时间表，即在时间上有更大的调整或者延展的空间；三是，与《规划》中明确列举六个方面的核心价值观入法入规任务不同，四中全会关于"完善弘扬社会主义核心价值观的法律政策体系"及相关表述，并没有限于哪些内容进入法律政策体系，即不仅内容上有研究完善的空间，而且对哪些核心价值观入法入规、哪些核心价值观融入政策体系，包括以什么方式融入法律政策体系，也需要充分研究。这样，为了贯彻落实十九届四中全会精神，就有必要对现有法律政策体系反映社会主义核心价值观的情况，做历史的、立体的、较全面的梳理评估。有以下要点值得注意：

1. 梳理评估法律体系中核心价值观的内容

任何法律规范都是价值观的体现，我国以宪法为核心的中国特色社会主义法律体系，更应当是长期以来所奉行的价值观，特别是核心价值观的体现。但

---

① 这六方面的主要任务是：以保护产权、维护契约、统一市场、平等交换、公平竞争为导向，完善市场经济法律制度；坚持和巩固人民主体地位，推进社会主义民主政治法治化；发挥先进文化育人化人作用，建立健全文化法律制度；着眼人民最关心最直接最现实的利益问题，加快完善民生法律制度；促进人与自然和谐发展，建立严格严密的生态文明法律制度；加强道德领域突出问题的专项立法，把一些基本道德要求上升为法律规范。新华社. 中共中央印发《社会主义核心价值观融入法治建设立法修法规划》[EB/OL]. 中国政府网，2018–05–07.

是，应当体现，不等于就得到了充分体现，为此，有必要对现有法律体系对核心价值观的体现情况进行较全面的梳理。

如何梳理？最直接的办法是将核心价值观的内容与法律体系进行对照。社会主义核心价值观是党的十八大报告中首次提出的，被提炼成24字，包括三个方面：一是富强、民主、文明、和谐，这是国家层面的价值目标；二是自由、平等、公正、法治，这是社会层面的价值取向；三是爱国、敬业、诚信、友善，这是个人层面的价值准则。也就是说，社会主义核心价值观包括国家、社会和个人层面的内容。① 这样，对法律体系的核心价值观进行梳理就应围绕这三方面进行。但有几个问题：

一是，须充分认识核心价值观的抽象性、宏大性、复杂性。特别是国家层面的富强、民主、文明、和谐的价值观，要在法律体系中对这些用语的含义进行检验和评估，相当不易。而社会层面的自由、平等、公正、法治这四个用语的含义也很抽象，如何在法律体系中予以检验对照，同样有较大难度。相比而言，爱国、敬业、诚信、友善这四个个人层面的价值准则，含义具有较大的确定性，在法律体系中容易检验。建议有关方面在现有法律体系中对不同用语所体现的核心价值观的含义应如何检验评估进行研究。

二是，须立足于法律体系形成和完善的进程，评估核心价值观的融入情况。改革开放四十多年来，以宪法为核心的中国特色社会主义法律体系的形成和完善经历了一个曲折的过程，而随着改革开放事业的不断前进，社会主义核心价值观的形成和发展，也经历了一个曲折的过程。法律体系反映核心价值观，应当与核心价值观朝着同一方向发展前进，但又并非等同于核心价值观，并非也难以同步复制核心价值观。所以，对不同历史时期法律体系反映核心价值观的内容、程度以及节奏予以评估，是十分必要的。

三是，须对法律体系中不同位阶的法的规范所反映核心价值观的情况予以评估。按照全国人大常委会的界定，中国特色社会主义法律体系的范围包括宪法、法律、行政法规、地方性法规、自治条例和单行条例。② 在这一范围内，不同位阶的法的规范对核心价值观的反映既有相同点，也存在差异，总结梳理这方面的特点、经验和问题，对于进一步抓住重点，有针对性地将核心价值观融

---

① 中共中央文献研究室. 十八大以来重要文献选编：上 [G]. 北京：中央文献出版社，2014：25.
② 全国人大常委会办公厅. 中华人民共和国第十一届全国人民代表大会第四次会议文件汇编 [G]. 北京：人民出版社，2011：338 – 339.

入法律体系，有重要作用。

四是，须对不同门类的法律规范反映核心价值观的情况予以评估。从结构上看，现行的法律体系大体包括宪法及宪法相关法、民商法、行政法、经济法、社会法、刑法、程序法等七个门类。这几大门类的法律规范分别从不同侧面调整特定领域的社会关系，是该领域核心价值观的集中反映，因此，分门别类地对这些领域的法律规范中的核心价值观进行梳理和总结，是进一步完善不同领域法律体系中核心价值观的重要基础。

五是，须对核心价值观与非核心价值观在法律体系中的比重予以梳理评估。有核心价值观，就有非核心价值观，要弘扬核心价值观，在很大程度上就从另一方面说明，非核心价值观在法律体系中所占比重偏大，影响和挤占了核心价值观的比重。因此，对法律体系中反映非核心价值观的各类规范予以分类梳理，是十分必要的。

2. 梳理评估法律体系反映核心价值观的方式

在法律体系中弘扬社会主义核心价值观面临的问题是：如何弘扬？而要研究如何弘扬，就需要对法律体系反映核心价值观的方式予以梳理评估。有以下几个问题：

一是，对专门就核心价值观进行立法的情况进行梳理。能不能为了弘扬某一核心价值观进行专门立法？当然可以。比如，为加强对英雄烈士的保护，弘扬英雄烈士精神和爱国主义精神，全国人大常委会于2018年制定了英雄烈士保护法；为弘扬民族精神和时代精神，激发人民建设富强、民主、文明、和谐的社会主义现代化国家的积极性，全国人大常委会于2019年制定了国家勋章和荣誉称号法；为弘扬传统美德，厉行节约，全国人大常委会于2021年又专门制定了反食品浪费法；为在全社会弘扬诚信价值观，近年来不少地方对失信惩戒的事项进行大量的专门立法。这些案例带给我们的进一步思考是，任何一部法律规范都以实现某一价值观为宗旨，那么，几十年来，法律体系中的各类、各层级的法，其立法都是为了实现什么样的价值观？其中，又有哪些立法是以实现核心价值观为宗旨的？这些立法又是以实现什么核心价值观为宗旨的？因此，有必要对这类情况予以梳理评估。

二是，对法律规范中反映核心价值观的方式方法予以评估。从现有的立法情况看，核心价值观融入法律规范的形式可谓多种多样。有的在开篇立法的宗旨中就写明立法是为了践行核心价值观。比如，前述反食品浪费法的第一条即规定，立法目的是践行社会主义核心价值观。有的是在总则之后的具体条文中直接写明要坚持或者弘扬核心价值观或者某一核心价值观。比如，2015年修改的教育法明确规定，对受教育者要加强社会主义核心价值观教育，2020年制定的退役军人保障法也明确规定，退役军人应当践行社会主义核心价值观。还有一种典型的情况是，在立法宗旨或者之后的具体条文中，不出现核心价值观的表述，通篇不提某一核心价值观，但通过制度性、程序性设计的方式反映和弘扬核心价值观。很多法律法规都具有这一特点。这样，条文中不直接出现对某一核心价值观的表述，但一部法中的某一制度性、程序性设计或者法的整体却体现了核心价值观，把法所规定的制度、程序或者法的整体性规定都遵守执行好了，核心价值观就得到了体现。核心价值观是在立法宗旨、目的中体现比较好，抑或直接在法的条文中写明比较好，还是通过科学的制度设计间接地体现出来更好？这是很值得研究的。有些情况下，在立法宗旨中载明或者在其后的条文中直接写明核心价值观，是必要的，但有些情况下，核心价值观的实现更多依赖于科学的制度设计，如果立法中的制度性、程序性规定不能体现甚至会削弱核心价值观，那么，无论在立法宗旨和法律条文中如何明确强调核心价值观，效果可能都不会理想。因此，对核心价值观融入法律规范的方式方法予以梳理评估，特别是对以制度性、程序性设计反映核心价值观的情况予以梳理评估，总结利弊得失，具有重要意义。

三是，对立法反映核心价值观的节奏予以评估。法律体系反映核心价值观，但如前所述，法律体系的形成过程，又并非同步复制核心价值观的过程。进一步的问题就是，在制定一部具体的法的时候，某一核心价值观可能已经达成社会共识，但也可能没有达成社会共识，甚至缺乏达成社会共识的基础。对于已经达成社会共识的核心价值观，立法时可以直接将其转化为法律规范，但是，对于尚没有达成共识甚至存在争议或者有待实践检验的核心价值观，能否以立法的形式确定下来，引导甚至强制社会接受、遵循和践行？这两方面的情况在几十年的立法实践中已有不少反映，予以梳理评估，总结经验教训，十分必要。

四是，对官方确定的法律体系以外的各类法律规范反映核心价值观的情况予以评估。如前所述，现行法律体系的范围是由官方确立的，主要包括宪法、法律、行政法规、地方性法规、自治条例和单行条例。① 这个法律体系可以称为狭义的法律体系，但人们日常所理解的法律规范体系显然不止于这个范围，至少还包括政府和部门的规章、司法解释，特别是党内法规，甚至行政规范性文件也被纳入日常理解的法律规范体系，而这些规范中通常蕴含着丰富的核心价

---

① 全国人大常委会办公厅. 中华人民共和国第十一届全国人民代表大会第四次会议文件汇编 [G]. 北京：人民出版社，2011：338-339.

值观。如本篇开头所述，中办、国办2021年印发的《关于加强社会主义法治文化建设的意见》，在法律法规之外，就明确提出要使"司法解释等"更好地体现核心价值观。所以，在对宪法、法律、法规等法律规范中的核心价值观予以评估的同时，对其他方面的各类具有立法性质的规范所反映核心价值观的情况予以评估，也是十分必要的。

3. 梳理评估政策体系反映核心价值观的情况

除了法律体系之外，十九届四中全会还提出，要将核心价值观融入政策体系。这同样是大课题。实际上，几十年来，核心价值观与党和国家的政策存在密切而复杂的关系，为推动核心价值观融入政策体系，有必要对以往的实践予以梳理评估。有以下问题：

一是，将法律规范中的核心价值观与政策中的核心价值观进行对比评估。政策与法律既有联系，又有重要区别，法律规范能反映核心价值观，政策也能反映核心价值观，但是，两者反映的核心价值观的内容、方式和侧重点有什么区别？比如，有些核心价值观适宜在法律规范中予以明确规定，特别是适宜以制度性规定、程序性设计的方式予以体现和弘扬，但是，有些核心价值观却不宜通过硬性的立法性规定强行介入国家和社会生活，要求人们服从和践行，而以政策的方式加以提倡引导，才会收到更好的效果。所以，有必要对以立法方式反映核心价值观的情况与以制定政策反映核心价值观的情况进行对比梳理，总结两者反映核心价值观的不同特点与规律。

二是，对不同主体制定政策反映核心价值观的情况予以评估。在我国法律体系中，哪一位阶的法的规范由什么主体制定，都有宪法、法律的明确规定，但是，何谓政策，何种主体能够制定何种政策，何种政策在何种情况下可以反映何种内容，无论理论还是实践中，都并不清晰。而谁有权在何种情况下，制定反映何种核心价值观的政策，是一个十分复杂的问题。比如，国务院是中央人民政府，它当然有权制定政策，但是，国务院能否制定有关引导和规范社会信用的政策，要求对公民和企业的失信行为进行联合惩戒，并引导地方对失信惩戒进行立法，就涉及一个立法权限的问题，因为对公民失信问题进行联合惩戒，可能涉及对公民人格权的否定和行政处罚等专属立法权限的事项，在全国人大常委会没有制定法律的情况下，国务院是否适宜制定政策，地方是否有权立法予以调整规范，就很值得讨论（这个问题后文还将述及）。再比如，中央政法委、最高法院、最高检察院在一定情况下都可以出台有关司法政策文件，但是，它们出台的文件能否对核心价值观融入司法实践提出要求和做出引导？如果可以，其要求和引导的范围是什么，也是值得研究的（对此下文将述及）。所以，有必要对以往用政策引导规范核心价值观的主体予以评估。

三是，对政策反映核心价值观的内容予以梳理评估。如前所述，政策反映核心价值观的内容与法律规范有重要区别，那么，以往的各类政策中都反映了什么样的核心价值观？对这一问题予以归类梳理，很有意义。

4. 梳理评估法律政策体系中核心价值观的实施效果

为进一步完善弘扬核心价值观的法律政策体系，就有必要对已有法律政策体系中核心价值观的实施效果做比较全面的评估。有以下几个问题值得注意：

一是，建立核心价值观实施效果的评估原则和标准。核心价值观既有抽象的一面，也有可以具体衡量的一面，评估法律政策体系中核心价值观的实施效果，需要在不同的价值观层面，针对不同的价值观内容，既着眼于抽象，又着眼于具体，在评估主体、评估方式、评估程序以及评估内容方面确立一系列的原则和标准。

二是，对不同核心价值观的实施效果予以评估。考察不同的核心价值观在法律政策体系中的实施效果，是一个重要问题。有的核心价值观进入法律政策体系，得到了良好的实施，收到预期效果，但也有的核心价值观虽然已经载入法律政策中，甚至变成明确的法律政策条文，却没有收到预期的实施效果，因此很有必要总结评估不同内容核心价值观的实施效果。

三是，根据核心价值观融入法律政策体系的不同方式和节奏，分类评估其实施效果。比如，对直接写入法律政策体系的核心价值观，就可以列为一类，评估其实施效果；对通过制度设计或者程序设计间接体现核心价值观的法律政策内容，也可以列为一类，评估其实施效果；而对单纯为了某一核心价值观而进行的立法或者出台的政策，也可以列为一类，予以评估。比如，对核心价值观已经达成社会共识然后立法制定政策的，可以列为一类予以评估，而对于社会尚未达成共识的某一核心价值观，先由法律政策予以倡导、引导甚至强制形成的，也可以列为一类，评估其实施效果。

四是，要在纵向和横向比较的背景下，评估实施效果。核心价值观的形成和实现，是一个渐进的过程，因此，对法律政策体系中核心价值观的实现程度，必须用历史的、发展的眼光予以评估总结。而社会主义核心价值观的价值和闪光点，常常要在与资本主义价值观的对比中才能显示出来，这样，评估我国法律政策体系中核心价值观的实施效果，又需要与西方政治、法律、文化背景下的价值观进行多方面的对比。

五是，要着重以执法检查、立法后评估等方式，检验总结实施效果。为检验法律政策的实施效果，现行法律法规规定了执法检查、立法后评估等方式，而核心价值观贯穿于整个法律体系和政策体系，所以，对现行法律政策体系开展一次较全面的有针对性的执法检查、立法后评估以及政策评估来检验核心价值观的实施效果是必要的。

（二）核心价值观入法入政策，须协调、衔接宪法规定

宪法不仅是社会主义核心价值观最集中、最全面的体现，也对核心价值观及其实现方式有明确的表述，而推动核心价值观入法入政策，又与宪法规定的国家机关职权有重要关联，因此，在研究核心价值观融入法律政策体系时，需要以宪法为根据，考虑与宪法协调、衔接的一系列问题。

1. 揭示宪法中核心价值观的含义及践行指向

现行宪法制定于1982年，并经过了五次修改。但是，2004年之前的宪法和宪法修改的相关内容中，没有出现社会主义核心价值观的用语。当然，没有出现这一用语，并不意味着宪法就没有包含核心价值观的内容。相反，从1982年宪法制定到此后的1988年、1993年、1999年和2004年的四次修改，社会主义核心价值观一直贯穿其中，而且，每次宪法的修改都是核心价值观的发展、深化和升华。可以说，宪法从序言到总纲，从公民的基本权利和义务到国家机构，再到国旗、国歌、国徽和首都，都是以方方面面的核心价值观为基础和支撑的，体现了国家、社会和公民个人三个层面核心价值观的目标要求。

但也需要承认，由于2004年前宪法中没有核心价值观的用语，宪法本身的语言表述和具体规定又丰富复杂，这就容易让人觉得，核心价值观看似无处不在，但除了类似对公民进行理想道德教育和加强精神文明建设等具有明确价值准则的表述或者规定之外，在更多的表述和规定中，一旦要指出哪一具体表述、哪一具体规定体现了哪一具体的核心价值观，却又十分困难。所以，宪法虽然体现了核心价值观，但由于缺乏相对应的系统、准确和具体的表述，就使得不少核心价值观没有得到明确显示、应有重视和充分的贯彻实施。从立宪技术上看，大概也是基于这一重要原因，2018年修改宪法，在第24条明确增加了"国家倡导社会主义核心价值观"这一表述。这样，国家倡导核心价值观就成为宪法的明确规定，具有了最高法律效力，对于完善弘扬核心价值观的法律政策体系、推动宪法有关核心价值观内容的贯彻落实，具有十分重要的意义。

但宪法第24条规定的社会主义核心价值观所指为何，包括哪些要素或者范畴，其具体含义又分别是什么，国家倡导核心价值观的指向主体是谁？有以下三个问题：

一是，宪法规定的核心价值观与十八大报告中提出的核心价值观的范围和要素是否相同？如前所述，社会主义核心价值观这一用语是党的十八大报告首次提出的。十八大报告将核心价值观提炼成24个字，分为国家、社会和个人三个层面的价值观。那么，宪法第24条规定的核心价值观等同于这24个字的范围和要素吗？仔细分析下来，似乎又并不完全相同，或者说有明显的变化。比如，十八大报告提出的国家层面的价值目标是"富强、民主、文明、和谐"，而2004年修改后的宪法对国家根本任务的表述是，"把我国建设成为富强、民主、文明的社会主义国家"，即国家层面的价值目标是"富强、民主、文明"，与十八大报告相比，少了"和谐"这一用语。但是，2018年修改宪法，将此前"把我国建设成为富强、民主、文明的社会主义国家"，修改为"把我国建设成为富强民主文明和谐美丽的社会主义现代化强国"。这样，国家层面的价值目标比2004年宪法多了"和谐、美丽"（这两个用语对应的是社会文明和生态文明），而比十八大报告中的"富强、民主、文明、和谐"又多了"美丽"。这就说明，仅以国家层面的价值目标为例，宪法中的核心价值观就已经比十八大报告中的表述有所扩大和发展。那么，这是不是意味着宪法中核心价值观的要素是流动的和不断发展变化的？或者说其内容具有较大的不确定性？

二是，如果说宪法中核心价值观的主要内容与十八大报告中的24字大体相同，那么，这24个字、12个词语各自的具体含义是什么？可以说，即使宪法中核心价值观的范畴会有所变化，但在相当长时间内，其主体性内容仍然应当是十八大报告中的24个字，因为十八大报告确立的"五位一体"总体布局，以及充分反映核心价值观的习近平新时代中国特色社会主义思想，已经写入宪法，并将长期指导中国各项事业的发展前进。但进一步的问题是，如何准确地理解把握这24个字、12个词语的含义？比如，国家层面的价值目标是富强、民主、文明、和谐，那么，富强、民主、文明、和谐的内涵、外延和重点内容是什么？比如，社会层面的价值取向是自由、平等、公正、法治，那么，自由、平等、公正、法治的内涵、外延和重点内容又是什么？再比如，个人层面的价值准则是爱国、敬业、诚信、友善，而这些价值准则的要素也需得到准确、统一的理解和把握。总之，这24个字看似凝练简洁，但内涵极其丰富，如果缺乏对每一个词语的明确界定，要在法律政策体系中得到具体体现，不仅有很大的难度，而且处理不好就容易发生偏差甚至适得其反。

三是，如何准确把握宪法中核心价值观的指向主体？2018年修改宪法，核心价值观这一内容是被放在第24条的第二款中予以规定的。这一条共有两款，从当时的立宪原意和具体表述看，两款内容都是关于精神文明建设的规定，旨在对全体公民进行道德、政治教育，培养中华民族的思想道德素质。① 第一款是规定国家通过理想、道德、文化、纪律和法制教育，加强社会主义精神文明建设。该内容的规范指向显然是全体人民，旨在提升人民的核心价值观。第二款的规定是："国家倡导社会主义核心价值观，提倡爱祖国、爱人民、爱劳动、爱科学、爱社会主义的公德，在人民中进行爱国主义、集体主义和国际主义、共产主义的教育，进行辩证唯物主义和历史唯物主义的教育，反对资本主义的、封建主义的和其他的腐朽思想。"如何准确理解这一款的主体指向，是一个重要问题。这一款中的"国家倡导社会主义核心价值观"，是2018年修改宪法时新增加的内容。从这一新增的表述看，核心价值观不仅限于对公民进行倡导教育，也包括了对国家和社会的要求，否则核心价值观的指向主体就是不完整的。但是，从该款完整的表述逻辑上看，特别是从"国家倡导社会主义核心价值观"一句之后的表述看，似乎又容易给人这样一种理解，即社会主义核心价值观的要求是针对全体人民的，是国家要以对全体人民进行教育的方式，倡导核心价值观。

而2018年修改宪法时，王晨在所作宪法修改（草案）的说明中说，增加核心价值观这一规定的主要考虑是，"社会主义核心价值观是当代中国精神的集中体现，凝结着全体人民共同的价值追求"，"作这样的修改，贯彻了党的十九大精神，有利于在全社会树立和践行社会主义核心价值观，巩固全党全国各族人民团结奋斗的共同思想道德基础"。② 王晨的说明也让人觉得，宪法中新增加的核心价值观，指向是全体人民，旨在巩固全国各族人民共同的思想道德基础，而不是要求国家和社会去践行实现的。

这就容易出现理解上的问题：按照十八大报告的表述，核心价值观的内容包括对国家、社会和个人三个层面的要求，但宪法第24条对核心价值观的规定，容易造成的认识倾向却是仅限于对公民进行倡导教育，而不是针对国家和社会，要求国家和社会必须贯彻践行的。如果仅指公民或者人民个人的价值准则，在法理基础上就面临着宪法是由人民制定的，而人民制定的宪法却以居于人民之上的教育者的姿态，对人民的价值观提出教育要求，是否科学合适？如果从宪法的这一规定出发，要求完善弘扬核心价值观的法律政策体系，就可能被不适当地理解为在法律政策体系中增加对人民进行倡导教育甚至强制的内容。

---

① 蔡定剑. 宪法精释[M]. 北京：法律出版社，2006：221.
② 全国人大常委会法制工作委员会宪法室. 中华人民共和国制宪修宪重要文献资料选编[G]. 北京：中国民主法制出版社，2021：242.

而按照十八大报告的表述，人民在核心价值观的表述中居于第三位，践行实现核心价值观，第一位、第二位是国家和社会，将核心价值观融入法律政策体系，关键是要用法律政策体系推动国家实现富强、民主、文明、和谐的价值目标，推动社会实现自由、平等、公正、法治的价值取向，而不是首先或者着重要求人民践行爱国、敬业、诚信、友善的价值准则。

从以上所述问题看，如果对宪法中核心价值观的范围、要素、含义及其实现或指向的主体等缺乏清晰的把握，并与十八大报告的表述对照，在完善弘扬核心价值观的法律政策体系时，就难以抓住方向、目标、重点和节奏，甚至可能将核心价值观融入法律政策体系片面地理解为利用立法或者政策的手段，强制公民个人形成和遵守理想道德等方面的核心价值观。从实践中的一些做法看，现在似乎已经出现了这一苗头。

2. 以宪法规定的"国家倡导"为依据

核心价值观应当以何种方式融入法律政策体系？如果没有或者失去基本的规则和约束，各类主体可以任意以立法或者制定政策的方式予以规范和要求，就可能引出不少问题。值得注意的是，宪法对核心价值观的要素与含义虽然规定得不明确，但对树立践行核心价值观的方式却有明确的规定，即"国家倡导社会主义核心价值观"。

准确把握宪法的这一表述，有两个用语须注意：

一是"国家"二字。倡导核心价值观的主体是国家，而不是国家之外的任何机关或者其他组织与个人。那么，谁能代表国家？党中央、全国人大及其常委会、国务院当然可以从不同的侧面代表国家，对核心价值观进行理解判断，并出台相关的政策，制定相关的法律法规，但是，国家监察委员会、最高法院、最高检察院这样具体适用法律的机关，能否对什么是核心价值观以及核心价值观的含义进行界定，并出台相关的法规、政策和司法解释？地方各级党政机关能否代表国家，对核心价值观做出判断并出台相关法规、政策以及其他文件？民主党派和群团组织、基层群众自治组织、企业事业单位，能否代表国家对核心价值观进行判断，并出台相关的政策文件？这些问题都需要研究回答。由于核心价值观属于意识形态和人类精神活动的重要内容，在立法和出台相关政策文件时，处理稍有不当，就可能出现思想舆情领域的纷争甚至风波，建议有关方面对哪些主体能代表国家出台相关法律法规和政策文件，推动核心价值观融入法律政策体系，进行必要的研究规范。

二是"倡导"二字。宪法对树立和践行核心价值观的方式，用的是"倡导"，而不是其他词语。何谓倡导？按照《辞海》的解释，是指首倡或者提倡的意思，如率先倡导。① 按照《现代汉语词典》的解释，是带头提倡的意思。② 从这两本权威工具书的解释看，倡导是首倡或者带头提倡，把这一解释运用到宪法第24条国家倡导社会主义核心价值观的规定中，其基本的含义就应当是，国家要率先提出或者带头提倡社会主义核心价值观。国家率先提出、带头提倡，是相对于国家之外的主体而言的，是要求国家在意识形态领域把握核心价值观的主动权、主导权，引领社会思想潮流和价值观的方向，而不能落后于社会和时代。

率先提出、带头提倡的方式有多种，立法或者制定政策是其中之一。但由于核心价值观属于人类意识精神的范畴，对于意识精神领域的活动，用立法或者制定政策的方式加以引导干预，不仅有一个立法或者制定政策的技术问题，还须考虑究竟会达到或者收到什么效果。更需注意的是，率先提出、带头提倡，是否符合法或者政策自身的特点？法以及一些严厉的政策，普遍具有强烈的规范性、强制性甚至处罚性的特点，但是，率先提出、带头提倡，明显不具有或者不应具有这些特点。所以，将核心价值观融入法律政策体系时，无论内容或者方式方法上，都需要十分重视与宪法中"倡导"二字的衔接，不能使"倡导"不加分析地变成硬性的规定、强制和处罚。而且，率先提出、带头提倡的价值观，自身也有一个不断经过实践检验和认识检验的过程，更要求提出者或者提倡者以身作则、垂范于人，而不是提出、提倡之后，一下子就强迫公民或者市场主体接受服从，甚至以规范性、强制性、惩罚性的手段为后盾来强制公民或者市场主体接受服从。由此可见，宪法对树立践行核心价值观，所使用的"倡导"二字，是十分准确的，在融入法律政策体系时需要严格遵循。

3. 符合宪法关于国家机关职权的规定

党的十八大以来，有关方面推动核心价值观融入法律政策体系的节奏明显加快，也取得了很大成绩。但实践中，一些国家机关在以立法或者制定政策的方式融入核心价值观时，可能存在与宪法规定的职权不一致甚至互相抵触的嫌疑。比如，国务院办公厅于2019年发布了《关于加快推进社会信用体系建设，构建以信用为基础的新型监管机制的指导意见》。这个指导意见属典型的加强核心价值观建设的政策。它要求加快构建失信联合惩戒机制，列举了对失信对象在股票发行、招标投标、获得授信、乘坐飞机高铁等方面的限制措施，以及通

---

① 夏征农. 辞海 [M]. 上海：上海辞书出版社，1989：286.
② 中国社会科学院语言研究所词典编辑室. 现代汉语词典 [M]. 北京：商务印书馆，2013：150.

报批评、公开谴责等惩戒措施。国务院办公厅出台的这一政策性文件,初衷当然是好的,但有的惩戒措施已经明显属于严厉的行政处罚,有的属于对公民人格权的否定,有的甚至容易被理解为具有刑罚的特点,而对这些事项的规范,不少属于宪法和立法法所规定的全国人大及其常委会的专属立法权限,国务院不仅不宜以政策加以调整,甚至连能否制定行政法规加以规范,也需要慎重研究。但是,根据国务院办公厅这一政策性文件,不少地方相继制定了地方性法规,其中规定的多种惩戒措施,已超出了宪法和立法法赋予地方人大及其常委会的立法权限范围,有侵犯全国人大及其常委会专属立法权限的嫌疑。

更值得注意的是,2021年,最高法院出台了《关于深入推进社会主义核心价值观融入裁判文书释法说理的指导意见》。该意见明确要求法官在六类案件中"应当强化运用社会主义核心价值观释法说理",甚至提出,在民事商事案件中,无法律规范性文件作为裁判依据的,法官可以"以社会主义核心价值观为指引,以最相类似的法律规定作为裁判依据",如无相类似的法律规定,法官则"应当根据立法精神、立法目的和法律原则等作出司法裁判,并在裁判文书中充分运用社会主义核心价值观阐述裁判依据和裁判理由"。[①] 该文件还在其他诸多方面对法官在裁判文书中运用核心价值观进行释法说理提出了要求。最高法院这个指导意见出台后,引起广泛关注。

从性质上看,该指导意见明显不属于司法解释,而具有司法政策的特点。最高法院当然可以出台司法政策,但是,它的司法政策包括司法解释,对法官在裁判文书中如何运用核心价值观提出要求,应当特别慎重,因为在认识和实践中一旦处理不好,就可能偏离宪法关于审判机关如何行使职权的规定。分析以上指导意见,似可注意以下几个问题:

一是,按照宪法的规定,人民法院的职权,是依照法律规定对案件进行独立审判,即法院的审判依据只能是法律。但是,最高法院出台政策文件,明确要求法官在裁判文书中强化运用核心价值观,这在认识导向上就容易出现一些偏颇。一方面,有的观点就认为,法官可以根据最高法院出台的这个文件,直接用核心价值观而不是以法律为依据审理案件了。而另一方面,有的观点又可能会做出一些负面的理解,甚至很不适当地由此联想到中国古代春秋决狱的历史,认为强调核心价值观在案件审理中的作用,就类似于西汉时期在没有法律规定的情况下,可以用孔子的儒家思想对犯罪事实进行分析和定罪。

二是,如前所述,核心价值观的内容十分丰富、宏大、复杂和抽象,具有

---

① 引自最高人民法院官网,2021年2月22日。

很强的意识形态色彩，目前对其中的各个要素尚缺乏权威准确的解释，而我国从最高法院到基层法院，法官的数量庞大，意识形态方面的认识、理解水平，存在参差不齐的现象，要求各级法院的法官对核心价值观做出精准、科学和统一的阐释，客观上有很大难度。而强调在裁判文书中运用核心价值观释法说理，一旦法官的解释不准确，甚至与法律规定的含义或者目的发生偏差，可能就会给公正司法带来较大的负面影响。

三是，法律的规定如果是明确的，就直接引用法律的规定裁判案件，不需要强调用核心价值观加以阐释，因为法律的规定本身就是价值观特别是核心价值观的体现。法律的规定如果不明确，一般应当要求立法机关修改法律或者做出立法解释，或者由最高法院做出具体应用法律的解释，以进一步明确法律的具体含义，再由法院用含义明确的法律规定包括司法解释去裁判案件。重要的是，随着立法技术的日趋成熟，全国人大及其常委会的立法正在向精细化发展，对法律的修改和解释均有较大的灵活性和主动性，最高法院做出司法解释的经验、能力和条件也都在不断提升，如果能用精细、稳定和含义确定的法律规定包括最高法院具体应用法律的解释裁判案件，就不必强调用核心价值观阐释法律。

按照2021年中办、国办印发《关于加强社会主义法治文化建设的意见》中把核心价值观"融入法律法规立改废释的全过程"的要求，核心价值观转变为法律具体规定的节奏将会大大加快，在这样的背景下，加快法律的立改废释工作，以体现核心价值观的法律的明确规定裁判案件，不是比在法律规定之外再运用核心价值观释法说理更好吗？当然，即使法律的立改废释步伐加快，也必须承认，并非所有的核心价值观或者它们在任何时候都应当或者能够进入法律体系，比如在民事领域，与法律和政策精神相一致的一些原则、准则或者习俗规范，往往不宜或者来不及变为法律的条文，而法院又不能拒绝裁判，此时道德领域的核心价值观就有适用的可能与必要，而且民法典明确将符合公序良俗的习惯纳入法的效力渊源。因此，核心价值观入法入政策和司法机关的适用，在不少情况下是不矛盾的，有时候还是相辅相成的。这里强调的是，对于那些适合用法律予以具体化的核心价值观，应当尽快推动进入法律体系，以避免在缺乏法律规定的情形下过度倚重核心价值观裁判案件。

四是，虽然这个指导意见总体强调的是法官在法律框架内运用核心价值观进行释法说理，但是，既然强调运用核心价值观，法官在裁判文书中就必然花费很大精力和篇幅阐述核心价值观，而对核心价值观的过度阐释就有可能冲淡甚至架空法律的具体规定，这是需要警惕的。

五是，法律规范一般是以权利和义务的具体规定而非以核心价值观的某一内容体现出来的，法律规范中的权利和义务固然体现核心价值观，但常常又是各方利益妥协的产物，而不单纯是一种核心价值观的体现，同时还要照顾非核心价值观，体现非核心价值观所代表的利益。如果突出强调对核心价值观的运用，也很可能冲淡甚至打破长期以来好不容易形成的以权利义务为基本立足点去认识和研究法律规范的局面。在法治体系中，将价值观蕴藏于法律规范确立的权利义务之中，以权利义务调整规范公民和各类市场主体，有清晰的边界可循，也被人类法治实践的经验证明是最为可行的治理方略，但是，如果法院突出强调对核心价值观的阐述，并使之成为一种司法特色，在裁判文书中一旦拿捏失当，就容易混淆权利义务与价值观的重要区别，进而有可能使人们对法的现象和本质的认识，甚至对司法实践，产生这样那样的困惑、困扰。

六是，法律与道德有重要联系，有的法律体现的就是道德的要求，但两者毕竟有重要区别，而与法律的规定相比，核心价值观时常有强烈的道德倾向，又具有含义不甚清晰的特点（如"公序良俗"虽属于核心价值观的内容，但含义不甚清晰），如果过于强调核心价值观在审判工作中的运用，一旦处理不好，就有将道德的要求强行介入法律，甚至置法律的明确规定于不顾，以道德作为判案依据的危险。

七是，核心价值观中不少内容具有鲜明的政治色彩，不少法律的规定体现了政治的规律和要求，但是，政治毕竟不等于法律本身，法律规范与政治方面的理论、立场、逻辑和要求等，都有明显的区别。如果强调核心价值观在裁判文书中的说理运用，在涉及政治方面的核心价值观时，法官一旦阐述处理不当，就可能会出现裁判文书政治化甚至用政治价值观代替法律规定的情况。更值得注意的是，最高法院上述指导意见中对核心价值观的运用，已经进入刑事案件的领域，而在这一领域的定罪量刑和裁判文书中，应否运用以及如何运用政治方面的核心价值观进行说理释法，恐怕是需要慎重研究的十分重要的问题。

以上所述是想说明，司法职权的行使有其特殊的规律，审判机关依照法律规定行使审判权，是一项极为重要的宪法规定。最高人民法院出台相关政策文件强化运用核心价值观释法说理，需要十分重视与宪法这一规定的协调、衔接，不能在认识中给人以法官要用核心价值观代替甚至架空法律审理案件的错觉，也不能在实践中出现突出核心价值观、淡化法律甚至混淆核心价值观与法律规定的区别的现象。

与审判机关依照法律规定行使职权相类似，宪法也规定监察机关和检察机关依照法律规定行使相应职权，如果国家监察委员会和最高检察院也出台在处理具体案件中强化运用核心价值观的政策文件，同样面临一个如何严格遵守和执行宪法规定的职权的问题。

（三）需要研究处理的五个重要关系

将核心价值观融入法律政策体系，有一些重要的关系需要认真研究并加以妥善处理。

1. 核心价值观体系中不同核心价值观之间的关系

第一个问题是需要科学处理国家、社会和个人三个层面核心价值观之间的关系。

从现在有关的立法、政策和做法看，有一种将核心价值观的重点放到公民个人或者市场主体层面的倾向。比如，前面所述宪法第 24 条的规定，就是将核心价值观规定在对人民进行思想道德和政治教育这一层面。比如，前述中共中央印发的关于核心价值观融入法治建设立法修法规划的六项任务中，有三项也都是针对公民个人或者市场主体的。① 再比如，前述国务院出台有关加强社会信用体系建设的意见，就是将联合惩戒措施直接指向公民个人或者市场主体的，而近几年各地方所进行的核心价值观方面的立法，也大多聚焦于社会信用建设和文明促进等方面，指向仍然是公民个人或者市场主体。前述最高法院关于推动核心价值观融入裁判文书的指导意见，主要也是为了贯彻实施民法典，要求在裁判文书中针对公民或者市场主体进行核心价值观释法说理。

根据十八大报告的表述，将核心价值观融入法律政策体系，应当从国家、社会和个人三个层面入手，进行总体布局和通盘考虑，但上述情况显然过于偏重以法或者政策为个人确立价值准则。用法或者政策对公民个人的价值准则提出要求和规定惩戒措施，当然必要，但须知，国家层面价值目标的实现程度直接制约着社会层面价值取向的实现程度，而国家和社会层面核心价值观的实现程度又直接制约着公民个人价值准则的实现程度。比如，在国家层面人民当家作主的民主价值目标缺乏法律保障或者没有得到充分实施的情况下，要实现社会层面自由、平等、公正、法治的价值取向，以及个人层面爱国、敬业、诚信、友善的价值准则，必然有很大难度。大概也正是认识到这一问题，前述党中央

---

① 其中，第一项是完善保护产权、维护契约、统一市场、平等交换、公平竞争方面的市场经济法律制度；第二项是完善发挥先进文化育人化人作用的法律制度；第三项是加强道德领域突出问题专项立法，把一些基本道德要求上升为法律规范。参见社会主义核心价值观融入法治建设立法修法规划［EB/OL］. 新华网，2018 – 5 – 7.

关于核心价值观融入法治建设的立法修法规划，还提出要完善推进社会主义民主政治法治化的法律制度。① 比如，在社会层面，自由、平等、公正、法治的价值取向缺乏法律保障或者没有得到充分实施的情况下，要求公民个人严格遵守核心价值观的准则，也是很难的。所以，深入研究三个层面核心价值观彼此间互为条件、不可偏废、相得益彰的辩证关系，十分必要。

第二个问题是需要处理好同一层面不同核心价值观之间的关系。

比如，对于国家层面的价值目标，八二宪法序言中的表述是"高度文明、高度民主"。其中，"文明"居于"民主"之前，而那时的文明指的是物质文明和精神文明，即物质文明居于民主之前。而2004年修改宪法，将"高度文明"（物质文明、精神文明）修改为"物质文明、政治文明和精神文明"（增加了"政治文明"的表述，但仍然排在"物质文明"之后）的同时，也将国家的价值目标由"高度文明、高度民主"改为"富强、民主、文明"。这里的"富强"即2004年修改后的宪法中的"物质文明"，仍然是放在民主之前的。而2018年修改后的宪法，将国家的价值目标由"富强、民主、文明"改为"富强民主文明和谐美丽"，"富强"仍然位居"民主"之前。

宪法的用语及其表述的先后顺序十分考究甚至饱含深意，仅从"富强"和"民主"这两个价值目标的顺序来考察，即可发现，在国家层面，富强居于民主之前，在两个价值目标发生冲突时，应当优先实现富强，民主为次。而改革开放四十多年的实践也证明，在法律政策的制定方面，在各项事业发展的整体格局中，国家所采取的是优先推进物质文明发展，让中国人民先富裕起来的策略。总结宪法关于国家层面价值目标的修改和发展变化，也可以发现，"富强""民主""文明""和谐""美丽"这五个词语，看上去反映的是宪法对物质文明、政治文明、精神文明、社会文明和生态文明这五个文明认识的不断深化和发展，但背后同时反映了这五个文明发展的先后顺序、轻重缓急。比如，在物质文明和生态文明或者说"富强"和"美丽"之间，相当长时间内，国家采取的是优先发展经济以实现物质文明（富强）的策略，但很大程度上却牺牲和破坏了生态环境，所以，在富强的价值目标基本实现之后，就很快确立了"美丽"的生态文明目标，而"和谐"这一社会文明的价值目标也有这一特点，是在富强目标基本实现后才确立起来的。

以往的实践并不能表明未来的策略。推动国家层面的核心价值观入法入政

---

① 参见中共中央印发. 社会主义核心价值观融入法治建设立法修法规划［EB/OL］. 新华网，2018－5－7.

策,就需要回答,在富强、民主、文明、和谐的价值目标序列中,能否说富强仍然应当重点和优先入法入政策,民主则次之,文明再次之,和谐、美丽更次之?在入法入政策的步骤和节奏中,如何处理这些核心价值观要素之间的轻重缓急的关系?显然,从经济、政治和社会发展的现实需要看,已经不能简单用宪法表述的先后顺序来确定核心价值观入法入政策的顺序了,一般来说,在立法中须有较大的灵活性,较适宜采取的策略,应当是根据实际需要确定立法的步骤。

比如,按照宪法序言的表述,在五个文明中,政治文明居第二位,社会文明和生态文明是新提出的,政治文明是一种制度文明,虽然提出较早,但仍然有不少需要加紧制定法律政策的事项,而社会文明、生态文明又位居其后,那么,在政治文明方面的法律政策并不完善或者暂时不具备条件予以完善的情况下,又如何处理好与社会文明、生态文明入法入政策的重点与先后关系?进而言之,当这几个价值目标发生冲突时,在法与政策中又如何处理彼此之间的关系?从这些年的立法实践看,加强社会文明、生态文明的立法在不少时候都走在了政治文明方面的立法前面,也就是说,通过立法实现核心价值观的顺序是可变的、灵活的,宪法序言有关用语表述中的先后顺序,并不必然对应立法和制定政策的先后顺序。

与国家层面价值目标相类似,推动社会层面价值取向融入法律政策体系,也需科学认识处理自由、平等、公正、法治四个要素之间的关系。从宪法的表述和规定看,这四个要素并未放在一起,也很难说有先后之分。但是,按照十八大报告的表述,自由、平等、公正、法治的先后顺序是明确的,那么,能否说应当将宪法规定的公民的各项自由权利放在入法入政策的优先和重点地位?而平等次之,公正、法治又分别再次之?如果按照这样的序列确定入法入政策的重点和顺序,自由就排在平等、公正和法治之前,一旦有观点提出,在法律政策的制定过程中,优先实现自由的核心价值观,而这个自由首先就是宪法规定的公民言论、出版、集会、结社和游行示威等自由,怎么办?这种情况说明,不宜简单地将政治意义上对这些价值取向的表述顺序,与在立法和制定政策中如何反映这些价值取向完全对应起来。

所以,如何处理好不同层面的核心价值观和同一层面核心价值观的不同要素之间的关系,以及在融入法律政策体系时的一般与重点、先与后的关系,十分必要。2016年中办、国办印发的《关于进一步把社会主义核心价值观融入法治建设的指导意见》,明确提出要加强重点领域核心价值观入法的立法工作,而前述中共中央印发的关于核心价值观融入法治建设立法修法的五年规划则明确列举了未来五到十年时间六个方面的立法修法任务。这两个文件所要求解决的都是核心价值观在一定时期内、一定背景下立法修法的重点任务和具体时间表，同时也进一步说明，要全面推动各类核心价值观融入法律政策体系，就要系统地、立体地研究和处理好不同层面核心价值观及其要素之间的关系，科学把握重点与节奏。

2. 核心价值观与非核心价值观之间的关系

核心价值观是相对于非核心价值观而言的，有核心价值观，就必然有非核心价值观，在强调核心价值观入法入政策时，须重视和妥善处理与非核心价值观的关系。有以下问题：

一是，什么是非核心价值观？非核心价值观包括哪些范围的价值观？

这实在是有意思的问题。从语义研究和辨识的角度看，对于一些不易理解或者容易产生歧义的用语，一般就应当使用对比或者反证的方法，帮助人们从侧面或者反面解读，以划清某些界限。核心价值观就明显属于这类用语，只有通过与非核心价值观的对比，才能更加明确核心价值观的内涵和外延。但从现有关于核心价值观的权威解读看，均没有使用这一方法。党的十八大报告是从正面列举核心价值观的要素的，由有关权威部门组织撰写的关于十八大报告的辅导读本，也是在社会主义核心价值体系的大框架中，基本重复了十八大报告的提法，而没有在与非核心价值观的对比或者反证中揭示核心价值观的内涵和外延。[①]

从正面强调核心价值观和列举核心价值观的要素，很有必要，但与此同时，弄清与核心价值观相对应的非核心价值观是什么，也很有必要，因为如果不能界定什么是非核心价值观，对核心价值观的倡导就可能失去针对性和必要性。而非核心价值观中，有受到法律规范或者政策保护的价值观，也有不受法律规范或者政策保护甚至要予以反对、摒弃的价值观，那么，哪些非核心价值观应当受到保护？这是一个十分重要的问题。

笔者认为，既然国家、社会和个人层面均有核心价值观，那么，这三个层面就一定有一种相反、相对或者游离于核心价值观边缘的非核心价值观，而且这种非核心价值观与核心价值观之间有一种互动、互变的过程。这个问题，十八大报告辅导读本中的解读已经给了我们启发，其中有这样的表述："社会主义核心价值体系应该是相对稳定的"，"但又不是一成不变的，必定要随着社会的

---

① 新时期党的建设伟大工程：十八大报告辅导读本［M］．北京：国家行政学院出版社，2012：62．

发展、时代的发展和人们社会实践的发展而不断发展"，"这个价值体系不应该是封闭的，而应该是开放的，必须要吸收人类创造的一切先进、有益的思想文化成果，不断丰富和完善自己"。① 由此可以认为，在核心价值观之外，不仅应当有非核心价值观，而且两者之间的关系并非孤立静止、非此即彼的，也就是说，有些现在被视为非核心价值观的价值观，将来不排除变为核心价值观的可能，有些现在的核心价值观要素，在特定时代背景下，也可能变成非核心价值观，对核心价值观的认识、宣传和运用，都应当持开放而非封闭、发展而非静止的态度。所以，深入研究和辨识非核心价值观，列出与核心价值观相对应的或者处于核心价值观边缘的那些非核心价值观，对于准确把握核心价值观入法入政策的内容、方式与节奏，具有十分重要的意义。

二是，在弘扬和保护核心价值观的同时，对非核心价值观还能否同等保护？

比如，宪法规定，公有制是社会主义经济制度的基础，但同时又规定国家保护个体经济、私营经济等非公有制经济的合法权利和利益，那么，反映公有制经济的核心价值观与反映非公有制经济的非核心价值观，在法律政策体系中有无主次高下的区分，特别是在两者发生冲突的时候，还能否得到同等保护？在认识和实践中，前几年曾有一种所谓"国进民退"、以保护国有企业为名而要求削弱甚至打击民营企业的倾向。前不久，中央财经委员会召开会议提出要在高质量发展中实现社会主义的共同富裕的重大战略决策。② 有一种观点将促进共同富裕错误地理解为要"杀富济贫"。类似的错误的认识倾向一旦反映在法律政策体系中，就涉及宪法规定的在不少方面反映非核心价值观的非公有制经济，能否与反映核心价值观的公有制经济处于同等的保护地位。所以，从这一角度看，推动核心价值观融入法律政策体系，如处理不好，就会对宪法关于社会主义基本经济制度的规定产生深刻影响。

比如，宪法在规定国家坚持按劳分配为主体这一分配制度的同时，又规定多种分配方式可以与按劳分配并存。按劳分配当然是核心价值观，而按资本、信息、技术、红利、利息等要素分配的方式，就很难说是核心价值观，有的甚至被认为具有明显的"剥削"性质，那么，这些分配方式与按劳分配还能否得到同等保护，在弘扬按劳分配价值观的时候，如何看待其他分配方式反映的价

---

① 新时期党的建设伟大工程：十八大报告辅导读本［M］．北京：国家行政学院出版社，2012：62．
② 习近平主持召开中央财经委员会第十次会议强调，在高质量发展中促进共同富裕，统筹做好重大金融风险防范化解工作［EB/OL］．新华网，2021-08-18．

值观,特别是两种反映不同价值观的分配方式发生冲突时,怎么办?

这里提出的问题是,宪法、法律对不同的经济制度以及不同主体的权利都予以保护,在推动核心价值观入法入政策的过程中,我们又应当避免过于强调核心价值观入法入政策,而导致法律政策体系中社会价值观的单一化、单极化,甚至出现一种价值观排斥另一种价值观、一种权利排斥、驱赶另一种权利的现象。推动核心价值观入法入政策,无疑是必要的,但不能因此而冲淡、打乱甚至破坏宪法和民法典等重要基本法律中那些反映非核心价值观的保护性规定。

三是,从理论上看,法律政策体系中的权利与义务有没有核心与非核心之分?

法律政策体系对价值观的反映有多种方式,但需要承认,法律体系的主要特点还是对权利和义务做出规范,不少政策也具有权利义务的特点。核心价值观当然可以直接在法律政策中写明,但更多时候它只能在权利与义务的规定中体现出来。要弘扬核心价值观,就必然会有体现核心价值观的权利,而有的非核心价值观虽不属于弘扬之列,却也受到宪法和法律的保护。现在的问题是,既然有体现核心价值观的权利与体现非核心价值观的权利,那么,有没有核心的权利、义务与非核心的权利、义务之分?如果有了核心与非核心之分,进一步看,是不是意味着法律体系中的权利、义务有主要和次要、高与下之分,甚至可以要求非核心的权利服从服务于核心的权利,为了实现核心的权利,可以牺牲非核心的权利?从现有的法律体系看,宪法和法律对各类主体的权利、义务是分别做出规定的,一些重要的政策也体现了权利、义务的内容和特点,但是,在不同的权利、义务之间再进行主要与次要、高与下、核心与非核心的比较区分,实在是一个崭新的命题,至少在宪法、法律和一些重要政策的规定中,似乎缺乏充分的、正面的体现。对法律政策体系中反映不同价值观的不同权利、义务,如何进行比较,又确立什么样的原则标准进行比较,首先是重大的理论问题。一旦强调核心价值观融入法律政策体系,恐怕首先需要对这些重大的理论问题进行未雨绸缪的探讨。

3. 社会主义核心价值观与资本主义、封建主义价值观的关系

无论是党的十八大报告还是宪法第 24 条对核心价值观的表述,都在前面加了"社会主义"这一限定词,即我们所提倡的核心价值观是属于社会主义的,与资本主义、封建主义的价值观有根本区别。宪法第 24 条在规定国家倡导社会主义核心价值观的同时,还明确规定,要"反对资本主义的、封建主义的和其他的腐朽思想"。

需要指出的是,这个表述是八二宪法写下的,2018 年修改宪法时并未作改

变。如果用今天的社会主义核心价值观来对照，这一表述中的内容可以概括为社会主义核心价值观之外的"其他腐朽思想"，即腐朽价值观。但是，在这些腐朽思想中，资本主义的腐朽思想（价值观）是什么，封建主义的腐朽思想（价值观）又是什么，并没有明确的边界。八二宪法修改讨论时，有人提出，"腐朽思想"不确切，有的思想很反动，但不是腐朽思想，如自由主义、改良主义、无政府主义，应当写上"反对落后思想"。这个意见没有被采纳。[①] 也就是说，其他的腐朽思想包括资本主义的、封建主义的腐朽思想，就"不是很确定的概念，它依时代发展而不同，但也包括人类社会那些公认的严重的不健康、不道德的思想，如集体主义时期的极端利己主义，市场经济时代的不守诚信、背信弃义等"。[②] 在这种情况下，强调核心价值观融入法律政策体系，就会出现两个问题。

一是，社会主义的核心价值观与资本主义的价值观有什么区别？比如，社会主义在国家层面的价值目标是富强、民主、文明、和谐，那么，资本主义有没有这样的价值目标？如果有，又如何与社会主义的这些价值目标区分开来？比如，社会主义在社会层面的价值取向是自由、平等、公正、法治，那么，资本主义是不是也有这样的价值取向，如果有，又应当如何与社会主义的价值取向进行区分？而在个人层面的价值准则方面，显然也有这个问题。所以，分门别类地对社会主义各个层面的核心价值观以及核心价值观中的各个要素，与资本主义的同类价值观与要素进行区分，总结两者之间的区别与联系、相异与相同，妥善处理两种核心价值观之间的关系，是保证社会主义核心价值观正确地融入法律政策体系的重要前提。

二是，社会主义的核心价值观与封建主义的价值观有什么区别？可以肯定，无论是国家层面、社会层面还是个人层面，社会主义的核心价值观与封建主义的价值观必然有重要区别，当然，也不可避免地存在一些联系。而中国是一个封建主义传统根深蒂固的国家，封建主义价值观中的精华与糟粕并存，所以，认真研究社会主义核心价值观与封建主义的腐朽价值观的区别，总结弘扬我国古代价值观中的一些优良传统，也是确保社会主义核心价值观正确融入法律政策体系的重要前提。同时还要注意，有些流传千百年的古代习俗、文化和传统观念，明显不属于社会主义核心价值观，但在认识和处理中稍一过头，就可能被斥为封建主义糟粕或者腐朽思想，并以立法的方式加以排斥和否定。比如，

---

① 蔡定剑. 宪法精释 [M]. 北京：法律出版社，2006：222.
② 蔡定剑. 宪法精释 [M]. 北京：法律出版社，2006：222.

前不久，山西省司法厅发布的《山西省殡葬管理条例（草案）》征求意见稿中就规定，禁止生产和销售纸人、纸马、纸房、冥币等封建迷信丧葬用品。这一规定很快引起争议。纸人、纸马、纸房和冥币等丧葬用品，当然可以称为封建迷信用品。但是，社会上倾向性的意见却认为，烧纸钱与中国祭祖拜神的传统紧密相连，以焚烧冥币的方式表达对先辈们的缅怀和祈福生财，根植于很多中国人的传统观念中。① 这就出现了一个与核心价值观相冲突的问题。地方是否适宜用立法的方式简单对此加以否定，并意图改变人们千百年来的传统观念和习俗，很值得研究。

4. 以立法方式和以制定政策方式弘扬核心价值观的关系

核心价值观既可以在法律规范中反映，也可以在政策中反映，但有几个问题。

一是，什么样的核心价值观适宜由法律规范调整，什么样的核心价值观应由政策调整？核心价值观的法律化和政策化有重要区别。政策具有明显的倡导、引领、探索的性质，但法律规范更多体现规范性、强制性的特点，并常常以法律责任作为惩罚的后盾。这样，将核心价值观融入法律规范或者政策，就应当立足于不同核心价值观的特点，而不宜不加分析地将某种价值观直接上升为法律规范，或者把应当以立法加以规定的价值观规定在政策中。比如，对于推动文明生活方式的一些事项，是由立法予以规范还是由政策予以引导，就值得研究。再比如，前述有关司法政策能否对核心价值观进入司法文书提出要求，也值得研究。

二是，应当防止以立法或者制定政策的方式过度干预社会生活。核心价值观中有不少内容属于社会自治或者市场主体自主解决的范围。比如，道德领域的不少准则或者规范，以及人们的传统风情习俗和文明习惯等，虽然反映了某些核心价值观，但由社会舆论和一定范围、一定区域的民众或者市场主体进行自我管理、自我约束和自我监督，就能弘扬，而不必专门立法或者制定政策予以规范调整。而且，这些领域的有些核心价值观在一些区域、群体中，要成为主导性价值观，取决于多方面的因素，需要经过长时间的发展变化才可以形成，所以，也不宜用立法或者制定政策的方式达到速成的效果。

三是，不同层级的立法或者政策，对核心价值观的调整应当有所区分。核心价值观涉及的范围广泛，哪一层级的主体立法或者制定政策调整核心价值观，与立法权限或者有关党政机关行使职权的其他范围有重要关联，应当防止以越

---

① 山西省殡葬管理条例征求意见：拟禁售冥币［EB/OL］. 腾讯网，2021-08-24.

权方式将核心价值观入法入政策。

(四) 小结与建议

由上述可以发现，推动核心价值观入法入政策，有必要对现有法律政策体系中核心价值观的体现及实施效果进行梳理评估，明确核心价值观各个要素的含义，并与宪法关于核心价值观的规定以及有关国家机关行使职权的规定协调、衔接，同时要处理好一些重要关系。

为此，本书提出以下建议：第一，在对现有法律政策体系中核心价值观进行科学评估的基础上，对核心价值观融入法律政策体系的总体目标和时间表予以慎重研究，把握核心价值观入法入政策的短板、重点和节奏。第二，可否由全国人大常委会以宪法解释或者出台其他专门文件的方式，对宪法中社会主义核心价值观及其各个要素的具体含义做出全面、准确和权威的解释，使宪法的规定与党中央有关文件的表述一致。第三，谨慎研究处理不同层面、不同要素核心价值观入法入政策时的相互关系，避免不适当地将核心价值观入法入政策的重点和准星放在个人或者市场主体的价值准则上。第四，谨慎研究核心价值观入法入政策的方式方法，重视通过制度设计体现核心价值观，不宜过于倚重在法律规范中写明核心价值观。历史的经验表明，价值观并非靠在法和政策中载明就能发挥作用，制度才是蕴藏和成就价值观的最好土壤，有什么样的制度，就会有什么样的价值观，如果制度本身有重大欠缺，在法律政策体系中无论怎样规定和强调价值观，都很难收到预期效果。第五，科学认识法、政策与核心价值观之间的辩证关系，尊重三者的不同生成规律。核心价值观的形成，更应当是一个自然的历史的过程，法、政策在这一过程中会有积极的推动作用，但应当充分注意到这一作用的有限性。第六，对审判机关在法律文书中运用核心价值观进行释法说理的边界，应当慎重研究，确保宪法关于人民法院依照法律规定独立行使职权的规定在实践中不出现偏差。第七，谨慎研究法律政策体系中核心价值观与公民权利的关系，避免在强调核心价值观入法入政策的同时，忽视甚至侵犯受宪法、法律保护的体现非核心价值观的公民权利。第八，妥善处理法、政策与道德的关系，避免在突出核心价值观的同时，将不宜由法调整的道德习俗等内容简单地入法入政策，避免法和政策对社会生活的过度干预。第九，在对公民个人核心价值观进行法律政策调整时，要严格遵循宪法关于"国家倡导社会主义核心价值观"的规定，抓住"倡导"二字，科学设计倡导的方式方法，使"倡导"与强制、惩罚等严厉措施区分开来。

五
全国人大及其常委会作出决议、决定的几个问题[①]

决议、决定是全国人大及其常委会行使职权的重要表现形式。但是，什么叫决议、什么叫决定，决议、决定所规范的事项分别是什么，与权力机关行使其他职权的载体有什么区别，两者具有什么样的法律效力，全国人大及其常委会在实践中应当如何科学地运用决议、决定来行使职权，并为地方人大及其常委会行使职权提供参照和示范，等等，都是长期以来没有引起足够重视和充分讨论的问题。从语义上考察两个用语的具体含义，梳理和总结新中国成立以来全国人大及其常委会运用决议、决定的具体实践，并对其中的诸多问题展开研究，对于完善国家权力机关行使职权的方式方法，提高人民当家作主的质量，具有重要意义。

（一）两个含义不甚清晰的用语

准确把握决议、决定的含义，有不少问题需要分析研究。

1. 宪法、法律缺乏正面、明确的规定

理论和实践中，对于全国人大及其常委会行使职权的研究，通常把重点放在职权的种类上。一般来说，这些职权被概括为四类，即立法权、任免权、决定权和监督权。当然，这四类职权的分类也是大体的，很难说彼此之间有特别严格的界限。但问题是，人大及其常委会行使这四类职权，不仅有一个过程，更要有一个结果，而这一结果又需要由某个载体或者形式体现出来，那么，不同的职权，它的结果又如何体现出来呢？

比如，行使立法权的结果，就是要表决通过一部法，或者作出一个决议、决定，行使任免权或者决定权，就要作出一个任免的决定或者决议，行使监督

[①] 本文发表于《法学》2021年第2期，题目为"全国人大及其常委会决议、决定的应然界分"，发表时有较多删节。

权，既可能作出一个决议、决定，也可能提出一些审议意见。这样，法、决议、决定、审议意见等，就成为权力机关意志的载体和表现形式。考察全国人大及其常委会行使职权的实践可以发现，在这些载体中，决议、决定是使用最频繁、数量最多的一种形式。仅以立法权的行使为例，全国人大及其常委会在这方面所作出的决议特别是决定的数量，就远远超过法律的数量，而在行使其他职权方面，所作出的决议、决定，更是数量繁多。但需要研究回答的是：决议、决定的具体含义是什么，全国人大及其常委会行使的哪一类职权，才可以冠以决议、决定的名称？这种决议、决定与权力机关的职权具有什么内在的关系？

宪法第三章第一节的名称叫"全国人民代表大会"。但这一节不仅规定了全国人民代表大会，还规定了全国人大常委会的内容。而对全国人大及其常委会所规定的，主要是它们的组织和职权。其中，关于职权的规定，有一个重要特点，就是只对各项职权进行分类和具体列举，而对行使各项职权的具体程序，要么未作规定，要么规定得相当简略，在程序之后，对各项职权行使的结果应当体现为何种法定形式，这种法定形式的内涵和外延是什么，宪法更没有直接或者从正面做出规定。这种情况不仅在宪法中存在，在全国人大组织法、立法法、监督法等法律中也较多地存在。这就使得决议、决定虽然使用得最多，但却不是一种宪法、法律专门规定的具有特定含义的法定形式。

2. 有关工具书和公文处理规范中的问题

20世纪90年代，由夏征农主编的《辞海》是迄今为止很权威的工具书。按照《辞海》的解释，决议至少有两层含义：一是，裁决议论。二是，指会议通过并用书面形式表示会议共同意见，要求贯彻执行的结论——这种结论也称为"议决案"。按照第一种意义的解释，决议应当是对有不同意见的议论进行裁决的结果，即对不同意见进行裁决时，一般用决议。应当说，这个解释的含义是明确的，容易理解。按照第二种意义的解释，由会议通过的共同意见，称为决议，这也容易理解。《辞海》解释了决议，随后又对决定做了两种含义的解释：一是，就某一或者某些问题作出处理意见。国家机关通过会议作出的决定，与"决议"同义。二是，起主导作用。① 这里，将对某一事物起主导作用解释为决定，也比较易于理解。但是，将国家机关通过会议作出的决定，也理解为与决议同义，就说明就某一或者某些问题，会议既可以作出决议，也可以作出决定，进而出现了对两个用语做同义循环解释的问题。这样，将《辞海》中对决议的第二种含义的解释，与对决定的第一种含义的解释联系起来，就可以认

---

① 夏征农. 辞海［M］. 上海：上海辞书出版社，1989：415.

为，国家机关通过会议表示共同意见要求贯彻执行的结论，既可以称为决议，也可以称为决定，即两者是可以互换和通用的。这种解释是否科学，能否适用于国家机关特别是人大及其常委会行使职权中的各种情况，是值得研究的。

再看《现代汉语词典》的解释。该工具书对决定做了三种含义的界定：一是，对如何行动做出主张；二是，决定的事项；三是，某事物成为另一事物主导的先决条件，起主导作用。① 与此同时，它对决议的解释是：指通过一定会议讨论通过的决定。② 这样，也出现了前述《辞海》中的问题，将决议与决定做了同义循环解释，即决议就是一种决定。而且，按照这一循环解释，对前面列举三类事项所作出的决定，也都可以冠以决议的名称。这就更让人难以对决议、决定进行区分了。

当然，工具书的解释主要还是普遍意义上的、学理上的，与不同情况的具体运用未必能对接起来。实践中，决议、决定不仅是人大及其常委会的一种重要公文形式，也是党的机关、行政机关以及其他国家机关的常用公文形式。对这两个用语，中央办公厅、国务院办公厅自20世纪80年代以来，前后几次发布的相关公文规范中都有明确的规定。第一次是1987年国务院办公厅发布的《国家行政机关公文处理办法》。根据这个办法，决议、决定是两个不同的公文种类。其中，经会议讨论通过并要求贯彻执行的事项，用"决议"；对重要事项或重大行动做出安排的，用"决定"。从这个规定可以看出，行政机关对决议、决定两种形式都可以使用，而且两者有不同的适用条件和范围。比如，经会议通过的，应当叫决议，而对决定，就没有明确要求由会议作出。但这个办法对两者适用的事项的规定，仍然存在不太容易区分的情况。比如，由决议通过的事项，与作出决定的"重要事项或重大行动"，究竟有什么区别，就不太好理解。再比如，决议是要求贯彻执行，而决定对重要事项或重大行动做出安排，不也是要求执行吗？所以，两者在效力上都要求贯彻执行，实际是没有区别的。

而2000年国务院办公厅发布的《国家行政机关公文处理办法》在列举公文的种类时，并没有决议，只有决定，并规定，决定适用于对重要事项或重大行动做出安排，奖惩有关单位及人员，变更或者撤销下级机关不适当的决定事项。为什么不把决议列入行政机关的公文形式？是否因为决议与决定在适用的范围

---

① 中国社会科学院语言研究所词典编辑室.现代汉语词典[M].北京：商务印书馆，2013：708.
② 中国社会科学院语言研究所词典编辑室.现代汉语词典[M].北京：商务印书馆，2013：709.

上有难以区分的原因？是否因为决议更多地适用于会议，而行政机关又实行首长负责制，因而应当由首长个人而非由会议决定重要事项？

而在党的机关如何处理公文方面，1996年，中央办公厅发布的《中国共产党机关公文处理条例》，将决议、决定均定为党的机关的公文种类。其中，决议用于经会议讨论通过的重要事项，决定用于对重要事项作出决策安排。这里，仍然强调决议适用于会议讨论的事项。但是，对决定是不是要通过会议讨论后做出安排，或者是由党的机关负责人直接作出，条例没有予以解释。从实际做法看，对重要事项的决策安排，不仅党的机关负责人可以作出，党内的会议也显然是可以经过讨论后作出的。所以，对于能否用由会议通过来区分决议、决定，仍然是模糊不清的。

2012年，中办、国办印发了《党政机关公文处理工作条例》。这个条例适用于党的机关和行政机关。按照条例的规定，决议、决定均属于党的机关、行政机关的公文种类（这与前述2000年《国家行政机关公文处理办法》将决议排除在行政机关公文种类之外，又有不同）。其中，决议适用于会议讨论通过的重大决策事项，决定适用于对重要事项作出决策和部署、奖惩有关单位和人员、变更或者撤销下级机关不适当的决定事项。这样，决议、决定的明显区别还是，凡会议通过的叫决议，不宜叫决定。但从内容上看，仍然难以区分哪些事项属于只能由会议通过的"重大决策事项"，哪些属于只能适用决定的，叫"对重要事项作出决策部署"。所以，从这个条例看，在党的机关、行政机关那里，决议、决定似乎既有明显的区别，但仍然有难以明确区别之处。该条例一直适用至今，所以问题也延续至今。

需要注意的是，这个条例只适用于党的机关和行政机关，并不适用于人大及其常委会以及其他国家机关（但这个条例及前几个条例的有关规定，对于对比认识人大及其常委会的决议、决定，具有重要的参考作用）。实际上，即使适用于人大及其常委会，也会遇到明显的困境。比如，以是否由会议讨论通过作为区分决议、决定的标准，对人大及其常委会就不好适用，因为会议是人大及其常委会行使职权的唯一方式，无论是决议还是决定，都必须通过会议作出，而实践中，各级人大及其常委会作出决议、决定的数量相当大，但迄今尚没有相关权威机关对人大及其常委会如何使用决议、决定以及其他公文形式的问题进行规范。

研究人大制度的鼎盛时期是20世纪八九十年代。这一时期（也是到目前为止）有两本工具书对人大及其常委会决议、决定的解释值得注意。一本是《人民代表大会制度辞典》（主编是全国人大常委会办公厅研究室原主任刘政等负责同志、彭冲、王汉斌、曹志三位常委会领导人题词，其权威性是毋庸置疑的）。这本词典对决议的解释是："泛指国家机关、政党、社会团体等经一定会议讨论通过、要求贯彻执行、表示会议共同意见的文件。"对决定的解释是："泛指国家机关、政党、社会团体、企事业组织等讨论重大问题和行动并作出安排而形成的文件。"① 这个解释当然适用于全国人大及其常委会作出的决议、决定。但仔细分析就会发现决议与决定的明显区别还是以是否由会议通过为标准，决议中"表示会议共同意见"的内容与决定中"讨论重大问题和行动并作出安排"的内容，仍然是难以区分的，而人大及其常委会行使职权的形式就是举行会议，无论作出决议还是决定，都要通过会议形成，那么，两者又如何区别呢？而且，表示会议共同意见的过程，本身就可以说是讨论重大问题和行动并作出安排的过程，所以，两者的具体含义仍然是难以区分的。

另一本是《人民代表大会工作辞典》（这本工具书由时任副委员长严济慈题写书名，无疑具有相当的严肃性、权威性）。这本词典对决议的解释是："泛指政党、国家机关、社会团体等经一定会议讨论通过，要求贯彻执行的具有指令性、法规性的文件。""其内容一般包括作出决议的缘由和根据，所决议之事项及执行中的要求。"对决定的解释有两种，其中与人大工作相关的一种是，"泛指政党、国家机关、社会团体等为解决重要问题、布置重要行动而下达的，要求下级机关、部门或人员贯彻执行的具有约束性的文件"②。这个解释与前一部工具书的解释，在表述上有所不同，但仍然难以对两个用语做出明确区分。

从上述情况看，有关人大工作的工具书也未能解决决议、决定含义的区别问题。主要有两个症结：一是，作出决议、决定的形式难以区分，如果以是否以会议通过为标准，在其他党政机关可以做区分，但在人大及其常委会方面，就不好区分，因为无论是作出决议还是决定，都必须通过开会的形式。二是，决议、决定分别应当规定什么内容，不好区分。

3. 决议、决定的性质不好把握

全国人大及其常委会表决通过一部结构完整的法，比如刑法、刑事诉讼法等，从性质上看，就是法律，或者再扩展一下说，属于法的重要渊源。这在理论和实践中都不会产生争议。而且，宪法也明确规定，全国人大及其常委会行使国家立法权，制定法律。

---

① 刘政，边森岭，程湘清. 人民代表大会制度辞典 [M]. 北京：中国检察出版社，1992：56.
② 郝一. 人民代表大会工作辞典 [M]. 北京：中国科学技术出版社，1992：321.

现在的问题是，全国人大及其常委会表决通过的决议、决定，能否一概地说是法律，或者法律的一种特殊形式？前述《人民代表大会制度辞典》在解释这两个用语时，明确说："国家权力机关和它的常设机关依法通过和发布的具有法律约束力的规范性决议，是法的渊源之一。""国家权力机关依法发布的具有规范性的决定，属于法的渊源范围。"① 而《人民代表大会工作词典》对这两个用语的解释，也有类似的内容："国家机关通过的决议有规范性决议和非规范性决议之分，其根据宪法和法律所作出的决议是法的重要渊源之一。""国家机关根据宪法和法律发布的具有规范性的决定，属于法律的渊源范围。"②

按照上面的解释，决议、决定可以分为具有法律约束力或者规范性的决议、决定，以及不具有法律约束力或者非规范性的决议、决定两类。其中，一个决议、决定，只有同时具备以下两个条件，其性质才是法，属于法的渊源之一：一是，依法作出或者发布；二是，具有法律约束力或者规范性。据此，全国人大及其常委会通过的决议、决定，只要符合这两个条件，虽然不是结构完整的法律，但应视为法律的特殊形式，属于法律的渊源。反过来说，如果不具备上述两个条件的决议、决定，其性质就不是法律了，即全国人大及其常委会发布的不少决议、决定，并不具有法律的性质。

但以上两个条件在实践中很难完全站得住。

先说第一个条件，全国人大及其常委会所作出的决议、决定，有的有宪法、法律的依据，有的没有宪法、法律的依据，如果没有宪法、法律的依据，所作出的决议、决定却具有明确的规范性和法律约束力，仍然应当说具有法律性质，不能说就不是法，就不属于法的渊源了。

再说第二个条件。针对一个决议、决定，笼统地说具有法律约束力或者规范性，比较容易。但是，如果将法律约束力或者规范性这些概念性、学理性的说法，在实践中加以细化和分类，恐怕就不那么容易了。比如，全国人大会议每年要对"一府两院"的工作报告进行审议，并对工作报告作出一个决议，而这个决议的内容既可以详细，也可以简明；既可以分析形势，阐明态度立场，强调工作重点，也可以进行总体评价，不针对问题，仅在政治上向各级国家机关和全国各族人民发出号召。那么，能否简单地说这类决议就不是法律的特殊形式，不具有法律的约束力或者规范性，不属于法律的重要渊源？而全国人大

---

① 刘政，边森岭，程湘清．人民代表大会制度辞典［M］．北京：中国检察出版社，1992：57．

② 郝一．人民代表大会工作辞典［M］．北京：中国科学技术出版社，1992：321．

及其常委会作出的不少决定，也有这样的情况，能否说它们就不属于法律的渊源呢？恐怕也不能。由于决议、决定的内容十分庞杂，表述的方式方法、风格特点具有很大的灵活性，所以，笼统地用是否具有法律约束力或者规范性来衡量并加以定性，是很难的。

而以上所述实际上有一个假设，即决议、决定至少有一类属于法律性质，具有法律约束力。而与法律性质直接对应的一般是指政治性质，那么，是不是全国人大及其常委会的决议、决定还有一种属于政治性质的，如果有，这种政治性质的决议、决定，又有什么标准和特点，是否具有约束力或者规范性，与法律性的决议、决定又有什么区别？而除了这两类性质之外，还有没有其他性质的决议、决定？或者说是既不能归于法律性质，也不能归于政治性质的决议、决定？这些问题都是需要慎重研究的。

4. 决议、决定的法律效力不明确

讨论全国人大及其常委会决议、决定的性质，必然要涉及它们的法律效力问题。在认识和实践中，一涉及法律效力，一般首先想到的是一个具体的法律、法规、规章包括司法解释等规范性文件的法律效力，即使与全国人大及其常委会的决议、决定联系起来，也基本限于那些关于立法性质的决议、决定。而这类决议、决定，一般也被认为与法律具有同等效力。

但仔细分析下来，有几个问题值得注意：

一是，前述两本人大工作词典中的相关解释。其中，《人民代表大会制度词典》强调，决议、决定都"必须以宪法、法律为依据，不能与之相抵触"，地方人大及其常委会通过和发布的决议、决定，还不能与地方性法规相抵触。[①] 按照这个解释，人大及其常委会决议、决定的法律效力，显然比宪法、法律以及同级地方人大及其常委会的地方性法规低，全国人大及其常委会作出的决议、决定，不仅要有宪法、法律的依据，且不能与宪法、法律相抵触。而如前所述，《人民代表大会工作辞典》则强调，国家机关"根据宪法和法律所作出的决议""根据宪法和法律发布的具有规范性的决定"，才属于法律的渊源。[②] 既然以宪法、法律为根据，决议、决定的法律效力当然就不仅在宪法之下，而且在法律之下了。所以，根据这两本权威工具书的解释，可以得出的清晰结论是，全国人大及其常委会所作出的决议、决定，法律效力是低于宪法、法律的。当然，

---

① 刘政，边森岭，程湘清. 人民代表大会制度辞典 [M]. 北京：中国检察出版社，1992：56.
② 郝一. 人民代表大会工作辞典 [M]. 北京：中国科学技术出版社，1992：321.

这两本工具书都是30年前的，但问题是，从那时至今，并没有法律规定或者其他相关权威的表述对这一解释做改变或者矫正。

二是，宪法、法律的相关规定。宪法和立法法、监督法、地方组织法等法律，在对法的位阶和立法监督等问题做出规定时，都有一个明确的内容，即行政法规、地方性法规不得与宪法、法律相抵触，设区的市的地方性法规不得与本省、自治区的地方性法规相抵触。但宪法和法律均没有规定，行政法规、地方性法规不得与全国人大及其常委会的决议、决定相抵触，也没有规定，设区的市的地方性法规不得与本省、自治区人大及其常委会的决议、决定相抵触（但这方面有一个重要的例外，即1985年，全国人大《关于授权国务院在经济体制改革和对外开放方面可以制定暂行的规定或者条例的决定》中，有这样的表述：国务院根据授权制定的暂行规定或者条例，不得同全国人大及其常委会的有关决定的基本原则相抵触，即国务院的暂行规定和条例可以对全国人大及其常委会的决定的具体内容作出变通，但不得与其基本原则相抵触。这是一个非常特殊的案例，值得分析研究）。这至少说明，全国人大及其常委会的决议、决定（除非这个决议、决定本身就是法律）不是审查行政法规、地方性法规的上位法依据，也可以进一步说明，它们的法律效力是不能一概地与法律同等视之的。

对这个问题的认识，从地方组织法制定和修改的一段历史中也可以找到线索。1979年全国人大制定的地方组织法曾经规定，省级人大及其常委会"在和国家宪法、法律、政策、法令、政令不抵触的前提下"，可以制定地方性法规。按照这一规定，地方性法规不得抵触的上位法，不仅包括宪法、法律，还包括政策、法令、政令等，而什么叫政策、法令、政令，实际很难界定。全国人大及其常委会的决议、决定，当然可以是政策、法令、政令的表现形式（这个问题下文还将述及），所以，其位阶和法律效力高于地方性法规，应当没有疑问。

但是，1986年修改地方组织法时，删除了上述"政策、法令、政令"的表述，仅规定地方性法规不得同宪法、法律、行政法规相抵触，较大市的法规同时还不得与本省、自治区的法规相抵触。为什么要做这样的修改？王汉斌在1995年修改选举法和地方组织法座谈会上解释说，目的是简化较大市法规的批准程序，加快审批进度，"省里只考虑是否与宪法、法律、法规相抵触"，"内容好不好，对不对，应该由较大的市自己负责"。这虽然是程序问题，但实质上是放权，是赋予地方更大的立法权限。联系到这种向地方的放权，王汉斌还进一步举例说到了对国务院的放权：对国务院特区办起草的广东省经济特区条例，全国人大常委会也是"就批准,一个字也没改",文字内容由他们负责。[①] 将地方组织法的这一修改与王汉斌的解释结合起来,就可以有这样的认识:由于全国人大及其常委会决议、决定所涉及的内容非常宽泛,与政策、法令、政令很难做明确的区分,如果要求行政法规、地方性法规不得与决议、决定相抵触,那么,就不可避免地要对法规的内容进行过度审查,这就容易干预国务院和地方制定法规的内容,拖慢立法审批的进度,是不符合处理全国人大与国务院关系以及向地方放权的宗旨的。所以,地方组织法就只规定地方性法规不得与宪法、法律、行政法规以及省级法规相抵触,这样,全国人大及其常委会所作出的决议、决定,就显然不能一概地视为法律,并与法律具有同等效力了。

三是,决议、决定本身的复杂性。全国人大及其常委会作出的决议、决定,既包括全国人大的决议、决定,也包括它的常委会的决议、决定,那么,是否要明确,代表大会的决议、决定,效力一律高于常委会作出的决议、决定或者制定的法律?而如前所述,决议、决定所包含的内容又十分宽泛,同一主体作出的不同内容的决议、决定,其法律效力有无高下之分?比如,一个涉及宏观、全局、长远的政治内容的决议、决定,其效力是否高于一个单纯的法律问题的决议、决定?比如,一个单纯的法律问题的决议、决定,与其他重大问题的决议、决定,其效力有无高下之分?再比如,一个法律问题的决定,其法律效力与一部完整的法律有无区别?而在决议和决定之间,其法律效力有没有区别?等等,这些问题都是需要研究回答的。

(二) 八二宪法实施前的适用情况

对全国人大及其常委会作出的决议、决定分别适用于什么样的范围进行实证分析,很有必要。由于八二宪法颁布实施后,中国的民主法制建设进入新的历史时期,而全国人大及其常委会对决议、决定的使用,也是从这一阶段开始发生重要变化的,这里所做的梳理分析,就以此为分界。这部宪法之前,全国人大及其常委会对决议、决定的使用,又可以分为两个阶段。第一个阶段是1949年政协共同纲领至五四宪法实施之前的情况,第二个阶段是五四宪法实施之后的情况。对这两个阶段做适当的划分也是有必要的。

[①] 王汉斌. 社会主义民主法制文集(下)[M]. 北京:中国民主法制出版社,2012:483.

1. 从共同纲领到五四宪法实施之前

1949年，中国人民政治协商会议制定了具有临时宪法性质的共同纲领。从共同纲领开始实施，到五四宪法实施之前，全国政协代行了全国人大的职权，在政协闭会期间，中央人民政府委员会又实际行使了应当由后来设立的全国人大常委会行使的职权。至于全国政协和中央人民政府委员会行使职权的表现形式有哪些，共同纲领规定得并不详细，更没有对决议、决定两种形式做出具体规定。对决议、决定做出较多明确规定的是中央人民政府组织法。根据这部法律的规定，中央人民政府实行的是委员会制，名称就叫中央人民政府委员会。中央人民政府委员会通过会议形式行使职权，每两个月举行一次会议，而会议通过的结果就是决议。中央人民政府委员会的会议，须有过半数的委员出席才能开会，须有出席委员过半数的同意，才能通过决议。也就是说，中央人民政府委员会通过决议，实行合议制和过半数同意的表决原则。除了明确规定这一原则外，中央人民政府组织法还有一条针对政务院及其所属机构作出决议的具体规定，即政务院所属各委、部、院、署、行、厅可以由中央人民政府委员会决议增加、减少或者合并。也就是说，政务院下属机构的调整，须由中央人民政府委员会以决议的方式作出。当然，这个决议也是由会议通过表决作出。

值得注意的是，中央人民政府组织法在规定中央人民政府委员会作出决议的同时，还规定，政务院其所属各委、部、会、院、署、行以及地方政府均可在权限范围内颁发决议。为什么政务院等行政机关也有权发布决议呢？从中华人民共和国成立初期政务院的组织领导体制上，似乎可以找到有说服力的线索。根据中央人民政府组织法和1949年由中央人民政府委员会会议通过的《政务院所属各机关组织通则》的规定，召开会议不仅是中央人民政府委员会，也是政务院及其所属各机关行使职权的重要形式。其中，政务院的政务会议每周举行一次，其决议和命令也须出席会议的政务委员过半数同意才能通过，而政务院所属各机关也一律实行委务会议、部务会议、会务会议、院务会议等会议制度。由此可见，在很大程度上可以说，与中央人民政府委员会一样，政务院及其所属机关，实行的也是多数通过的会议制，与现在行政机关实行的首长负责制有很大区别，而与此相应，由会议通过的很多重要决策，就被称为决议。由这一线索进一步延伸即可发现，为什么前述几类工具书在区分决议、决定时，都一概将由会议讨论通过的决策称为决议了。应当说，工具书的解释是对此前实践做法的总结。

但是，中央人民政府组织法在规定决议以及法律、法令、命令、施政方针等公文形式时，却没有一处关于"决定"的表述。也就是说，与决议相比，决定不是法律规定的公文形式。

那么，实践中的情况如何？检索那一时期的文献资料可以发现，从1949年全国政协第一届全体会议召开以及随后的中央人民政府成立，到1954年第一届全国人大会议通过宪法的近五年中，全国政协及其常委会、中央人民政府以及政务院，通过和发布了不少决议，内容涉及中央人民政府工作报告、政协常委会工作报告、抗美援朝工作、政府机构调整和省区建置、召开地方人大会议等。① 由此可以合理推测，政务院下属各机关以及地方政府发布的决议内容更为庞杂。可以说，通过或者发布决议是各级政权机关行使职权的最主要的形式。

鉴于掌握资料有限，笔者目前尚未发现那一时期全国政协就有关问题作出决定的史料，但是，中央人民政府委员会和政务院有使用决定的情况。比如，中央人民政府委员会于1949年通过《关于发行人民胜利折实公债的决定》，1952年通过《关于改变大行政区人民政府（军政委员会）机构与任务的决定》，1954年通过《关于撤销大区一级行政机构和合并若干省、市建置的决定》《关于批准绥远省划归内蒙古自治区并撤销绥远省建制的决定》。② 比如，政务院于1952年第125次政务会议就通过了《关于地方民族民主联合政府实施办法的决定》《关于保障一切散居的少数民族成分享有民族平等权利的决定》。③ 这说明，决定虽然不是中央人民政府委员会和政务院行使职权的法定形式，但在实践中仍然偶有使用。而与此同时，又有一个问题需要提出：同样是中央人民政府委员会会议或者是政务院政务会议通过的，为什么绝大多数的叫决议，少数的又叫决定？两者的区别是什么？

2. 五四宪法及相关法律的规定

1954年，一届全国人大第一次会议一揽子通过了《宪法》《全国人民代表大会组织法》《国务院组织法》《地方各级人大和人民委员会组织法》等法律。④

---

① 尹中卿. 全国人民代表大会及其常务委员会大事记（1954—2004）[M]. 北京：中国民主法制出版社，2005：1-30.
② 全国人大常委会办公厅. 中国人民政治协商会议第一届全体会议、中央人民政府委员会、全国人大及其常委会制定或者批准的法律及部分文件（1949-1956年卷）[M]. 北京：中国法制出版社，2004：31-126.
③ 尹中卿. 全国人民代表大会及其常务委员会大事记（1954—2004）[M]. 北京：中国民主法制出版社，2005：21-22.
④ 五四宪法后，全国人大还通过了七五宪法、七八宪法。这两部宪法对全国人大及其常委会的决议、决定都没有明确的规定，仅规定国务院可以发布决议，七八宪法还规定地方人大和革命委员会可以发布决议。这与五四宪法的规定相同。这两部宪法的生命很短，可以不予关注。

这部宪法和相关法律对有关国家机关通过或者作出决议、决定，也做了规定。

宪法没有对全国人大及其常委会以决议的形式行使职权作出规定，但全国人大组织法中有相关规定，即全国人大举行会议，必要时，可以由全国人大"决议"举行秘密会议。这是这部法律中唯一关于全国人大会议作出决议的规定，可以理解为，代表大会必要时，可以通过一项决议举行秘密会议。当然，没有规定全国人大以作出决议的形式行使各类职权，并不意味着它不能作出决议。全国人大组织法还规定："常务委员会的决议，由常务委员会全体委员的过半数通过。"这说明，决议是常委会行使职权的法定公文形式。

与没有对决议形式作出规定相对照的是，五四宪法对全国人大及其常委会行使决定权的事项却作了不少规定。比如，决定国务院以及国防委员会组成人员的人选，决定国民经济计划以及勋章荣誉称号、特赦和戒严、批准条约等事项。行使决定权的结果，当然可以，而且一般也应当称为关于某一事项的决定，但实践中，全国人大及其常委会对这类事项的决定，最终多数是被称为决议的。对此下文将述及。

对于决定，全国人大组织法还有一处专门规定，即法案委员会根据全国人大及其常委会的决定，拟定法律和法令的草案。这说明，在立法方面，全国人大及其常委会的一些决定，是制定法律、法令的基础和依据。但问题是，决议、决定与法律、法令的位阶有无高低之分？既然决定是拟定法律、法令的根据，是否意味着其效力高于法律、法令？按照五四宪法的规定，全国人大是行使国家立法权的唯一机关，只有它才能制定法律，常委会不能制定法律，只能解释法律，它所制定的法律性质的规范，只能叫法令。所以，决定的效力不可能高于法律、法令，合理的解释恐怕只能是：全国人大及其常委会的决定虽然可以作为拟定法律、法令的根据，但毕竟不能等同于法律、法令，它仅类似于拟定法律、法令的基础材料和源头，而不具有法律、法令的效力。如果再与前述两本人大工具书中认为决议、决定都不得与宪法、法律相抵触的观点联系起来，就基本可以得出一个推论，即在那一时期，决议、决定虽然是全国人大及其常委会行使职权的一种法定形式，但它们的效力都被认为是低于宪法、法律甚至法令的。这种认识和观点具有官方性质，一直延续到20世纪八九十年代。

与全国人大及其常委会的决议、决定相对比，这里有必要对五四宪法和地方组织法等法律对国务院和地方政权机关作出决议、决定的有关规定予以关注。

根据五四宪法和地方组织法的规定，国务院以及地方各级人民代表大会和人民委员会（地方人民委员会既是行政机关，也行使人大常设机关的职权），甚至乡镇一级的人民代表大会和人民委员会都有权发布决议（当然，政府部门包

93

括国务院部门负责人和地方人民委员会工作部门只能发布命令和指示,没有发布决议的权力)。其中,宪法有 11 处、地方组织法有 14 处提到了决议,由此可见决议在国务院以下各级国家机关中的运用之频繁,可以说其运用的数量和范围是远超全国人大及其常委会的。但是,梳理五四宪法和相关法律的规定可以发现,除了决议之外,行政措施、命令、指示、政策等,都是国务院以下各级行政机关和人民委员会行使职权的法定形式,但决定却不是。这是很值得注意的。为什么全国人大及其常委会可以作出决定,而国务院及其以下的行政机关、人民委员会却不能呢?

3. 实践中的做法及问题

梳理从五四宪法实施到 1982 年年底五届全国人大四次会议颁布新的宪法之前全国人大及其常委会行使职权的历史,就可以发现,两机关在实践中通过或者作出了 439 件决议、决定。据笔者大致统计,其中的决议有 341 件,决定有 98 件,决议的数量差不多是决定的 3.5 倍。① 对这些史料加以分析,大概可以总结出以下特点:

(1) 从作出的主体看,既有全国人大的决议、决定,也有常委会的决议、决定。

在 341 件决议中,由全国人大作出的有 75 件,由常委会作出的有 266 件。由于全国人大召开会议不像常委会那样频繁,"文化大革命"期间,又有多年不开会②,所以,这样的数量相对而言并不少。按照《全国人大组织法》的规定,全国人大虽然可以作出决定,但实践中,决定主要还是由常委会作出的,仅有一例是由全国人大会议作出的,即 1958 年一届全国人大五次会议通过的《关于调整国务院所属组织机构的决定》。这个情况很特殊。

(2) 无论是全国人大还是它的常委会所作出的决议,其内容都相当宽泛。

这方面,除了有关负责人在代表大会上所作的"一府两院"工作报告、全国人大常委会工作报告以及决算和预算的报告,均由全国人大会议作出批准的决议以外③,对于以下事项,全国人大也作出过决议:一是关于省一级行政区域

---

① 尹中卿. 全国人民代表大会及其常务委员会大事记(1954—2004) [M]. 北京:中国民主法制出版社,2005:99.

② 一届全国人大至五届全国人大期间,全国人民代表大会在 1961 年、1965 年至 1974 年、1976 年至 1977 年,共 13 年没有举行会议,全国人大常委会在 1967 年至 1974 年的 8 年内,也没有举行过一次会议。

③ 当然,那一时期的政府工作报告,经常与预算、决算的报告合并在一起,最高法院和高检察院的工作报告也合并在一起,由全国人大会议作出批准决议。

建置的事项。比如,1957年、1958年,就先后作出了关于成立广西壮族自治区、宁夏回族自治区以及将直辖市天津市改为河北省省辖市的决议。二是关于国务院机构改革的事项。比如,1959年作出《关于撤销司法部、监察部的决议》。三是对内对外发出政治声明或者向全国发出号召的事项。比如,1959年、1960年,就作出《关于西藏问题的决议》《关于为提前实现全国农业发展纲要而奋斗的决议》。四是关于修改宪法的事项。比如,1979年、1980年就通过了《关于修正宪法若干规定的决议》《关于修改宪法第45条的决议》《关于修改宪法和成立宪法修改委员会的决议》。五是关于个别重大问题的事项,如1955年就通过《关于根治黄河水害和开发黄河水利的综合规划的决议》。此外,关于立法中法律适用和法律解释的事项,全国人大也作出过决议,这个问题下文将专门述及。所以,全国人大所作决议涉及的范围是相当广泛的。

与全国人大相比,全国人大常委会作出的决议,内容同样相当宽泛,而且数量远超全国人大。这方面,外事方面的事项,大多数由常委会作出决议,而决议的范围不仅包括批准条约协定,还包括对外发表宣言、声明、呼吁和结束战争状态等。比如,1955年、1958年、1965年,常委会就先后作出了响应苏维埃社会主义共和国联盟最高苏维埃宣言的决议、关于批准中国政府关于领海的声明的决议、关于支持越南民主共和国国会呼吁书的决议。而1955年,常委会还曾通过一件关于结束中国同德国之间战争状态的决议。立法方面,除了制定法令外,常委会还采用决议的方式修改法律,批准国务院的有关规定和民族自治地方的立法条例。[①] 比如,国务院关于劳动教养问题的决定,就是1957年由常委会以决议的方式批准的,而各民族自治地方制定的人大和人民委员会组织条例,也一律由常委会以决议的方式批准。凡是荣誉勋章的授予,也由常委会作出决议。比如,1955年,常委会就通过了关于授予元帅军衔的决议。而对国务院机构改革的事项,除了由全国人大作出决议、决定外,绝大多数均由常委会作出决议。另外,在人事任免、全国人大召开会议等议事规则方面,常委会也作出了不少决议。

(3) 常委会对法律问题和重要事项作出了不少决定。

这些决定所涉及的主要是法律问题。其中,有的是带有普遍立法性质的,如1954年通过的《关于同外国缔结条约的批准手续的决定》。有的是针对单一法律问题进行补充、解释、细化或者具体落实的,如1955年、1956年、1960年

---

① 八二宪法实施之前,国务院无权制定行政法规,它的有关规定均由全国人大常委会以决议的方式予以批准。

先后通过的《关于在地方各级人民代表大会闭会期间省长自治区主席市长县长区长乡长镇长和地方各级人民法院缺额补充问题的决定》《关于不公开进行审理的案件的决定》《关于最高人民法院和地方各级人民法院助理审判员任免问题的决定》，以及1980年、1981年通过的《关于县级直接选举工作问题的决定》《关于死刑核准问题的决定》《关于处理逃跑或者重新犯罪的劳改犯和劳教人员的决定》等。有的是带有废除某一法律制度性质的，如1965年通过的《关于取消中国人民解放军军衔制度的决定》。有的是在司法活动中确定刑事政策和宣布特赦的，如1956年至1961年先后通过的《关于宽大处理和安置城市残余反革命分子的决定》《关于对反革命分子的管制一律由人民法院判决的决定》《关于特赦确实改恶从善的罪犯的决定》《关于特赦确实已经改恶从善的蒋介石集团和伪满洲国的战争罪犯的决定》，以及1981年通过的《关于宽大释放全部在押的原国民党县团以下党政军特人员的决定》。还有的是带有法律询问答复性质的，如1955年、1956年通过的《关于地方各级人民委员会的组成人员是否限于本级人民代表问题的决定》《关于地方各级法院院长检察院检察长可否兼任各级人民委员会的组成人员问题的决定》《关于被剥夺政治权利的人可否充当辩护人的决定》。还有的是针对全国人大和地方人大举行会议、选举代表等工作方面事项的决定。①

除了有关法律问题外，对其他一些重要事项，全国人大常委会也作出过决定，如1955年、1957年、1958年、1959年就先后通过《关于处理违法的图书杂志的决定》《关于增加农业生产合作社社员自留地的决定》《关于适当提高高级农业生产合作社公积金比例的决定》《关于直辖市和较大的市可以领导县、自治县的决定》，1981年还通过了《关于授予宋庆龄同志中华人民共和国名誉主席荣誉称号的决定》。

总结全国人大常委会作出决定的这些内容可以发现，与决议相比，作出决定比较灵活，涉及的事项比较具体，其中多数是专业性较强的法律问题。

（4）对决议、决定的适用，与宪法规定不尽一致，缺乏严格、稳定的区分标准，甚至存在一定程度的混乱。

---

① 比如，全国人大常委会1955年通过《关于设立全国人大代表办事处的决定》《关于津贴全国人大代表工作费的决定》，1956年通过《关于自治州人民代表大会和人民委员会每届任期问题的决定》《关于1956年直辖市和县以下各级人大代表选举时间的决定》，1957通过《关于1958年直辖市和县以下各级人大代表选举时间的决定》《关于省、直辖市人民代表大会会议可以每年举行一次的决定》《关于全国人大代表工作费问题的决定》《关于地方各级人大代表名额问题的决定》。

第一个问题，宪法的规定并没有得到严格遵守。这主要集中在前面所述宪法规定的决定权这方面。宪法在规定全国人大及其常委会各项决定权的同时，又明确规定国家主席根据全国人大及其常委会的决定，行使人事任免、授予荣誉勋章称号、发布大赦特赦令、批准缔结条约等职权。也就是说，全国人大及其常委会在行使上述诸多职权时，应当作出决定，但多数情况下，两机关作出的却是决议。比如在缔结条约方面，作出了很多决议，这样，国家主席最终是根据全国人大及其常委会的决议而非决定，予以批准废除有关条约的。

第二个问题，全国人大和它的常委会之间作出决议、决定的界限不清晰。有以下例子：

例一：同样是批准成立或者改变省一级行政区域的建置，如前所述，广西、宁夏两个自治区由全国人大会议以决议批准，将天津直辖市改为河北省辖市也由全国人大以决议批准，但是，全国人大常委会却于1955年、1965年分别作出关于成立新疆维吾尔自治区、撤销新疆省建置的决议，以及关于成立西藏自治区的决议。这就导致对于省一级行政区域的建置，全国人大和它的常委会存在职权不分的情况。

例二：同样是具体的法律问题，一般由常委会进行解释或者作出决定、决议，但1956年，一届人大三次会议却作出一个关于修改地方各级人大和地方各级人民委员会组织法第二十五条第四款第五项规定的决议，1957年，一届全国人大四次会议又专门作出《关于死刑案件由最高人民法院判决或者核准的决议》。

例三：对于普遍性法律的效力或者解释问题，1954年、1955年，一届全国人大第一、二次会议先后作出《关于现行法律、法令继续有效的决议》《关于法律解释问题的决议》，但1979年、1981年，常委会又通过《关于中华人民共和国建国以来制定的法律、法令效力问题的决议》《关于加强法律解释工作的决议》。这就使得普遍性法律效力的确定和法律问题的解释又出现了全国人大和它的常委会职权区分不清的情况。

例四：关于代表选举方面的一些问题，一般均由常委会作出决定，但1957年、1963年，全国人大会议却分别作出《关于二届全国人大代表选举问题的决议》《关于三届全国人大代表名额和选举问题的决议》。

例五：在个别人事任免方面，代表大会和常委会也出现了职权不清的现象。如1958年，一届全国人大五次会议作出了《关于罢免全国人大常委会民族委员会、法案委员会和国防委员会黄绍竑等10人职务的决议》《关于中国科学院副院长任免问题的决议》，但同样是1958年，《关于撤销右派分子章乃器、章伯钧、罗隆基部长职务的决定》却又是由常委会作出的，而到了1981年，常委会又通过了《关于接受彭真辞去全国人大常委会法制委员会主任职务的请求和任命习仲勋兼任法制委员会主任的决定》。

第三个问题是，全国人大常委会决议、决定的界限不甚清晰。有以下例子：

例一：对于涉外条约的事项，常委会一般均作出决议，但1956年常委会在批准几个日内瓦公约时，用的却是决定，① 并于同年和1957年、1958年，先后通过了《关于处理在押日本侵略中国战争中战争犯罪分子的决定》《关于承认1930年国际船舶载重线公约的决定》《关于加入1929年10月12日在华沙签订的统一有关国际空运某些规定的公约的决定》，1981年又通过了《关于加入消除一切形式种族歧视国际公约的决定》《关于批准中国和美利坚合众国领事条约的决定》。② 这就容易混淆在处理对外事项方面决议和决定的区别。

例二：对于刑事诉讼法的实施和成立撤销"两高"特别法庭特别检察厅的问题，常委会在1980年2月通过了《关于刑事诉讼法实施问题的决定》，4月又通过了《关于实施刑事诉讼法规划问题的决议》，而1980年通过了《关于成立最高人民检察院特别检察厅、最高人民法院特别法庭，审查林彪、江青反革命集团案主犯的决定》，1981年却又通过了《关于撤销最高人民检察院特别检察厅和最高人民法院特别法庭的决议》。同样是实施刑事诉讼法，同样是针对"两高"的特别检察厅、特别法庭，决议和决定的使用前后却不一致。

例三：对于全国人大及其常委会会议的召开以及代表选举方面的具体事项，常委会一般以作出决议的方式解决问题，③ 但1958年、1977年、1980年，常委会又作出《关于二届全国人大代表选举时间和二届全国人大一次会议召开时间的决定》《关于召开五届全国人大一次会议的决定》《关于召开五届全国人大三

---

① 1956年全国人大常委会作出了《关于批准〈1949年8月12日关于战时保护平民之日内瓦公约〉的决定》《关于批准〈1949年8月12日关于战俘待遇之日内瓦公约〉的决定》《关于批准〈1949年8月12日改善海上武装部队伤者病者及遇船难者境遇之日内瓦公约〉的决定》《关于批准〈1949年8月12日改善战地武装部队伤者病者境遇之日内瓦公约〉的决定》。
② 1981年之后，凡属于对外条约、协定类的事项，全国人大常委会一般均采用决定而非决议的形式。
③ 1955年、1957年、1962年、1965年、1981年，全国人大常委会先后作出关于准备召集一届全国人大二次会议的决议，关于召集一届全国人大四次会议的决议，关于召开全国人大常委会、政协全国委员会常委会联席会议的决议，关于处理一届全国人大三次会议交由常委会研究办理或者研究的三个提案的决议，关于召开二届全国人大四次会议和延期举行三届全国人大代表选举的决议，关于延期召开三届人大二次会议的决议以及关于处理五届人大三次会议交常委会研究办理的86件提案的决议。

次议的决定》《关于五届全国人大三次会议召开日期的决定》。① 在这些会议的细节性问题上，常委会决议和决定的使用也缺乏确定的标准。

例四：同样是解决某个时间方面的法律问题，1989 年常委会作出《将香港特别行政区基本法（草案）的征求意见时间延长至 10 月底的决议》，但同一年又作出了《关于县乡两级人民代表大会选举时间的决定》。②

例五：同样是设立一个节日，常委会 1981 年通过了一个设立植树节的决议，但 1985 年设立教师节，用的又是决定。

例六：同样是外事的事项，常委会 1984 年对国务院提请审议的中英联合声明的议案，在审议后作出的是决议，但中英两国政府正式签署后，1985 年对这个声明审议后作出的又是一个决定（决定批准中英联合声明），而不是决议。

（5）在决议、决定以外，全国人大常委会还采用了其他一些行使职权的表现形式。

比如，1955 年，常委会还发出了一封《全国人大常委会给全国人大代表的信》，请代表把自己在工作生产生活和社会活动中了解的情况，以及人民群众向代表反映的问题和代表意见，随时告知常委会。这封信可能是常委会历史上独一无二的公文形式。1955 年、1956 年、1957 年，常委会还先后发出了《关于全国人大代表视察工作问题的通知》《全国人大常委会、政协全国委员会关于 1956 年上半年视察工作有关事项的通知》《关于 1957 年上半年视察工作的通知》。而 1957 年，常委会还通过《关于死刑案件由最高人民法院判决或者核准的决议如何执行问题给最高人民法院的批复》。这几个通知也采用了独特的公文形式，但常委会在 1957 年后再未运用，而批复实际类似于决定或者今天常委会法工委的法律询问答复。到了 1978 年，全国人大常委会还发出了著名的《告台湾同胞书》，这个文件实际类似于一项政治方面的决议。1981 年，常委会又通过了《中国人民解放军选举全国人大和地方各级人大代表的办法》《关于撤销江礼银的全国人大常委会委员职务的公告》，此后，"办法""公告"的形式一直被运用至今。此外，在立法中，全国人大常委会还用了不少"补充规定"和法律问题的解释，这些形式也一直沿用至今。

---

① 关于召开全国人大会议的问题，自 1979 年之后，所用的基本是决定而不是决议。
② 需要说明的是，常委会决议、决定界限不清晰的情况，不仅八二宪法实施之前存在，八二宪法实施后仍然存在，这里的例四、例五、例六，均是八二宪法实施之后的例子，放在这里一并列举，后文将不再述及。

（三）1982 年后的规定、实施情况与进一步的问题

八二宪法制定后，主要的实施是从 1983 年开始的。在这部宪法制定的同时和之后，全国人大及其常委会又通过了新的全国人大组织法以及全国人大及其常委会的议事规则、立法法、监督法等法律。这部宪法和相关法律不仅对全国人大及其常委会的决议、决定有了新的规定，而且在实施中也出现了与 1982 年前大不相同的做法，出现了不少需要研究回答的问题。

先看看宪法、法律的有关规定：

对于全国人大及其常委会作出决议，宪法只规定了一种情况，即全国人大及其常委会可以组织特定问题调查委员会，并根据调查委员会的报告，作出相应的决议。而根据全国人大及其常委会两个议事规则的规定，对全国人大常委会和国务院、最高法院、最高检察院的工作报告，代表大会"可以作出相应的决议"。这个情况说明，两个议事规则将全国人大作出决议的范围扩大到全国人大常委会和"一府两院"的工作报告。① 而根据监督法的规定，对于预算草案和预算执行情况的报告，各级人大常委会要重点审查本级人大批准预算的决议的执行情况。这从一个侧面说明，各级人大包括全国人大对于有关预算的报告要作出批准的决议。监督法还规定，全国人大常委会听取审议专项工作报告和审计工作报告后，认为必要时，可以作出决议。以上情况说明，全国人大及其常委会作出决议的范围，除了宪法规定外，主要是由两个议事规则和监督法规定的，而且是在行使监督权时所运用的一种法定形式。与五四宪法和相关法律相比，作出决议的针对性很明确了，即针对的是其他国家机关和组织所作的报告，包括特定问题调查的报告、全国人大常委会和"一府两院"的工作报告、计划和预算报告、审计报告和专项工作报告，即决议是听取报告后作出的。

而根据宪法、法律的规定，全国人大及其常委会作出决定的情况，大致有以下四类：

第一类：全国人大及其常委会行使决定权并由国家主席再行使职权的事项。这个情况与五四宪法的规定大致相同。比如，有关人事任免、战争和平、条约协定、勋章荣誉称号、特赦戒严等事项，全国人大及其常委会有决定权，作出决定后，再由国家主席行使任免、发布、宣布、接受、派遣召回或者批准废除等职权。

---

① 这里是"可以"，而非"必须"，1979 年五届全国人大会议之前，就没有对每次的这些工作报告都作出决议。

第二类：全国人大及其常委会单独行使决定权的事项。比如，宪法规定，全国人大决定特别行政区的设立及其制度。根据这一规定，香港、澳门两个特别行政区就是由全国人大以作出决定的形式设立的。但行使决定权并不等于就要作出一个决定。比如，两个特别行政区的制度就是由全国人大及其常委会制定香港、澳门基本法等法律而非作出决定予以规定的。

第三类：全国人大为举行会议作出决定的事项。按照全国人大组织法和议事规则的规定，全国人大会议每次举行预备会议，通过本次会议的议程和其他准备事项的决定。这说明，全国人大每年召开会议的议程和各类准备事项，应当由全国人大会议作出决定。

第四类：有关授权立法的事项。根据立法法的规定，全国人大及其常委会有权作出决定，对国务院进行立法授权，全国人大也可以作出决定，授权常委会对有关法律案进一步审议并作出决定，或者提出修改方案并提请代表大会审议决定。

当然，实践中全国人大及其常委会作出决定的情况已经超过这四类了，下文将继续分析。

值得注意的是，与五四宪法和那一时期的相关法律规定国务院以及地方行政机关有权发布决议不同，八二宪法和地方组织法均没有规定国务院和地方各级政府有权发布决议，而是规定它们有权发布决定（国务院的部门只可以发布命令、指示、规章，既不能发布决定，也不能发布决议）。宪法规定，地方各级人大可以通过和发布决议，决定地方经济文化公共建设的计划，常委会有权决定本行政区域的重大事项，全国人大常委会有权撤销省级权力机关的决议，地方人大及其常委会既可以作出决议，也可以作出决定。① 这样，按照现行宪法、法律的规定，各级权力机关既可以作出决议，也可以作出决定，但各级政府只能发布决定，而不能作出决议了。考察这些细微的宪法、法律规定，对于进一步区分全国人大及其常委会的决议、决定，以及人大及其常委会与政府行使职权的区别变化，会有所启示。

八二宪法实施后，全国人大及其常委会行使职权的时间始于1983年。据笔者大致统计，从1983年至2019年，两机关通过的决议、决定共914件。其中，决议有286件，决定628件。在决议中，全国人大作出的共229件，常委会作出

---

① 但有一个问题：宪法规定，县级以上人大有权改变撤销本级人大常委会不适当的决定，而地方组织法的规定却是，有权改变撤销本级人大常委会的决议，那么，决定能否改变撤销？这与宪法的规定明显不一致。

的57件，在决定中，全国人大作出的共52件，常委会作出的共576件。这与此前相比，有了诸多重要的变化。最突出的是，全国人大及其常委会对决议的使用大幅减少，除了全国人大及其常委会规律性地每年对几个重要工作报告和计划预算的报告作出决议外，其他方面作出决议的情况大体属于个别。凡宪法规定作出决定后再由国家主席行使职权的事项，作出的基本是决定，改变了1954年宪法实施中经常作出决议的情况。其中，凡属人事任免、条约批准、修改法律的事项，一律作出决定，修改法律之外的法律问题以及其他的重要事项，大多数也作出决定。实践中，决议、决定的使用趋于规律化。但是，仍然有几个重要问题需要研究回答。

1. 决议、决定有什么区别

实践中，全国人大及其常委会作出的决议、决定，仍然存在界限不清晰甚至混乱的地方。

第一个问题是，在作出决议的过程中，本身就将决定与决议混同起来了。几乎历年全国人大会议对"一府两院"和常委会工作报告所作的决议中，都有"会议决定"批准这个报告的表述。其他决议中，也常有这样的情况。如全国人大会议1988年、1992年作出的《关于建立海南经济特区的决议和关于兴建长江三峡工程的决议》中，就表述为"决定设立"经济特区、"决定批准"这个工程。而常委会在1981年、1985年、1991年作出的《关于加强法律解释工作的决议》《关于在公民中基本普及法律常识的决议》《关于深入开展法制宣传教育的决议》中，对于要加强法律解释、法制宣传的事项，都表述为"决定如下"。这些都容易给人一种决议与决定含义相同的认识倾向。值得注意的是，全国人大常委会法工委立法规划室编著的最新立法统计资料《中华人民共和国立法统计》中，也把立法方面的决议明确归入法律之外"有关法律问题的决定"中，这就在技术和认识导向上，也将决议与决定等同起来了。

第二个问题是，对于同一类型的事项，作出决议和决定时，有明显的矛盾。比如，同样是开展法制宣传教育，常委会自1985年起先后作出七个决议，但1987年、1988年又作出《关于加强法制宣传教育维护安定团结的决定》《关于加强民主法制维护安定团结保障改革和建设顺利进行的决定》。比如，同样是行政区域的事项，1988年七届全国人大一次会议在通过《关于海南行政区建置的决定》和《关于设立海南省的决定》的同时，又通过了前述《关于建立海南经济特区的决议》，海南经济特区当然不是一级行政区划，但这里的决定和决议究竟又有什么区别？而《关于建立海南经济特区的决议》，主要内容是授权海南省人大及其常委会特区立法权，但全国人大及其常委会于1989年、1992年、1994

年、1996年，又是以作出决定的形式，对深圳、厦门、珠海、汕头进行立法授权。再比如，同样是重要问题或者重大事项，全国人大及其常委会要批准对外开放或者进行各类改革，一般是作出决定，但对前述三峡工程作出的又是决议。还有，同样是宪法规定的批准事项，为什么批准有关经济社会发展和预算执行情况的报告，用的是决议，而批准海南省、重庆市的行政区划建置，却要用决定？分析这些情况，再联系前述有关工具书对决议、决定模糊不清的解释，可以发现，决议、决定的使用确实还有不少混乱，需要加以区分。

笔者认为，从宪法、法律的规定出发，总结实践中的经验和惯例性做法，尊重汉语语言中对决议、决定含义的区分，对哪些事项适宜采用决议，似可确立以下一些原则标准：

（1）决议主要是针对报告作出的，即有报告才作出决议。这方面已经形成规律性做法。此外，在常规性工作报告之外，凡对重大问题、重大事件听取汇报或者报告，总结经验教训、表明态度、部署工作、提出要求的，也以称决议为宜。比如，1997年，针对农业法实施中存在农民负担过重等突出问题，八届全国人大五次会议在听取常委会所作的关于检查农业法实施情况的报告后，专门作出决议，要求采取坚决有力的措施，切实解决农业法实施中存在的问题。这是针对重大问题的报告作出决议的典型。再比如，1987年常委会作出的关于大兴安岭特大森林火灾事故的决议，就是针对重大事件作出决议的典型。作出这个决议前，常委会听取了国务院秘书长陈俊生的汇报，对国务院在扑火救灾工作中采取的措施表示满意，深刻总结了教训，批准撤销林业部长职务，并对相关各方面的工作进一步提出要求。

这方面，有两个八二宪法实施前、法律实施中的例子值得注意。一是，前述1980年全国人大常委会作出的《关于实施刑事诉讼法规划问题的决议》。这次常委会会议听取了"两高"和公安部关于实施刑事诉讼法情况和规划的报告。会议认为，五届全国人大二次会议制定刑法和刑事诉讼法以来，各级法院、检察院和公安机关调进了大批干部，充实和加强了三机关，并建立了司法行政机关，培训了干部，清理了大量积案，做了大量准备工作。会议对以上工作表示满意，批准三机关关于分期分批全面实施刑事诉讼法的规划，并要求规划和执行中必须注意抓紧解决一些问题。二是，1981年全国人大常委会在听取民政部部长程子华关于县级直接选举工作的总结报告后，作出《关于全国县级直接选举工作总结报告的决议》，表示同意这个报告，并对直接选举工作再作出部署。这两个决议显然是适宜的，相反，用决定就不合适。所以，不宜对有关法律方面的问题，一概地作出决定，必要时仍然应当用决议。

（2）凡宪法、法律规定应当作出决议的事项，就应严格执行宪法、法律的规定。而对于宪法、法律规定应当行使决定权的事项，就应当以决定作为行使该项职权的结果或者载体，而不适宜作出决议，避免八二宪法实施前大量使用决议形式作决定权行使载体的做法。如果缺乏宪法、法律的规定，但实践中已经形成惯例的，就适用惯例。比如，宪法没有规定国民经济和社会发展五年规划须经全国人大会议批准，监督法从侧面对此作出规定，但并没有规定是以决议还是决定的方式批准，而实践中，以决议方式批准是惯例，所以，应当延续这种惯例。

（3）凡属存在重大争议和不同意见，经全国人大及其常委会审议并达成多数共识的，应当用决议而非决定。所谓决议，常常是面对重大纷争歧见而讨论后达成的多数共识，议而后决。这方面，党的十一届六中全会形成的《关于建国以来党的若干历史问题的决议》，就是典型。当时，党内对毛泽东功过是非的评价，以及要不要坚持党的领导和走社会主义道路，出现了疑惑和争论，在经过数千高级干部讨论的基础上，再由中央全会充分讨论达成的共识，就是一项十分重要的决议，而不宜叫决定。而在全国人大及其常委会行使职权的过程中，也有这样的情况。比如，对于要不要兴建三峡工程，是存在重大认识分歧的，人大作出的就是决议而不宜是决定。而前述1987年、1988年两个关于加强法制宣传教育维护安定团结的决定，也以叫决议为好，因为当时社会上出现了思想潮流的重大分歧，以致引起学潮动乱，所以，常委会讨论后达成共识并针对性地作出的，应当叫决议而非决定。而1989年常委会作出的关于制止动乱和平息反革命暴乱的决议，这份文件称决议而非决定，就是恰当的。

（4）凡属号召性、倡导性、加强性的事项，以称决议为宜。比如，常委会1981年作出的《关于开展全民义务植树运动的决议》，以及每隔五年左右就作出的关于加强法制宣传教育的决议，就是典型。而全国人大常委会1996年、2001年、2006年、2011年、2016年连续作出的五个关于法制宣传教育的决议中，对于加强法制宣传教育的具体事项，也将此前的"决定如下"一律改为"决议如下"，就是适宜的。再比如，2018年，常委会通过的《关于全面加强生态环境保护依法推动打好污染防治攻坚战的决议》，也是适宜的，而1991年常委会作出的《关于加强社会治安综合治理的决定》，主要是号召性内容，实际应当属于决议而非决定。

（5）凡属政策性的事项，也应当称决议。比如，2009年常委会在听取了解振华关于应对气候变化工作情况的报告后，就作出关于积极应对气候变化的决议。比如，2013年常委会通过关于调整完善生育政策的决议，就是生育政策的重大调整，宜称决议而非决定。在这个决议中，常委会对生育政策的完善调整，使用的也是作出"如下决议"而非"如下决定"。由此可以合理地认为，常委会在这里已经注意对决议、决定进行必要的区分了。

（6）在批准条约协定之外，凡属对外发表宣言、声明、呼吁，以及表明国家立场、阐明外交原则等事项，应当称决议而不宜称决定。这方面，中华人民共和国成立之初到八二宪法正式颁布之前，全国人大常委会作出了不少决议，应当继续沿用。比如，1983年12月，全国人大常委会在听取外交部部长吴学谦所作的关于当前国际形势和一年多来的外交工作的报告后，就作出关于外交工作报告和谴责美国国会制造"两个中国"严重事件的决议。[①]

（7）修改宪法方面的重大事项，必要时可以采用决议的方式。这方面，1980年常委会对修改宪法个别条文和成立宪法修改委员会，所采用的都是决议，1981年代表大会通过了关于推迟审议宪法修改草案期限的决议，1982年又通过了关于国歌的决议。这些做法值得今后进一步参考。凡属修改宪法的事项，如果不是采取修正案的形式，其他的均应当采取决议为宜，因为宪法是全体人民达成的共识，又具有很强的政治性，作出决议显得更严肃庄重。

（8）提案主体要求作出决议的，适宜作出决议。

在应当或者适宜作出决议的事项大体界定清楚后，适宜作出决定的范围就相对清晰了。

总体上看，对下列事项，一般以作出决定为宜：

第一，凡宪法和法律规定应当行使决定权的事项，均应以作出决定为宜，对此前面已有述及。

第二，与决议的政治性较强相对应，凡属法律性较强的，一般以作出决定为宜。

第三，凡属解决具体问题的、操作性、执行性的事项，以作出决定为宜。这方面，从五四宪法开始，就形成了传统，可以保持。比如，1981年常委会作出的关于加强法律解释工作的决议，实际是对解释法律所做的具体规定，就以作出决定而非决议为宜。

第四，凡属改革性、试验性、探索性的事项，适宜叫决定。比如，这些年，全国人大及其常委会针对机构改革、公益诉讼和设置监察委员会等事项，作出了一系列决定。这类事项在八二宪法之前更多是作出决议的，但决议一旦形成

---

① 中华人民共和国全国人民代表大会常务委员会公报（1983—1985年卷）［M］．北京：中国法制出版社，2004：183-185．

了,就不能轻易改变,而决定具有灵活性,允许失败。

第五,凡属制定法律或者作出重大决议条件不成熟,需要临时性地解决问题的,应当作出决定。比如,在武汉新冠肺炎暴发时,尚来不及修改野生动物保护法,不能按时召开全国人大会议,全国人大常委会就作出《关于全面禁止非法野生动物交易、革除滥食野生动物陋习,切实保障人民群众生命健康安全的决定》和《关于推迟召开十三届全国人大三次会议的决定》。

第六,凡属修改法律的事项,一律称决定,这方面已形成惯例。

此外,提案主体要求作出决定的,一般也以作出决定为宜。

当然,也应当承认,对决议和决定作绝对的区分,并不容易,也不完全必要,因为全国人大及其常委会应当有行使职权的灵活性,甚至也难免失误和不科学的情况。

2. 有关法律问题的决定和重大问题的决定,如何界定

如前所述,八二宪法实施以来,实践中大量使用的是决定。而决定中,有关法律问题的决定所占数量又最多,重大问题的决定也不少,但两者又存在模糊不清的地方。如何对这两类决定做界定,是一个颇为困扰的问题。

有关法律问题的决定是实践中的惯用提法,但这一提法是否准确、科学,值得研究。

第一,宪法、立法法等法律除了规定全国人大及其常委会制定、修改法律,行使各类决定权,以及常委会进行宪法、法律解释外,并没有关于作出有关法律问题的决定的规定,即"有关法律问题的决定"不是宪法、法律规定的用语。

第二,有关法律问题的决定,既有立法方面法律问题的决定,也有行政执法问题方面法律问题的决定,还有监察机关、司法机关执行法律问题的决定,但各类国家机关行使职权的依据不就是宪法和这几方面的法律吗?即使国家主席、中央军事委员会也要依据宪法、法律行使职权,所以,所有针对国家机关职权行使作出的决定,都可以从不同的侧面找到与法律的关联点,都可以说是有关法律问题的决定。

第三,全国人大及其常委会作出的所有决定,都是依据宪法、法律行使职权的结果,不是直接执行宪法、法律的决定,就是间接执行宪法、法律的决定,而无论直接还是间接执行宪法、法律,都是有关宪法、法律问题的决定,一言以蔽之,都是有关法律问题的决定。

第四,从形式上看,有关法律问题的决定,实际上无法包括全国人大及其常委会对法律问题行使职权的所有结果。因为两机关针对各类法律问题,所作出的并非都是决定。比如,1983年,常委会就作出了《关于县级以下人大代表

直接选举的若干规定》以及《关于刑事案件办案期限的补充规定》。而对于法制宣传，常委会已经形成作出决议而非决定的惯例。对于法律解释，作出的就是针对某个法律条文的解释，而不是决定。常委会通过的选举某届特别行政区全国人大代表的办法、某届全国人大代表名额的分配方案、少数民族代表名额的分配方案，以及台湾省代表的协商选举方案等，作出的也都不是决定。

第五，实际工作中对有关法律问题的决定所进行的分类是否科学值得研究。比如，前述若干规定、补充规定、法律解释、决议、办法、方案等文件，均被法工委收入历年的法律汇编中，成为法律的一部分。前述法工委编辑的立法统计一书，以及全国人大常委会办公厅这些年编辑的《全国人民代表大会年鉴》，更是将这些文件直接归入有关法律问题的决定中。但是，全国人大每年召开会议之前，都要先通过一个表决议案的办法，这个办法显然也与全国人大组织法和议事规则相关，类似一个法律问题的决定，却没有收入法律汇编或者归入有关法律问题的决定中。

第六，一般法律问题的决定，均由国家主席签署。但实践中，即使没有国家主席签署的，也可能被视为法律问题的决定。比如，常委会1987年通过的《关于对中华人民共和国缔结或者参加的国际条约所规定的罪行行使刑事管辖权的决定》，1988年通过的《关于中央军事委员会〈关于授予军队离休干部中国人民解放军功勋荣誉勋章的规定〉的决定》，没有国家主席的签署，也被法工委统计入法律的范围。而有的决定一般不被认为是法律问题，但由国家主席签署了，就被视为法律问题的决定。比如，人大常委会1984年通过的《关于在沿海港口城市设立海事法院的决定》，1993年通过的《关于外商投资企业和外国企业适用增值税、消费税、营业税等税收暂行条例的决定》，由国家主席签署公布，就被法工委作为法律予以统计。[1] 所以，仅从是否由国家主席签署，来区分是否属于法律问题的决定，就有含混不清的地方。

以上情况说明，有关法律问题的决定，实际上是很难定义也很难分类的。

那么，什么叫"重大问题的决定"？这个说法与"重大事项的决定"的说法，经常被使用，但也没有宪法、法律的依据，细究起来，同样难以界定其含义和范围。因为重大问题的标准是什么，就不好界定，凡由全国人大及其常委会作出决定的，都可以说是重大问题。

而重大问题的决定与有关法律问题的决定同样难以界定。既然重大问题的

---

[1] 全国人大常委会法工委立法规划室. 中华人民共和国立法统计 [M]. 北京：中国民主法制出版社，2019：2.

标准难以界定，那么，所有法律问题的决定，就都可以说是重大问题的决定。更重要的是，所有重大问题的决定，都可以从不同的侧面找到与法律的关系或者联系点。比如，全国人大批准设立省级行政建置，就是依据宪法规定行使的职权，设立海事法院等专门法院就是实施法院组织法的事项，即使对调整计划生育政策作出的决议，所解决的也是与宪法和计划生育法密切相关的法律问题。所以，所有重大问题的事项，实际都是有关法律问题的事项，对这些问题的决定，当然就是有关法律问题的决定。实际上，前述法工委编辑的立法统计资料，从2013年起，就将原来"有关法律问题的决定"改为"有关法律问题和重大问题的决定"①，用编者的话说，是扩大了统计的范围，将一些关于特定问题或者重大事项的决定纳入统计范围。②但在具体的统计中，该统计资料并没有标明哪些是有关法律问题的决定，哪些是有关特定问题或者重大事项的决定，即两者的关系仍然是模糊不清的。

当然，如果一定要对两者做一个大致的界定的话，也可以以法律的一些基本特点做参照。比如，可以认为，有关法律问题的决定应当体现法律方面的权利义务和职权责任，具有创设法律规范的特点，并且可以反复适用，而对重大问题的决定，往往是一次性地解决一个问题，更多体现执行宪法、法律的特点。比如：关于设定纪念日、进行司法鉴定管理、加强网络信息保护的决定，就是创设了很多规定，属于法律问题的决定。但是，决定宣布进入战争状态，或者全国总动员或者局部动员，就是有了宪法的规定，常委会来执行宪法；决定授予荣誉勋章，就是有了法律，常委会来执行法律；决定宣布进入紧急状态，也是有了法律，常委会以执行法律的方式决定宣布进入紧急状态。

但是，以上这种对法律属性的认识，主要是学理的认识，大体只能适用于具有立法性质的决定，并不能囊括实践中的所有情况。比如，全国人大及其常委会通过的对一届全国人大代表名额分配的方案、选举的方案，以及每届全国人大第一次会议通过的选举和决定任命的办法和专门委员会组成人员人选的表决办法等文件，实际就适用一次，不具有法律规范反复适用的特点，以学理上的认识为标准，就很难说它们是有关法律问题的决定。

所以，对有关法律问题的决定和重大问题的决定，有没有必要进行区分，

---

① 全国人大常委会法工委立法规划室. 中华人民共和国立法统计 [M]. 北京：中国民主法制出版社，2019：230页以下.
② 全国人大常委会法工委立法规划室. 中华人民共和国立法统计 [M]. 北京：中国民主法制出版社，2019：3.

是很值得怀疑的。

3. 不同决议、决定的效力问题

八二宪法规定，全国人大常委会有权撤销省级权力机关制定的同宪法、法律相抵触的地方性法规和决议，而没有规定有权撤销与全国人大及其常委会决议、决定相抵触的地方性法规与决议。这实际上使决议、决定的效力处于模糊和易引起质疑的状态。

对这一问题的认识，需要与前述五四宪法和1979年地方组织法中的"法令"联系起来。按照五四宪法的规定，只有全国人大才能制定法律，常委会只能制定法令。显然，法律的效力高于法令。但什么叫法令？它与法律有什么区别？对这个问题，胡乔木在八二宪法修改委员会第二次全体会议上曾说："问了很多法学家，对法律和法令怎样区别，没有解释过。"他设想要在宪法草案中做一个解释，即凡全国人大及其常委会通过的，在一定期限内有效的命令、决议和其他文件，统称法令。法令具有同法律同等的约束力。法律是长期的，法令则不具有长期的效力，"比方说，通过一九八二年度的计划或者通过一九八二年的预算的决议，就是一种法令，它有法律效力，但是这种法律效力是有一定期限的"①。胡乔木设想，通过法律效力的期限长短，就可以把法律和法令区别开来。他接着说，如果这样的话，全国人大及其常委会在通过决议时，就要考虑到这个决议就是法令，因此，"不作一般的、没有法律意义的决定，如果作了决定，那么就是法令"，"因为过去没有明确这一点，有时人大通过一些决议……它没有特定的法律效力"，"它的含义往往是不清楚的"，"这个决议变得不能受到应有的重视，不能发挥应有的作用"。②

胡乔木关于法律、法令、决议、决定相互关系的论述很罕见，也很有价值。他的设想是，全国人大及其常委会的决议、决定都应当归入法令的范围，并具有法律效力，而法令与法律具有同等约束力，它们的区别就在于法律效力的期限长短，法令的效力有一定的期限，法律的效力是长期的。值得注意的是，胡乔木虽然认为法令与法律具有同等约束力，但他并没有回答，一旦法令与法律发生抵触，有没有效力的高低之分。实际情况是，八二宪法最终还是没有写法令这一用语，也没有将决议、决定归入法令，没有对决议、决定的效力与位阶

---

① 胡乔木文集（第二卷）[M]．北京：人民出版社，1993：511-512.
② 胡乔木文集（第二卷）[M]．北京：人民出版社，1993：512.

作出规定。① 为什么？恐怕还是源于问题的复杂性，至少有以下三点：

（1）能否要求决议、决定一概具有法律效力？

所谓法律效力，主要也还是一个理论认识上的用语，要将它与实践中各种法的形式及其具体内容一一对应起来，并非易事。一般而言，法律效力要求法的规定是具体的、可执行的，并得到具体执行，才会有效力；相反，如果没有具体的执行内容和法律责任，也得不到执行，就不会有效力。但是，全国人大及其常委会作出的决议、决定，内容十分庞杂，有的有具体规定，有的没有具体规定；有的针对特定、具体的问题；有的就是号召性、宣示性、表态性、方向性的要求；有的规定了法律责任，有的没有规定法律责任，所以，很难要求决议、决定都具有法律效力。

（2）能否以有效期长短来衡量决议、决定与法律的区别？

这恐怕也难以一概而论。一般来说，一部法律应当长期有效，但也不能绝对化，在特定情形下，生效时间不长的法律也可能被废止，法律的修改则是随时可以进行的。而决议、决定的有效期同样具有很大的不确定性，既可能很长，也可能很短。比如，1981年全国人大常委会关于加强法律解释工作的决议，至今已40年了，仍然在生效，而1993年常委会制定的国家安全法，于2014年即废止，被反间谍法所取代，有效期也只有21年。又比如，每年全国人大会议对计划、预算报告作出的决议，有效期大体为一年，这可以说是有一定的有效期，但人大及其常委会为召开代表大会而通过的一些选举任命和代表名额方面的办法、方案，往往都是一次性的，如果都可以归入决议、决定一类的话，那么，如何看待这种一次性的有效期？

（3）能否认为决议、决定的效力就低于法律？

恐怕也难以一概而论。前述两个人大制度的工具书关于决议、决定不得与宪法、法律相抵触的观点，如果按照五四宪法的规定，进行笼统抽象的推论，有一定道理，因为那时全国人大是唯一行使国家立法权的机关，它制定的叫法律，决议、决定，包括常委会的法令，都不叫法律，当然不能与法律相抵触。但实践中很难对一些具体问题做出一一对应的理解。比如，五四宪法规定，常委会有权解释法律，1955年，全国人大常委会专门作出关于解释法律问题的决议，规定凡属于法律条文需要进一步明确界限或者作补充规定的，由常委会进

---

① 1979年地方组织法规定行政法规、地方性法规不得与国家的法令相抵触，1982年全国人大通过宪法的同时，也对这部法律做了修改，但没有改变这一规定。这样，地方组织法的规定与宪法实际是不一致的。到1986年地方组织法修改时，法令才被删去了。

行解释。这样，解释法律是宪法赋予常委会的重要职权，它所作出的解释法律的决议或者决定，本身就是法律的内容，很难说与法律的规定在效力上有高下之分。再比如，如前所述，1955年，全国人大作出对自己制定的地方组织法第25条第2款第1项的规定进行修改的决议，这个决议本身取代了法律的原有规定，成为法律的新内容，又怎么能说其效力低于地方组织法呢？

离现实更近的例子是，2020年，全国人大会议通过了关于建立香港特别行政区维护国家安全的法律制度和执行机制的决定，这个决定虽然是根据香港基本法的有关规定作出的，但是，能说它的法律效力就比基本法低吗？恐怕不能。而根据这个决定，全国人大常委会很快就通过了香港特别行政区维护国家安全法，也就是说，根据代表大会的决定，常委会制定了一部法律，决定成了法律制定的根据，在这种情况下，就更难说决议、决定与法律的效力有高下之分了，也不能用前面所说的有效期间长短来衡量决议、决定与法律的区别了。

也是在2020年，全国人大常委会通过了关于香港特别行政区立法会议员资格问题的决定。按照这个决定的表述，该决定制定的根据不仅包括宪法，还包括香港基本法、全国人大关于建立香港特别行政区国家安全的法律制度和执行机制的决定、全国人大常委会制定的香港特别行政区维护国家安全法的有关规定，以及全国人大常委会关于香港基本法第104条的解释和关于香港特别行政区第六届立法会继续履行职责的决定。需要强调的是，任何对于常委会关于立法会议员资格这一决定的内容的质疑，都是完全错误的，因为要求代议机关组成人员效忠宪法、维护国家主权和统一是各国的通行做法，全国人大常委会当然有权作出决定，终止搞"港独"、危害国家主权和统一的立法会议员资格。

这里值得注意的是运用决议、决定的立法技术问题。除宪法外，香港基本法、全国人大的决定、香港维护国家安全法虽然都是制定这个决定的根据，但肯定不能说这个决定的法律效力就比基本法等法律低，也不能说比全国人大的决定低。而更值得注意的是，常委会关于基本法第104条的解释，以及关于特别行政区第六届立法会继续履行职责的决定，也成为这个决定制定的根据，也就是说，常委会的法律解释和关于一届立法会议员履行职责的决定，也是这个决定的制定根据。这就出现一个常委会的法律解释或者决定成为作出其他决定根据的问题，那么，推而广之，如何看待法律解释和决定之间法律效力的高低？如何看待常委会的两个或者多个决定之间法律效力的高低？而且在这个案例中，前一个决定只适用于第六届立法会的履职，即发生法律效力的时间较短，后一个决定却是"今后参选或者出任立法会议员的，如遇有上述情形，均适用本决定"，这就出现一个问题：一个法律效力时间较短的决定，却成为另一个法律效力时间很长的决定的制定根据，那么，如何看待两者法律效力之间的关系？

还有一个离现实较近的例子：新冠肺炎疫情暴发期间，全国人大常委会通过了《关于全面禁止非法野生动物交易、革除滥食野生动物陋习、切实保护人民群众生命健康安全的决定》。这个决定规定，凡是违反野生动物保护法和其他法律有关禁止捕猎、交易、运输、食用野生动物规定的，在现有法律规定的基础上加重处罚，并规定了有关参照法律规定处罚的情形。这就容易引起疑问：人大常委会的决定能够改变现行法律的处罚幅度吗？有的观点就认为决定的效力是低于刑法的，因此不宜作出这样的规定。应当说，这方面是没有问题的，因为人大常委会本身就有修改野生动物保护法和刑法的权力，这个决定实际应当视为对这些法律的修改和补充。这个案例给我们的启示是，不少决定（包括决议），往往是对法律本身的修改、补充和完善。而修改法律的决定，最终还要回归到法律本身的内容中，不必离开法律单独强调它们的法律效力。

在决议、决定与法律的效力高低方面，还有一个很不容易理解的案例：2018年，全国人大常委会通过了《关于中国海警局行使海上维权执法职权的决定》。这个决定主要是因为制定法律的条件不成熟，为解决问题而临时作出的（下文还会述及）。而2020年，中央军事委员会在提请全国人大常委会会议审议的《海警法（草案）》的说明中，介绍这部法律草案的主要内容时，却出现了"依据《全国人民代表大会常务委员会关于中国海警局行使海上维权执法职权的决定》"规定海警机构职责，"根据《全国人民代表大会常务委员会关于中国海警局行使海上维权执法职权的决定》"规定海警机构执法基本程序的表述。[①] 严格地说，这样的表述就容易让人理解为海警法这部法律是根据常委会的上述决定制定的，并进一步认为，常委会决定的效力可能是高于其制定的法律的。

鉴于以上情况，是否可以淡化对一些决议、决定法律效力的认识，因为不少决议、决定，或者介于法律和其他文件比如政策、号召、指导意见之间，或者是为解决个别问题、临时性问题，具有一事一议的特点，其规定性、明确性、长期性、稳定性以及适用的普遍性和反复性等方面，都没有法律的要求高，所以，它的法律效力也不能绝对化。决议、决定对于法律而言，所起的往往是拾遗补阙、锦上添花、修修补补的作用，所以，不必过于突出它的法律效力。而且，决议、决定的内容和形式可以不拘一格，有几条写几条，不需要体系结构

---

① 王宁. 关于《中华人民共和国海警法（草案）》的说明——2020年10月13日在第十三届全国人民代表大会常务委员会第二十二次会议上［EB/OL］. 中国人大网，2021 - 01 - 25.

之类的严谨,可明确、可模糊,没有法律的要求严格,所以也不必过于强调法律效力。

对于决议、决定的效力,似乎可以大致分为政治效力、法律效力和政策效力。决议、决定的效力是由其内容决定的,而它们的内容有政治性的、有法律性的,也有政策性的,因而应当有相对应的三种效力。以决议为例:每年全国人大会议对"一府两院"和常委会工作报告所作的决议,主要是政治性质的评价、态度和要求,不具一般法律规范的特点,所以,应当强调它的政治效力。但是,根据监督法的规定,常委会在必要时,可以对专项工作报告作出决议,"一府两院"应当在决议规定的期限内,向常委会报告执行决议的情况。这样,决议就具有了要求执行的内容和期限,是法律规范性质的,因而具有法律效力。

而前述常委会关于调整生育政策的决议,其内容是政策性的,因而具有政策性效力,不能简单地认为这就是一件法律性质的决议,具有多强的法律效力。从内容特点上看,政策与法律还有很大的区别,这个问题尚缺乏贴近实践的深入研究。而从权力机关行使职权这一角度看,长期以来,我们过于强调人大及其常委会的立法活动及其行为的法律性,而忽视了其制定政策的功能。应当说,全国人大及其常委会除了制定法律外,也是可以制定政策的,它们作出的一些决议、决定,有不少是政策性质的,不宜简单地从法律的角度去理解。

当然,决议、决定与法律之间,在不少情况下,彼此的效力高低也是明确的,可以区分的,这主要是由我国政治体制的结构和法律本身的特点决定的。比如,全国人大的决议、决定的效力,高于常委会的决议、决定,因为宪法规定,全国人大有权改变或者撤销常委会不适当的决定。但是,两者之间,同一机关作出的决议、决定,在效力上一般不宜有高下之分。比如,关于修改法律的决定,已成为被修改法律的一部分,因而与该法律具有同等效力。再比如,由于没有相关法律而单独作出的立法性质的决议、决定,应当与法律具有同等效力,实际上就是一种不完整的法律。这方面的问题需要做进一步研究。

(4) 如何看待决议、决定与法律相比的正当性和权威性?

这是一个比较复杂的问题。前面说决议、决定与正式的法律相比,很难一概以有效期的长短和法律效力的高低做区分,但仍然有一些问题值得注意,这里有几个例子:

例一:2003年,全国人大常委会通过的《关于中国银行业监督管理委员会履行原由中国人民银行履行的监督管理职责的决定》,明确地说,在作出这个授权决定后,由国务院抓紧提出修改人民银行法和商业银行法以及其他有关法律的议案,提请常委会审议。这说明,调整职权的这一类决定,还是以修改法律的办法来解决比较合适，以单独作出决定的方式来解决，仅是权宜之计。

例二：如前述，2018年，全国人大常委会通过的《关于中国海警局行使海上维权执法职权的决定》，规定海警局行使法律规定的公安机关和其他行政机关的相应执法权，即对公安机关等行政机关的法定职权做了调整。同时，决定又说，条件成熟时，有关方面应当及时提出制定、修改有关法律的议案，依照法定程序提请审议。这个表述实际也从侧面说明，对于海警局行使其他国家机关法定职权的事项，也是由常委会制定或者修改法律更好，单独作出决定并不适宜。

例三：2019年，全国人大常委会作出《关于授权国家监察委员会制定监察法规的决定》，赋予国家监察委员会根据宪法制定监察法规的职权。沈春耀在作出这个决定（草案）的说明中明确说，"对监察法规作出明确规定，较为理想的解决方式是修改立法法"，"但通过修改立法法来明确国家监察委员会制定监察法规的职权，时间上恐难以适应国家监察委员会的实际工作需要"，所以，就由常委会以作出决定的方式赋予国家监察委员会这一职权。这个案例也说明，以修改法律的方式来解决监察法规制定权的问题，比单独作出决定更为合适。

以上三个案例后文还将从另外的角度述及。这里要提出的是，决议、决定与法律的效力有无高下之分，虽然存在模糊地带，但是，就一些特殊的立法事项来说，以常委会单独作出决定的方式来解决问题，与修改法律或者制定法律相比，其正当性和权威性可能的确还是有存疑的一面，至少可以说，正当性是相对不足、权威性是相对较低。但为了尽快解决问题，满足实际工作的需要，常委会也只能以作出决定的方式进行权宜式立法了。所以，在强调决议、决定的地位作用的同时，对其可能产生的弊端进行研究，也是必要的。

（四）区分两机关作出决议、决定以及制定法律权限的几个难点

实践中，对于哪些事项适宜作出决议、决定而不必制定法律或者应当制定法律而不适宜作出决议、决定，哪些事项应当由全国人大、哪些事项应当由常委会作出决议、决定，已有一些惯例性做法。但仍有一些具体的难点问题需要研究。

1. 国务院机构改革中的两个问题

据笔者大致统计，从1955年到2018年，全国人大及其常委会通过的关于综合改革国务院机构以及设立、调整国务院个别组成部门和直属机构的决议、决定有40余个。其中，从1955年到"文化大革命"前的1965年，从十一届三中全会后的1979年到1982年，全国人大及其常委会每年都会作出一个甚至多个关于国务院机构改革、调整的决议或者决定。在1982年大规模的机构改革后,从1983年到1992年的十年间,除间或有一些设立调整外,国务院的机构总体处于稳定状态,但从1993年的八届全国人大至2018年的十三届全国人大,共有六届,其中的每届全国人大第一次会议,都会通过一个综合的关于国务院机构改革方案的决定,对国务院的组成部门、直属机构及其职能进行大规模的调整改革。这种情况实际上使得国务院的组织机构自五四宪法通过以来,特别是八届全国人大以来,就处于相当频繁的改革变动中,而这种改革变动都是由全国人大及其常委会以决议、决定的形式作出的。而全国人大制定了国务院组织法,1982年全国人大在通过宪法的同时,又制定了新的国务院组织法,但实践中,这两部关于国务院组织的重要基本法律,似乎并没有发挥多少作用,真正起作用的反而是全国人大及其常委会不断变化的决议、决定。

作为最高国家行政机关,其内部组织的每一项改革对地方各级行政机关都具有牵一发而动全身的影响,那么,国务院的组织是以长期稳定为宜,还是以经常性的变动为宜?是由法律规定得比较具体为宜,还是以法律规定相对原则而由全国人大及其常委会以决议、决定的方式灵活调整为宜?经过几十年的探索和改革,有没有可能使国务院以及地方各级行政机关的内部组织相对稳定下来,进而避免一届人大、一届政府、一个方案而导致各级行政机关不断地进行大调整、大改变的随意性?宪法规定,全国人大制定国家机构的基本法律,立法法规定,各级人民政府的组织,属于只能制定法律的事项,显然,这是在强调行政机关的组织应当由法律特别是基本法律规定,并具有很强的稳定性,而现在,由全国人大及其常委会频繁地作出决议、决定来推动国务院机构改革,是明显不符合宪法、法律规定的。

而在国务院机构改革的决议、决定中,又需要研究的是,哪些应当由全国人大作出,哪些可以由常委会作出。从资料统计看,历年来的40余个决议、决定中,由全国人大作出的不到10个,绝大多数都是由常委会作出的。其中有两个问题值得注意:

一是,关于一揽子国务机构改革的事项,应当由全国人大还是它的常委会作出决议、决定,缺乏标准。比如,1956年、1958年、1959年,全国人大常委会曾作出《关于调整国务院所属组织机构的决议》《关于批准国务院调整若干直属机构的决议》《关于批准国务院调整直属机构的决议》,这说明常委会可以对较大范围的国务院组成部门和直属机构进行调整。但1958年,全国人大通过了《关于调整国务院所属组织机构的决定》,撤销国家建设委员会,并对9个部门的职能做了调整,似乎这类国务院组织机构的调整又应当由全国人大决定。而

1982年，常委会又先后通过了《关于国务院机构改革问题的决议》《关于国务院部委机构改革实施方案的决议》。其中，第一个决议，不仅批准国务院机构改革的总体方案以及几个部门的合并、设立，还涉及国务委员的设置问题，而第二个决议则涉及46个国务院部门的设立、调整。如此大规模、全局性的国务院机构改革，由常委会作出决议，显然又与1958年全国人大的决定权相矛盾。而从1988年至2018年，六次综合的国务院机构改革方案，都是由全国人大会议作出决定的，这又与1982年的做法不一致，也似乎形成一个惯例：较大范围的国务院机构改革方案由全国人大作出决定。但惯例并不代表规则和标准，国务院的机构改革以及多大范围的机构改革，究竟应当由代表大会还是它的常委会作出决议、决定，需要从宪法体制和法理上加以论证。这个问题应当引起足够重视。

二是，国务院部门的设置，由谁作出决议、决定，不甚清楚。比如，1959年，全国人大作出《关于撤销司法部、监察部的决议》，似乎一个部门的设与撤，应当由代表大会决定，但同样是1959年，常委会又作出《关于设立农业机械部的决议》，似乎常委会也可以决定设立个别部门。如果说由此认为一个部门的设、撤、并可以由常委会决定，两个以上部门就应当由代表大会决定的话，就又出现了问题：1963年、1979年，常委会又通过了《关于设立第五机械工业部和第六机械工业部的决议》《关于设立第八机械工业部、司法部、地质部和任免名单的决定》，涉及几个部门的调整。再比如，现在的国家安全部是1983年由全国人大会议决定设立的，但1986年常委会又通过了设立监察部的决定，同样是国务院的部门，一个由代表大会设立，一个又由常委会设立，这种设立的权限和区别是什么呢？是不是有些特殊重要的部门只能由代表大会设立，而一般的部门可以由常委会设立？要不要根据部门的重要性及其与公民基本权利的关联性来区别是由代表大会还是由常委会作出决议、决定更好？

以上说的是国务院，其他中央一级国家机构也有一个组织设置的问题。比如，全国人大设立专门委员会，它就有权力，常委会设立工作机构，它自己就可以作出一个决定。但人大及其常委会设立内部机构，以及对中央军事委员会、国家监察委员会、最高法院、最高检察院的机构设置，都应当与国务院的机构设置一样，需要有确定的标准和权限，建议有关方面对这类问题进行系统的研究并作出规范。

2. 国家机构职权调整方面的问题

这里所说的职权调整，既包括将原有组织的职权调整给新设的组织，也包括在原有法定的职权之外，再给一个组织增加新的职权，使其原来的职权结构发生变化。

紧接着前述，与国务院内部组织的设置密切相关的，就是职权的调整问题。而全国人大及其常委会通过决议、决定对国家机构的职权进行调整，不仅涉及国务院内部组织，还涉及国务院以及与国务院平行的国家中央军事委员会、监察委员会、最高法院、最高检察院。由全国人大以决议、决定对国家机构的职权进行调整，除了宪法、法律有明确规定应当遵循之外，其他方面实际是没有限制也很难限制的，因为全国人大是最高国家权力机关，它连修改宪法的权力都有，以决议、决定的方式调整各级各类国家机关的职权，从宪法体制上看当然是没有问题的。这里的焦点和难点问题是，常委会以决议、决定的方式，在国家机构中进行职权调整的权限有多大？又如何处理好与全国人大行使相关职权的关系？

从八二宪法实施之前的情况看，常委会以相关决议、决定调整职权的，主要集中于国务院的内部组织，在设、撤、并国务院内部组织的同时，就对这些组织的职权进行了相应调整。决议、决定数量多，内容也不甚规范。八二宪法实施后，常委会这方面的决定，其数量仍然不少，而且它调整的不仅包括国务院内部组织的职权，还涉及其他国家机关或者组织的职权。其中，对国务院下属部门或者其他组织进行职权调整的有几个例子。

例一：1983年作出《关于由对外经济贸易部行使原外国投资管理委员会的批准权的决定》。这个决定根据常委会1982年通过的《关于国务院机构改革问题的决议》，将进出口管理委员会、对外贸易部、对外经济联络部和外国投资管理委员会合并，设立对外经济贸易部，并明确，中外合资企业法及有关涉外经济法规规定由原来投资管理委员会行使的批准权，相应地由对外经济贸易部行使。也就是说，常委会通过决定的方式，将原来法律法规规定的有关批准权，从投资管理委员会调整给对外经济贸易部。

例二：1983年、1993年，常委会先后作出《关于国家安全机关行使公安机关的侦查、拘留、预审和逮捕的职权的决定》《关于中国人民解放军保卫部门对军队内部发生的刑事案件行使公安机关的侦查、拘留、预审和执行逮捕的职权的决定》。对于行使调整后职权的两个机关，第一个决定强调，国家安全部是六届全国人大一次会议设立的，具有公安机关的性质，第二个决定强调，军队保卫部门所承担的军队内部刑事案件的侦查，与公安机关刑事案件侦查性质是相同的。同时，这两个决定都强调，国家安全机关、解放军保卫部门可以行使"宪法、法律规定的"公安机关的侦查、拘留、预审和逮捕的职权（第一个决定还专门用附件列举了宪法和刑事诉讼法规定的公安机关的各项职权），即常委会的决定所调整的职权是既有的法定职权,而不是新创的职权。

例三:2003年常委会作出《关于中国银行业监督管理委员会履行原由中国人民银行履行的监督管理职责的决定》。这个决定指出,银监会履行银行监督管理职责的根据,是全国人大批准的国务院机构改革方案;由国务院根据人民银行法、商业银行法和其他有关法律的规定,确定银监会行使原来由人民银行行使的有关职权。

例四:2018年,全国人大常委会作出《关于中国海警局行使海上维权执法职权的决定》。该决定指出,按照党中央批准的深化党和国家机构改革方案和武警部队改革实施方案,组建中国海警局,行使法律规定的公安机关相应执法职权,以及有关行政机关相应执法职权。

分析以上四个案例,可以发现几个特点:第一,常委会的决定所调整的都是国务院或者军队内部组织的职权,属于国务院或者军队职权的一个分支,而没有涉及对国务院或者中央军事委员会的职权调整。第二,决定所赋予职权的部门,要么是根据全国人大及其常委会关于国务院机构改革的决议设立的,① 要么是全国人大会议设立的,要么是实践中长期存在并行使职权的(军队保卫部门),而并非常委会为赋予新的职权而同时设立的新部门。第三,决定所要调整的职权,本身就是宪法、法律或者相关法规已经规定的,而不是常委会新创设的一项职权,即常委会没有为一个或者几个部门创设新的职权。第四,决定的内容是将一项法定的职权,从一个或者多个旧的部门调整给一个新的部门,或者本来就由该部门在行使,决定只是做了明确而已(军队保卫部门),而不是由常委会对于个别部门进行新的授权。

但是,这几年,全国人大常委会在国家机构职权调整方面,还采取了一些与前述几个决定相比具有重大改变的举措。这里也有几个案例。

例一:2016年,全国人大常委会作出决定,在北京、山西、浙江三省市开展国家监察体制改革试点,2017年,常委会进一步作出决定,在全国各地推开国家监察体制改革试点。在这两个试点改革的决定中,常委会在原来的地方国家机关体系之外,设立了监察委员会这一崭新的国家机关,改变了人民代表大会制度下"一府两院"的国家机构的结构形式,新设了与"一府两院"平行的

---

① 当然,1982年全国人大常委会关于国务院机构改革的决议,其性质地位应当低于全国人大的决议,但由于这个决议是在1982年5月即12月4日宪法制定前作出的,全国人大会议没有撤销或者改变,即意味着认可了常委会的决议,也即常委会的这一决议可以视为全国人大的决议。

监察委员会，并将原来由政府下属监察部门及其行使的职权合并到监察委员会，将检察机关的部分职权也调整到监察委员会。

与前述几个决定相比，这两个决定有几个特点：一是，这两个决定作出的依据，并不是全国人大的相关改革决议，而是党中央关于监察体制改革的重大决策部署。二是，监察委员会这一新设的和被赋予职权的重要国家政权机关，也不是根据全国人大及其常委会的相关决议或者宪法、法律产生的。三是，决定所赋予的监察委员会的职权，也并非全部源于宪法、法律的既有规定，而是常委会赋予监察委员会的新的职权。四是，这两个决定所调整的不仅是一个部门内部的职权分支，而是横向多个国家机关的重要职权，改变了原有人民代表大会制度中国家机关体系的组成结构。五是，两个决定所调整的虽然是地方国家机关的职权，但其试点措施对中央一级国家机关具有重大示范意义，是为中央国家机关的改革打基础的。实践证明，全国人大常委会的两个决定非常成功，在很短时间内积累了有益经验，并制定了监察法。

例二：2018年，全国人大常委会作出《关于国务院机构改革涉及法律规定的行政机关职责调整问题的决定》。这个决定突破了以前对国务院个别部门调整职权的做法，其规定，根据国务院机构改革方案组建的行政机关或者划入职责的行政机关，在有关法律尚未修改之前，调整适用有关法律规定，行使原来有关行政机关行使的法定职权。这个决定的特点是，调整了国务院新组建或者划入职责的所有行政机关的职权。

例三：2019年，全国人大常委会作出《关于国家监察委员会制定监察法规的决定》，明确规定，国家监察委员会有权根据宪法和法律制定监察法规。2018年修改宪法，在国家机构一章中增设监察委员会一节，规定监察委员会依照法律规定独立行使监察权，类似人民法院行使审判权和人民检察院行使检察权。但宪法没有像规定国务院有权根据宪法和法律制定行政法规一样，规定国家监察委员会有权根据宪法和法律制定监察法规。这样，常委会的决定就涉及对宪法规定的国家监察委员会的职权的重大调整，在行使具体的监察权之外又赋予了其制定监察法规的职权。作出这一决定时，没有宪法、法律的根据，也没有全国人大的相关决议、决定以及党中央的决策部署方面的依据。决定只强调了赋予国家监察委员会制定监察法规职权的必要性，即为贯彻实施宪法和监察法，"保障国家监察委员会履行最高监察机关职责，根据工作实际需要"。如前所述，沈春耀在决定（草案）的说明中，也强调了这个必要性，"通过修改立法法来明确国家监察委员会制定监察法规的职权，时间上恐难以适应国家监察委员会的实际工作需要"。与此同时，沈春耀还特别提出，作出这个决定，是基于国家监察委员会的要求,即"2019 年 8 月,国家监察委员会致函全国人大常委会办公厅","建议全国人大常委会修改立法法或者作出相关决定,为国家监察委员会制定监察法规提供法律依据"①。这给人的理解是,常委会是根据国家监察委员会的要求作出决定的。综合地看,常委会的这一决定无论形式还是内容,都没有宪法和立法法、监察法等法律的依据,但对于贯彻实施宪法和监察法,保障国家监察委员会行使职权,有重要意义。

但是,以上几个决定,从宪法、法律和法理上看,仍然有一些需要研究的问题。

一是,全国人大常委会以决定方式,对国家机构的职权进行调整,是否应当有依据,如果应当有,其依据又是什么? 从前述 1983 年开始到近几年监察委员会试点的决定,到海警局行使海上执法职权的决定,再到授权制定监察法规的决定,其依据都不是很确定,有的是人大及其常委会的决议决定,有的是党中央的重大决策部署或者相关改革方案,有的并没有这类依据,而是根据实际工作需要或者相关国家机关的建议要求作出决定的。需要引起注意的是,如果没有依据或者依据的法理不充分,常委会的这类决定有没有陷于随意性的可能?

二是,常委会通过决定的方式,调整国家机构的职权,是否应当有一个限制,如何处理与代表大会行使职权的关系? 由常委会作出决定,调整国务院内部组织的职权,包括最高法院、最高检察院职权的分支,从体制上看,大体是不存在问题的,但是,如果对国务院较多部门的职权,以及国家监察委员会、中央军事委员会这两个整体性国家机构的职权进行调整,或者对依法独立行使的审判权和检察权进行调整(比如,在审判权、检察权之外再赋予"两高"新的职权),就涉及人民代表大会制度体制和宪法规定的问题,因为"一府一委两院"以及中央军事委员会的组织和职权,都是由人民代表大会产生和赋予的,也是宪法明确规定的,如果由常委会进行调整,恐怕就应当十分慎重。

三是,常委会能否离开宪法、法律的规定,以改革试点的方式作出决定,对地方的部分或者全部国家机关的职权进行横向的调整,也是需要研究的问题,因为这一试点决定是以最终改变政治制度的结构为目标的,所以,是应当由代表大会还是常委会作出决定,也需慎重研究。这又要回到两个人大制度工具书中的问题,即决议、决定要不要有宪法、法律根据?

---

① 沈春耀. 关于《全国人民代表大会常务委员会关于国家监察委员会制定监察法规的决定(草案)》的说明——2019 年 10 月 21 日在第十三届全国人民代表大会常务委员会第十四次会议上[EB/OL]. 中国人大网,2019 - 10 - 26.

四是，常委会作出的决定，在多大程度和范围内，可以赋予国家机关新的职权？从前述事例可以看出，常委会2003年前的几个决定，所调整的职权都是有宪法、法律明确规定的，而且所涉及的主要是国务院下属的内部组织，但在有关监察体制改革试点和制定监察法规的决定中，常委会所调整的职权不仅没有宪法、法律的规定，而且所调整的属于监察委员会、人民检察院和政府监察部门的范围相当大的职权，那么，这样的职权是由常委会还是由全国人大作出决定予以调整更为合适呢？这恐怕也是值得慎重研究的。

3. 以决议、决定方式进行立法授权的问题

前述全国人大常委会决定国家监察委员会可以制定监察法规，就是一个典型的立法授权。这里有必要引起更广泛的关注。

从历史上看，全国人大及其常委会的立法授权主要有三个方面：一是，全国人大对它的常委会进行授权。比如，1955年就曾作出授权常委会制定单行法规的决议。二是，对国务院的授权。这方面，1984年常委会曾作出《关于授权国务院改革工商税制发布有关税收条例草案试行的决定》，1985年代表大会曾作出《关于授权国务院在经济体制改革和对外开放方面可以制定暂行的规定或者条例的决定》，最近几年，常委会又作出一系列决定，授权国务院调整或者停止实施一些法律部分规定的条文。三是，对经济特区的授权。这方面，1981年，常委会曾作出《关于授权广东省、福建省人大及其常委会制定所属经济特区的各项单行经济法规的决议》，1992年，常委会作出决定，授权深圳市人大及其常委会和政府制定特区法规规章，1994年、1996年代表大会又先后作出决定，授权厦门、珠海、汕头市的人大及其常委会和政府制定特区的法规规章。如果再加上2019年对国家监察委员会的立法授权，那么，全国人大及其常委会授权立法方面的决议、决定实际就大致有四类了。

由全国人大对它的常委会进行立法授权，在体制上不存在问题，因为常委会是代表大会的常设机关，受代表大会监督，代表大会可以将部分立法权授予常委会。但是，从其他三方面的情况看，以决议、决定方式进行授权，仍然有需要研究的问题。

一是，如何看待授权决定的期限？按照立法法的规定，全国人大及其常委会可以将法律专属权限范围的部分事项授权国务院制定行政法规，但授权决定应当明确授权的期限。这样，对国务院的授权期限是明确了，但是，此前对经济特区的授权决定并没有规定期限，2019年对国家监察委员会制定监察法规的授权也没有规定期限，这就出现一个问题：为什么对国务院的授权有期限，对经济特区法规和监察法规的授权就没有期限？大凡授权立法，似乎都应当是临

时性的，所以，授权立法的决议、决定严格来说都应当有时间限制，如果是长期、稳定的立法权，可能就违背了授权立法的初衷了。

二是，代表大会和常委会的授权决定应否有界限？可否确立一条基本原则：凡授权机关所授予的立法权必须是其本身所固有的立法权？因为如果某一立法权应当属于代表大会而非常委会的，那么，常委会就显然不能作出授权决定。这方面，前述1984年常委会对国务院的授权决定是站得住的，因为工商税制领域的立法权，不属于代表大会制定基本法律的职权，常委会有权制定法律，所以，可以授予国务院。1985年代表大会对国务院的授权决定也是站得住的，因为在经济体制改革和对外开放方面，有不少事项是应当由代表大会制定基本法律的，所以，由常委会作出授权就不合适。但是，2019年常委会对国家监察委员会的授权，如果从宪法和立法法的规定看，可能就有值得研究的地方。以国务院和中央军事委员会做类比，就可以发现，国务院制定行政法规的职权是由宪法规定的，中央军事委员会根据宪法和法律制定军事法规的职权，是由立法法这一基本法律予以规定的，所以，由常委会授权国家监察委员会制定监察法规，从宪法和立法法对立法职权的配置看，似乎并不平衡。即使这个授权是暂时的，但从法理和宪法体制上看，恐怕也需要做谨慎的论证。

三是，对经济特区的立法授权，是应当由代表大会还是常委会决定？从前述几个经济特区的授权可以看出，1981年对广东、福建两省的授权决议，是由常委会作出的，但此后对深圳、厦门、珠海、汕头几个经济特区的授权决定，又是由代表大会直接作出或者授权常委会作出的。而1992年常委会对深圳的立法授权，是源于1989年全国人大会议的授权。这一年，全国人大在《关于国务院提请审议授权深圳市制定深圳经济特区法规和规章的议案的决定》中，决定授权常委会在深圳市依法选举产生人大及其常委会后，对国务院提出的上述议案进行审议，并作出相应决定，所以，常委会1992年对深圳的授权，从源头上看，是代表大会的授权。由代表大会对经济特区作出立法的授权决定，当然没有问题，但是，常委会能否作出授权的决议、决定？类似1981年的做法是否可以呢？如果可以，法理基础又是什么？

四是，能否对普通地方行政区域进行立法授权？现在，除了历史上对经济特区的几次立法授权外，设区的市已获得立法权。但是，一些未获得立法权的地方行政区域仍然有不少立法需求，而这方面，全国人大及其常委会尚无授权先例。需要研究的问题是，对一般行政区域比如上海的浦东新区、福建的平潭综合实验区等特殊区域，可否进行适当立法授权，如果可以，是由全国人大还是它的常委会作出决定合适？宪法体制和法理基础又是什么？

4. 设置特殊地方政权机关和批准特殊区域的问题

由全国人大常委会以决议、决定方式设置一些特殊的地方政权机关，实践中时有发生，但有一个问题需要研究：以改革试点为宗旨，临时设置全国性的地方政权机关，是由全国人大还是它的常委会作出决议、决定合适？这方面是有先例的。比如，1979 年全国人大通过的地方组织法规定，要在县以上地方人大设立常委会，将地方各级革命委员会改为人民政府，这部法律自 1980 年 1 月 1 日起实施。但是，常委会又在 1979 年作出决议，提出地方"如果能够做好准备工作"，也可以在 1979 年设立人大常委会和将革命委员会改为人民政府。这实际上是以决议的形式，改变法律实施的时间，在地方普遍设立新的政权机关，这个做法并不违背地方组织法的精神，相反是有利于法律实施的，当然可行。

但如前所述，2017 年，常委会决定在全国各地推开国家监察体制改革试点工作，在县以上各地方行政区域设立监察委员会，行使相关职权。从试点性、临时性的角度看，常委会作出普遍性设置地方政权机关的决定，并无不可，这个决定实质上是对地方组织法的临时修改。但它存在两个可以讨论的问题：一是，这种修改实际也是对宪法的临时修改，因为宪法那时候没有关于地方监察委员会的设置，在地方人大之下只设立了"一府两院"。二是，这种对地方组织法的修改，也有与宪法和立法法的规定相抵触的嫌疑。地方组织法是全国人大制定的基本法律。宪法和立法法均规定，常委会可以对代表大会制定的法律进行部分补充和修改，但不得与该法律的基本原则相抵触，而监察委员会是地方组织法中没有的国家机关，所行使的职权也与地方组织法的规定有很大冲突，所以，在法律上看是有明显瑕疵的。这样的决定显然是由全国人大作出更为妥当。

除了设置一些特殊的地方政权机关以外，全国人大及其常委会还有一个在宪法规定批准省级建置外，作出决议、决定设置其他特殊区域的做法。

宪法规定，全国人大批准省一级行政区域的建置。据此，全国人大已先后作出决定，批准设立了海南省、重庆直辖市。但是，随着改革开放的不断深入，在省一级行政建置外，出现了不少新的经济贸易类的特殊区域，这些特殊区域有的已经变成行政区域，有的虽然没有变成行政区域，但已具有行政区域的特点功能。比较典型的是已有的几个经济特区和正在不断批准设立的自由贸易试验区。其中，对于经济特区，理论实践中关注较多的是对它的授权立法问题，而对其批准设立的主体和方式，关注并不多。这方面有需要研究的问题。比如，深圳、珠海、厦门、汕头几个经济特区是 1979 年、1980 年由中共中央、国务院批准设立的，但海南岛是 1988 年由全国人大会议以决议的方式批准设立的，而新疆的喀什经济特区则是2010年中央新疆工作会议上由中共中央批准设立的。这就出现一个问题：设立经济特区有党中央、全国人大和国务院三个主体，而全国人大作出决议设立的只有海南岛一个经济特区。但宪法和地方组织法所规定的国务院和省级政府批准划分行政区域的职权中，都没有经济特区这一特殊的区域。现在的问题是，深圳、厦门、珠海、汕头等经济特区已经演变为设置政权机关的行政区域，并享有超过省级行政区域的立法权，其地位的重要性不言而喻。但是，这样的区域从宪法体制上看，究竟应当由哪一主体并以什么方式设立？

这些年，在经济特区之后，国务院又批准了不少自由贸易试验区，前不久，党中央又决定在海南设立自由贸易港。这些特殊的自由贸易区域已经具有类似经济特区这类行政区域的特点，不仅有配套的管委会等党政机关，有的地方还设立了自贸区法院，有的地方正在积极研究其中的立法权限和立法内容。现在的问题是，从宪法体制和法理基础上看，这类特殊区域究竟应当由谁批准设立，全国人大及其常委会的决议、决定应当在其中扮演何种角色？

（五）小结与建议

由以上可见，全国人大及其常委会作出决议、决定是行使职权的重要公文形式，但这两个公文形式背后反映的是最高权力机关及其常设机关的组织关系，以及两者行使职权的边界。在五四宪法颁布后，特别是在八三宪法制定以来的实践中，决议、决定在使用中已经形成了一些规律性、惯例性的做法和特点，但仍然有不少需要研究和规范的问题。研究和规范全国人大及其常委会作出决议、决定的有关问题，对于两机关严格依照宪法、法律规定行使职权，科学理顺决议、决定以及其他公文形式的边界，示范地方人大及其常委会，具有十分重要的意义。建议有关方面组织力量对全国人大及其常委会决议、决定的实践，决议、决定的区别与联系以及应当适用的范围进行系统的梳理、总结和研究，出台相关的规范性文件，用以指导实践。

这方面，可以由全国人大常委会作出一个专门的决议或者决定，也可以由委员长会议或者法制工作委员会甚至秘书长办公会议，出台一个专门的文件或者规范，对全国人大及其常委会决议、决定的下列问题予以明确和规范：全国人大及其常委会作出的决议、决定与党中央、国务院以及其他中央国家机关的决议、决定如何区分；决议、决定属于什么性质，能否对两者的性质予以分类明确；与法律以及专门的法律解释相比，决议、决定的法律效力在时间上有无长短之分，在位阶上有无高下之分；行政法规、监察法规、地方性法规一旦与全国人大及其常委会的决议、决定相抵触，怎么办；一般的决议、决定与有关法律问题的决定或者重大问题的决定，有什么区别；全国人大和它的常委会在什么样的情况下可以作出决议、决定，它们作出决议的事项和作出决定的事项有什么区别；常委会作出决议、决定应否有宪法法律依据；常委会的一个或者多个决议、决定包括法律解释，能否成为作出其他决议、决定的根据；全国人大能否经常性地以决议、决定的方式进行大面积的国家机构改革，其作出的有关国家机构改革的决定，与相关国家机构方面的组织法，在法律效力上是什么关系；常委会以决议、决定的方式调整国家机构的职权或者作出其他的授权决定，与全国人大调整国家机构职权的决议、决定，权限范围上的区别是什么；除宪法、法律、决议、决定外，全国人大及其常委会行使职权的其他公文形式还包括哪些；等等。对这些问题予以明确规范，是相当重要的，有利于尽快解决决议、决定使用中的困惑和混乱，并对地方人大及其常委会作出决议、决定起到重要的指导示范作用。

六

区域协同立法的宪法、法律问题[①]

自从2006年十届全国人大四次会议通过的"十一五"规划纲要提出促进区域协调发展后,"十二五""十三五"规划纲要和党的十八大、十九大报告,对不同历史时期的区域协调发展,都做了战略性安排。在国民经济和社会发展的总体格局中,区域协调发展正在十分深广的领域不断推进。但长时间以来,各方面对区域协调发展的认识和实践,主要侧重于经济和社会层面,而对正在宪法、法律层面进行的区域协同立法可能遇到的问题,没有给予足够重视。现在,这个问题已经日益凸显出来,对其认真加以研究和回答,对于保证区域协同立法以及区域协调发展的整体部署在法治的轨道上进行,具有重要意义。

(一)宪法中区域协调发展与行政区划的内在冲突

讨论区域协同立法,先要讨论区域协调发展,因为区域协同立法要么是区域协调发展的应有之义,要么是推进区域协调发展的措施之一。

区域协调发展内涵丰富,而且在不同的时期,其目标、任务和措施都会有很大的不同,但从根本上看,它要解决的是区域之间经济社会发展的关系问题,而这首先是宪法问题。具体到宪法的结构、具体表述和条文规定,区域协调发展首先涉及序言中的国家指导思想和根本任务。第二个涉及的是总纲中有关行政区划的规定,以及"国家机构"一章中地方人民代表大会和人民政府的有关规定。如果单纯以行政区划为单位,讨论经济社会的协调发展,在宪法上不存在问题,因为地方人大和政府是以行政区划为依托设立的,在一个行政区划内协调发展经济社会事业,这个发展就不会突破宪法设置的政权体制框架。但是,如果打破行政区划的规定,讨论和试图推进区域之间的协调发展,宪法上的冲

[①] 本文发表于《中国法律评论》2019年第4期,发表时有所删节。

突就凸显出来了。它的主要表现就是，区域协调发展是宪法序言中的内容，而宪法序言中的相关表述与行政区划并无衔接，甚至是存在明显冲突的。这个问题迄今没有引起注意和重视。

1. 八二宪法序言中没有区域协调发展的内容

八二宪法的一个很大特点，就是写了篇幅不短的序言，并且在序言中明确表述了国家的指导思想和根本任务。但是，在指导思想方面，只表述了马克思列宁主义和毛泽东思想，并没有涉及国家发展的具体理念。而在国家根本任务的内容中，也只表述说，今后国家的根本任务是集中力量进行社会主义现代化建设，把我国建设成为高度文明、高度民主的社会主义国家，并没有关于区域协调发展的具体内容。

如果以八二宪法制定时的历史背景作为参照，现在我们所强调的区域协调发展，从当时的理解和认识上看，主要内容就是，允许一部分地区先富裕起来，然后以先富带动后富，最后达到共同富裕，分步骤地解决地区发展的不平衡问题。

这个问题，邓小平在1978年所作的《解放思想，实事求是，团结一致向前看》这篇著名讲话中就有明确的阐述。对于一部分地区先富裕起来，他说："在经济政策上，我认为要允许一部分地区、一部分企业、一部分工人农民，由于辛勤努力成绩大而收入先多一些，生活先好起来。"① 而一部分地区先富起来之后怎么办？邓小平在以上这篇讲话中的设想也是明确的，即："一部分人生活先好起来，就必然产生极大的示范力量，影响左邻右舍，带动其他地区、其他单位的人们向他们学习。这样，就会使整个国民经济不断地波浪式地向前发展，使全国各族人民都能比较快地富裕起来。"② 这里，邓小平提出了一个在地区之间以先富带动后富，然后达到共同富裕的问题。应当说，这是一个十分重要的发展理念。但是，四年之后制定的八二宪法，在序言中表述国家指导思想和根本任务时，并没有明确反映这一理念。

宪法序言中没有明确反映邓小平的上述发展理念，可能有多种原因。但其中根本性的一个原因可能就是，这个理念当时还没有在党内达成共识。检索党中央的重要文献资料可以发现，邓小平的上述发展理念直到1984年10月20日，才被党的十二届三中全会通过的《中共中央关于经济体制改革的决定》，以类似邓小平上述表述的语言肯定下来："只有允许和鼓励一部分地区、一部分企业和

---

① 邓小平文选（第二卷）[M]．北京：中央文献出版社，1994：152.
② 邓小平文选（第二卷）[M]．北京：中央文献出版社，1994：152.

一部分人依靠勤奋劳动先富起来，才能对大多数人产生强烈的吸引和鼓舞作用，并带动越来越多的人一浪接一浪地走向富裕……鼓励一部分人先富起来的政策，是符合社会主义发展规律的，是整个社会走向富裕的必由之路。"① 所以，邓小平在同年 11 月 9 日会见意大利客人时，才自信地说："我们党已经决定国家和先进地区共同帮助落后地区。在社会主义制度下，可以让一部分地区先富裕起来，然后带动其他地区共同富裕。"② 邓小平这里所说的先进地区帮助落后地区，就是今天我们所说的区域协调发展的一项重要内容。遗憾的是，邓小平的这个发展理念以及在这一理念指导下的国家根本性任务，没有来得及写入八二宪法的序言中。

2. 2018 年宪法修改的重大变化

八二宪法制定后，先后经过了五次修改。其中，涉及序言的修改有四次。第一次是 1993 年。这次修改在序言中加了一句："我国正处于社会主义初级阶段。国家的根本任务是，根据建设有中国特色社会主义的理论，集中力量进行社会主义现代化建设。"这里的社会主义初级阶段以及有中国特色社会主义理论和现代化建设的表述，当然可以理解为包含了上述邓小平有关先富带动后富、共同富裕的理念，但由于修改后的这一表述内容十分丰富，如果不对这一表述做宪法解释的话，很难让人理解为就包含了地区协调发展的内容。第二次修改是 1999 年。这次修改将邓小平理论明确写进了序言，但由于邓小平理论也极为丰富，如果不加以解释，也很难明确推导出地区协调发展的理念。第三次修改是 2004 年。这次修改将"三个代表"重要思想写进了宪法，由于"三个代表"重要思想的内容十分丰富，也很难直接得出地区协调发展的理念。这次修改还增加了"推动物质文明、政治文明和精神文明协调发展"的内容，但这里的协调发展，主要是三个文明之间的协调发展，而不是强调地区之间的协调发展。所以，可以说，如果不对宪法序言加以解释的话，从这三次修改的内容中，要直接得出区域协调发展这一理念和国家根本任务的结论，是比较勉强的。

发生重大变化的是 2018 年宪法修改。这次修改在宪法序言中增加了三个重要内容：一是科学发展观；二是习近平新时代中国特色社会主义思想；三是贯彻新发展理念。这里面，由于习近平新时代中国特色社会主义思想所包含的内

---

① 中共中央文献研究室. 十二大以来重要文献选编（中）[G]. 北京：中央文献出版社，2011：64.

② 中共中央文献研究室. 邓小平年谱 1975—1997（下）[M]. 北京：中央文献出版社，2004：1014.

容丰富博大,如邓小平理论和"三个代表"重要思想一样,如果不加以解释,要直接得出地区协调发展的理念,也比较勉强。

但值得注意的是,另外两个修改的内容,已经明确地包含了地区协调发展的理念。一个是科学发展观。科学发展观是党的十七大报告提出的。按照十七大报告的阐述,科学发展观的基本要求是"全面协调可持续发展",即全面发展、协调发展、可持续发展。而协调发展的重要内容之一,就是区域协调发展。为了落实科学发展观,十七大报告明确提出要"突破行政区划界限""推动区域协调发展"①。所以,宪法序言增加的科学发展观的内容,是明显地包含区域协调发展这一要素的。

另一个是贯彻新发展理念。党的十九大报告在科学发展观的基础上提出了新发展理念,这个理念包括创新、协调、绿色、开放、共享,协调是其中的重要一条。而针对"协调",十九大报告则明确提出要"实施区域协调发展战略""建立更加有效的区域协调发展机制"。② 结合党的十八大以来党中央以及习近平总书记亲自推动的一系列区域协调发展的重大战略部署,再加上2018年宪法修改在序言中新增加的推进五个文明协调发展,实现中华民族伟大复兴的国家根本任务,可以得出的结论是,2018年宪法序言中所新增加的国家指导思想和根本任务的表述,明确地包含了地区协调发展的内容。在这个意义上,2018年的宪法修改,是对八二宪法以及2004年之前几次修改的重大、明确的变化和升华。

3. 宪法修改引发的与行政区划的冲突

现在需要关注的是,宪法序言关于区域协调发展这一内容的修改,所引起的与宪法总纲中行政区划关系的变化。我国宪法的一个重要特点是有序言,而理论实践中,大家讨论和关注的也主要是序言本身的效力问题,对序言与后面其他章节有关规定的关系,似乎极少关注讨论。现在,科学发展观、新发展理念中的区域协调发展与行政区划的关系就凸显出来了。

宪法总纲第30条对特别行政区之外的普通行政区划做了明确规定。但是,确定行政区划的基本原则以及所参考的具体因素究竟是什么?这个问题长期以来并没有得到清楚的回答,有关权威的立宪文件也没有给予清晰的说明。学术中比较笼统的说法认为,我国行政区划的基本原则是,便于人民群众参与国家

---

① 胡锦涛. 高举中国特色社会主义伟大旗帜 为夺取全面建设小康社会新胜利而奋斗[N]. 人民日报, 2007 – 10 – 16.
② 中国共产党第十九次全国代表大会文件汇编[G]. 北京:人民出版社, 2017:26.

管理，有利于社会主义经济建设，照顾民族特点和历史延续性。① 这样说当然没有问题，但似乎还没有触及问题的根本。

准确理解宪法有关行政区划的规定，恐怕应当抓住我国实行的单一制国家结构形式这条主线。在单一制国家结构形式下，行政区划首先要解决的是中央和地方的关系问题，而针对这一关系，宪法确立的组织原则是民主集中制，即遵循在中央的统一领导下，充分发挥地方的主动性和积极性。这样，设置行政区域，必须以有利于实现中央的统一领导为前提。在这个前提下，以充分发挥地方的主动性、积极性为原则，考虑人口、民族、历史、经济社会发展等因素，设置不同的行政区域，实现国家和社会治理。

保证中央统一领导的实现，要从两个方面着手：一是，保证中央对省一级行政区划的有效领导；二是，保证在省一级行政区划以下的地方，实行上级对下级的有效领导，因为没有地方的上级对下级行政区域的有效领导，中央统一领导的基础就不牢固。所以，可以说，宪法关于行政区划的设置，首先考虑的是纵向的领导关系，在这个前提下，再综合考虑横向的各方面因素，确定一个行政区域的管辖范围。应当说，宪法的这个基本精神是清楚的。

现在回过头来看宪法序言中的区域协调发展与总纲中行政区划的关系，就可以发现，八二宪法虽然在序言中规定了国家指导思想和根本任务，但限于那时的历史背景和认识程度，并没有考虑或者至少没有充分考虑到这个指导思想和根本任务与横向的行政区域之间的关系。宪法总纲和国家机构中关于行政区域的划分以及国家机构的有关规定，其立足点是，有利于处理中央与地方、上级行政区域与下级行政区域之间的关系，也没有考虑横向的行政区域之间的关系。甚至可以说，现在尚没有足够的资料来表明，当时已经预见到横向的行政区划之间将来会出现什么样的问题，因而也没有为如何处理横向的行政区域之间关系而确立一些基本原则。这样，同一行政区划内的人大与政府的设置、组织及其行使的职权，也就仅仅限于本行政区域内，而不能扩大到行政区域之外。这个问题下文还将涉及。

但是，2018年修改宪法，使序言中具有了区域协调发展的内容。如果要实现这一发展理念和任务，就不可避免地引起与既定行政区划之间的紧张与冲突。因为区域协调发展必然需要相应的国家机关跨行政区域行使职权，如前述十七大报告所提出的，要"突破行政区划界限"。这可是一个大问题。八二宪法制定后，在几次修改中，序言以及其他的内容都有不少变化，但关于行政区域的划

---

① 蔡定剑. 宪法精释[M]. 北京：法律出版社，2006：230.

分和以行政区划为依托设置国家机关的规定却从没有修改。党的十八届四中全会提出要探索设置跨行政区划法院，但也因为超越行政区划设置政权机关所涉问题过于复杂，2018年修改法院组织法时，并没有确立这个内容。而现在，宪法以行政区划为基础发展经济社会事业的指导思想和根本任务变化了，但行政区划本身却一直未变，如果要实行区域协调发展，行政区划就成了横亘在前的难以逾越的障碍。党的十九大报告提出要"建立更加有效的区域协调发展新机制"，虽然没有像十七大报告明确说要"突破行政区划界限"，但要建立区域协调发展新机制，仍然难以逾越既有行政区划这个宪法设置的屏障。所以，如何从宪法体制上解决行政区划的障碍，是推进区域协调发展包括开展区域协同立法，保证区域协调发展的整体部署在宪法、法律轨道内运行的重要前提。

（二）对区域协同立法的基础理论缺乏研究

适应区域协调发展的需要，从中央到地方，从党委到人大常委会和政府以至社会力量，都在出台政策意见，采取具体措施办法，全方位地推进这一具有强烈时代特点的重大战略部署。其中，区域协同立法就是一项重要内容。现在，区域协同立法已经成为立法实际工作特别是地方立法实践和理论研究中一个非常大的热点问题，引起广泛关注和讨论。

但是，类似区域协同立法的含义究竟应当冠以什么样的名称？现在，各方面对这个术语的称谓很不相同。有的叫"区域协同立法"，有的叫"地方立法协调"，有的叫"地方立法协作"，有的叫"区域地方立法协调"，有的叫"区域地方立法合作"，有的叫"地区立法协调"，仅在京津冀区域，就有"京津冀区域立法一体化""京津冀协同发展立法""京津冀协同立法""京津冀协同治理立法""京津冀人大协同立法""京津冀人大立法工作协同"等叫法。这些叫法如果不加以深究，含义似乎都差不多。但细究一下，就会发现叫法不同，含义差异实际是很大的。为什么大家理解的意思大体相同，称谓却五花八门呢？主要的原因恐怕还是人们对区域协同立法的确定含义特别是相关的理论缺乏深入的研究，没有达成一些基础性的共识。这里有一些问题值得注意。

1. 区域协同立法中的"区域"，是由谁确定的区域

现在，区域协调发展中的区域十分广泛，提法也很不相同。有跨省市的范围明确的区域，比如京津冀协同发展中的京津冀，东三省协调发展的东三省，都是明确的省一级区域。也有跨省市的范围不甚明确的区域，比如长三角一体化中的区域以及中部崛起、西部大开发中的中部区域、西部区域，范围似乎都不甚明确。有省级区划范围内的区域，比如珠江三角洲地区包括广州、深圳、

佛山、东莞、中山、珠海、江门、惠州、肇庆9个城市在内的范围是一个区域，辽宁沿海经济带和沈阳经济区、长吉图经济区、哈大齐和牡绥地区，也是不同的区域，湖南省株潭城市群也是特殊的区域，甚至还出现了粤港澳大湾区这一内地省级行政区域与特别行政区一体化的特殊区域。这些区域有的是党中央文件确立的，有的是全国人大通过的国民经济和社会发展规划确立的，有的则是通过其他形式确立的。

现在的问题是，如果实行区域协同立法，那么，谁才能确定协调发展的超越行政区划之外的特殊区域？是不是只有类似党的全国代表大会文件确定的协调发展的区域，或者全国人大及其常委会通过的有关法律文件中确定的区域，或者中央政治局确定的区域，或者总书记在重要讲话中提出的区域（比如习近平总书记2018年11月15日在上海进博会上提出支持长三角一体化发展中的"长三角一体化"的区域），或者国务院出台文件中的区域，或者一个省级行政区域内的党政机关确立的设区的市以下的区域，才能成为有权协同立法的区域？或者甚至是不需要上级主体确定，任何有立法权的横向的行政区域都可以协同立法？

这可是个很大的问题。一个特定的主体有权打破原来的行政区划，提出并推进跨行政区域的协调发展，在这个背景下，如果跨区划的行政区域可以协同立法，而协同的方式又没有明确边界，就基本意味着该提出协调发展的主体，在很大程度上设置了新的立法主体和立法权限，确立了新的立法体制，进而出现跨行政区划的立法主体和立法体制。更有甚者，在没有一个主体要求打破原有行政区划进行协调发展的情况下，任何行政区划的有关立法主体都可以根据自己的意志跨行政区划进行协同立法，协同的边界也不清楚，那么，宪法和法律确立的立法体制就可能陷于混乱。建议有关方面对这个问题予以高度重视和深入研究。

2. 区域协同立法的主体究竟有哪些

对于谁才能行使立法权，我们的认识和立法经过了一个不断发展变化的过程。按照五四宪法的规定，全国人大是唯一行使立法权的机关，但现在，我国的立法主体，在地方已经扩大到设区的市一级。按照宪法和立法法的规定，地方有立法权的国家机关在本行政区域内可以制定相应的法规规章，但这个制定法规规章的职权，是受到很多限制的。不同层级的行政区划，其立法权限和立法程序就有明确的界限。其中，省一级人大常委会在法律和行政法规的权限之外，可以制定法规。在省级行政区域内，这个立法权可以说是完整的地方立法权，但是，一旦跨了行政区划，它能够与其他区划内的人大常委会协同立法吗？

如果能，道理又是什么？而设区的市一级人大及其常委会制定的法规需要报省一级人大常委会批准，因此，它自己只有所谓"半个立法权"。如果要跨行政区域进行协同立法，那么，设区的市一级人大及其常委会自己都不具有相对完整的立法权，又如何进行协同立法？

除了人大及其常委会能否协同立法之外，还有一个跨行政区划的政府如何协同立法的问题。早在2006年，东北三省的政府就签订了一个《东北三省政府立法协作框架协议》。而在人大及其常委会和同级政府之下，还有一个人大常委会的内部组织以及政府的组成部门和内设机构能否横向协同立法的问题。2015年，京津冀三个省市的人大常委会主任会议就分别通过了一个《关于加强京津冀人大立法工作协同的若干意见》，而在具体工作中，从京津冀到长三角的省一级人大常委会的法制工作机构以及人大的专门委员会，已经举行了不少联席会议，对立法的具体工作开展协调沟通，并取得了一些立法成果。但是，不同行政区域的人大常委会主任会议、法制工作机构、人大的专门委员会，以及政府的司法行政部门（以前的法制办事机构）能否互相协同立法？

应当说，在区域协同立法方面，不少地方把具体的工作已经做在前面，但对开展这些具体协同工作的主体进行协同的法理基础，以及宪法和法律上的空间，却缺乏必要的论证。很多情况下，进行协同的各类立法参与主体，似乎是在回避对协同主体资格的相关问题的讨论。为什么会出现这一现象？是不是有一个原因：对跨行政区划的平行主体能否进行协同立法，以及哪一类主体可以进行协同立法，是否具有合宪合法的空间存在很大程度的不自信和疑虑？这个问题应当引起注意，因为只要协同的具体工作真正开展起来，并意图起到实际的法律效果，那么，由协同主体引起的一系列问题就无法回避。

3. **区域协同立法的事项是什么**

协同立法必然要涉及就哪些事项进行协同。按照宪法、地方组织法、立法法等法律的设计，地方立法权限的划分是以行政区域为单位的，即不同行政区域的立法主体所能规范的事项仅限于本行政区域的事项。但是，区域之间要进行协同立法，所要解决的是区域之间带有共同性或者牵连性的问题，目的是对区域之间的共同事项或者牵连性事项进行协商沟通直到达成一致。这个问题宪法和法律并没有涉及。

按照宪法和法律的规定，一个事项在本行政区域内属于地方性事务，地方有权立法，或者有些事项即使不属于地方性事务，但基于执行法律行政法规的需要，地方也有权立法。但实践中，一个事项如果超越了本行政区域，与其他行政区域发生牵连，可能就不能一概地视为地方性事务，或者即使属于执行法律行政法规的事项,但地方也不能立法了。就拿京津冀协同发展这一战略部署来说,在没有确定三地协同发展之前,一个事项在原行政区域内就属于单独的地方性事务,或者属于执行法律行政法规的事项,该行政区域也可以立法予以规范,但是,在党中央确定三个行政区域协同发展,并明确了宗旨任务后,由于宪法规定北京是首都,党中央又把雄安新区的建设确定为千年大计,那么,京津冀协同发展中的很多事项,恐怕就不仅仅是一个地方立法中的地方性事务或者执行法律行政法规的事项了,有些事项可能都有上升到全国人大及其常委会专属立法权限的必要了。实际上,类似现象在长三角区域和珠三角区域的协同发展中也可能出现。在这种情况下,这几个协同发展的地方能否对有关事项进行协同立法?如果能,道理又是什么?

按照宪法和法律的规定,地方国家政权机关因为在一个行政区域内管理该行政区域的经济社会文化等事务,才有相应的立法权限,但是,经济社会文化等事务的范围是极其宽泛的,在一个行政区域内它属于地方立法权限的范围,一旦超过了这个范围,所牵涉的问题可能就会十分复杂,如果要开展协同立法,就会面临很多没有论述清楚的理论和实际问题。从现在一些方面的做法看,京津冀、长三角等地方所进行的协同立法的事项,主要限于环境保护方面,在范围上尚没有非常大的突破,但对这些问题我们需要未雨绸缪,先做研究和预案。

4. **区域协同立法的方式是什么,有什么样的法律效力**

由于区域协同立法中,对谁能确定一个区域可以协同,以及哪些主体、哪些事项才可以协同,尚缺乏一个清晰的认识边界和法律边界,所以,区域之间采取什么方式才能进行协同立法,也必然难以回答。实践中,一些行政区域的相关主体开展协同的方式主要是:签订有关立法协作的协议;在私下达成有关协作意向后,由各行政区域的立法主体及其内部组织在立法中做出协调一致的规定或者分别出台相关文件;对立法规划、立法计划和立法中的具体内容进行沟通协商;定期或者不定期召开区域协同立法的联席会议;对一些区域性的立法项目共同研究;为协同立法提供必要的保障;等等。

而仔细梳理和分析一些区域开展立法协同的具体做法,就会发现,各行政区域在采取多种方式开展协同的时候,都尽量避免直接发生抵触宪法、法律具体规定的情况,所以,采取的协同方式基本都不具有刚性的特点,对协同各方也没有明确的带有法律效力的约束力,因而这种协同有没有法律效果以及有什么样的法律效果,实际也具有很大的不确定性。出现这种情况的主要原因,恐怕还是对各种协同的方式缺乏必要的法理论证,而这背后是否也还有一个原因:要在宪法和法律上找到区域协同立法的具体依据是很困难的,而协作方式及其法律效力不确定，在没有出现分歧和冲突时，不会引发问题，但一旦引发立法问题以及由立法牵连引发其他问题，恐怕就比较麻烦了。

5. 在单一制国家结构形式下，区域能否协同立法

这恐怕是个根本性的问题。区域协同立法从表面上看是发生在平行的行政区域之间的一些立法行为，但背后涉及的问题却是中央与地方的关系，即在单一制的国家结构形式下，横向的行政区域之间能否彼此表达意志，以沟通协商、签订协议等方式达成立法意向，再回去单独立法甚至在区域之间进行共同立法？这是个十分重大的宪法问题，但在理论中尚没有引起足够重视，本书将在后面继续述及。

（三）区域协同立法面临的合宪合法性困境

区域协同立法的合宪合法性是一个无法回避的问题。现在，总体的意见趋势是，看好和推进促成这项工作以及相关理论，虽然也有一些意见或明或暗地对协同立法的合宪合法性提出了疑虑，但消极的意见似乎没有引起足够的重视和研究，或者被有意无意地回避了。

而一些区域在实践中采取的协同措施，也存在几个值得注意的现象：一是，没有一个协同的机关组织明确提出它们的协同措施的宪法和法律依据；二是，一些地方出台的协同措施办法似乎都没有或者不愿意在媒体上公开；三是，已有的协同措施办法从法律性质上看，似乎都具有很大的模糊性，既不能一概地指称它违宪违法，又不能明确地说它不违宪违法；四是，不少区域都积极地沟通协商甚至签订合作协议，或者各自出台协同合作的文件，但如前所述，这些协议文件规定的内容除了自我约束能产生效力外，似乎都不具备任何外在的法律约束力。

为什么会出现这些令人费解的情况？从根本上看，恐怕还是因为协同立法在合宪合法性上存在难以回避的内在困境。而这些困境，有的已经被注意到，有的还没有引起注意。

1. 序言和总纲以及国家机构有关规定上的冲突

这个问题本篇在第一部分已经提出了。

区域协同立法是促进区域协调发展的重要措施，也可视为区域协调发展本身的一项内容。在这个意义上，如果把协同立法放到宪法的序言中衡量，可以得出的结论是，它符合宪法序言中新增加的国家指导思想，即"科学发展观""习近平新时代中国特色社会主义思想"以及"贯彻新发展理念"。因为科学发展观、习近平新时代中国特色社会主义思想和党的十九大报告提出的新发展理

念，都是明确包括区域协调发展的内容的，所以，区域协同立法符合宪法序言关于国家指导思想的这些表述，是没有疑问的。

区域协同立法也符合宪法序言中修改后新增加的国家根本任务。2018年修改后的宪法序言要求把我国建设成为富强民主文明和谐美丽的社会主义现代化强国。而这个内容在党的十九大报告中的表述是，到21世纪中叶，要把我国建设成为"五位一体"的社会主义现代化强国，到那时，要"实现国家治理体系和治理能力现代化""全体人民共同富裕基本实现"①。而区域协调发展正是实现国家治理体系和治理能力现代化以及全体人民共同富裕的必由之路，所以，作为区域协调发展内容之一的区域协同立法，当然也是这一国家根本任务的应有之义。从这个角度看，协同立法对区域协调发展的作用越大，其在宪法序言国家根本任务中的地位就越重要，价值就越大，因而合宪性也是没有疑问的。

结合本篇第一部分对宪法序言和总纲以及国家机构的相关分析，可以看出，如果把宪法序言与总纲中的行政区划以及国家机构中的地方国家机关分割开理解的话，区域协同立法完全符合宪法序言的相关表述。但问题是，宪法总纲中规定了行政区划，国家机构一章中又规定了以行政区划为基础的国家机关体系，而平行的行政区划及其国家机关体系本身并不包含横向合作的元素，序言有关区域协调发展的内容与行政区划的规定，显然是相冲突的，所以，区域协同立法在精神宗旨方面符合宪法序言，但在具体措施办法上又与宪法总纲和国家机构的有关规定发生了冲突。这个问题似乎没有引起各方面的注意。

2. 在单一制国家结构形式上面临的困境

我国宪法对国家结构形式的设计，是单一制的中央集权模式，即实行单一制国家结构形式。而在单一制国家结构形式中，最难处理的就是中央与地方的关系。中央与地方的紧张关系，在几千年的封建历史中，就经常以不同的形式表现出来。中华人民共和国成立以来，中央与地方的紧张关系也一直存在，即使在今天，解决得仍然不够理想。而科学划分行政区域是妥善处理中央与地方关系，维护中央权威，保证国家社会稳定和兴旺发达的重要钥匙。

现行宪法对地方行政区域的划分，是在全国设立较多的省、区、市，由中央直接管辖。这个立宪的原意，显然是不愿意看到地方出现"各大山头"，特别是不允许出现地方之间"在利益上相互依托，进而向中央闹独立性"的问题。当然，任何事物都有一体的两面，单纯以行政区划为基础实行对地方的治理，又不可避免地出现了画地为牢、地区隔绝、地方封锁、破坏市场统一乃至法制

---

① 中国共产党第十九次全国代表大会文件汇编［G］．北京：人民出版社，2017：23．

统一的负面现象。但是，追踪历史的脉络可以发现，不允许行政区域之间的因为利益相互依托而向中央闹独立性，这个立宪的精神是十分清晰而毋庸置疑的。

现在的问题是，宪法以30多个省级行政区划为基础，实行中央对地方的管辖，没有规定行政区域之间可以相互协调发展，但是否一概排斥区域之间的协调发展呢？应当说，以不损害中央统一领导为前提，推动区域协调发展，最终达到共同富裕、实现"五位一体"的国家根本任务，宪法就没有理由排斥这样的区域协调发展，包括协同立法，但又有什么办法能够预先判断和防微杜渐，保证区域的协调发展包括协同立法，最终不会导致地方与中央在政治上的紧张关系呢？这实在是一个异常重大的问题，应当引起足够重视。

所以，如果把现在的协同立法放到国家结构形式的安定上进行深层考量，就会发现，它存在并完全可能引起两方面的困境：一方面，基于不允许出现"山头"倾向和向中央闹独立性的基本精神，宪法关于行政区划的规定，是不包括或者不允许行政区域之间的横向协调发展包括协同立法的。所以，协同立法与现行的单一制国家结构形式有不相容的一面。另一方面，在区域协调发展不对中央统一领导构成威胁的情况下，宪法关于行政区划的规定，在发展方向上应当允许甚至鼓励区域协调发展包括区域协同立法，但是，如何保证这种协调发展和协同立法最终不会出现"山头"倾向和向中央闹独立性，又是一个难题。所以，在这个意义上，协同立法与行政区划的规定也有不相容的一面。

3. 引发了人民代表大会制度的内在紧张关系

单一制的国家结构形式决定了我们要实行人民代表大会制度，因为只有实行这个制度，才能保证国家有一个最高权力机关即全国人民代表大会，在国家机构的体系中实行中央的统一领导。而在地方，人民代表大会制度的基本设计，是以行政区划为基础的，与单一制国家结构形式相适应，实行纵向的领导体制。在这个体制下，各级人民代表大会以及由它产生的政府，行使职权的边界只能限于本行政区域内，即宪法和地方组织法的规定：地方各级人大及其常委会在本行政区域内保证宪法、法律的实施，各级人民政府在本行政区域内行使其行政管理的职权，并向人大负责，受人大监督。这样，同一级人大和政府只与它的上下级行政区域内的人大和政府发生纵向关系，而不与横向行政区域内的人大和政府发生宪法、法律上的关系。在这个体制下，一个行政区域内的人大和政府代表本行政区域人民的意志，可以在纵向的范围内对下级人大和政府进行领导监督，但是，它们行使的职权不能介入横向的其他行政区域，不能代表本行政区域与横向的没有管辖关系的其他行政区域发生宪法、法律上的职权关系。这个宪法体制的精神是清晰的、没有疑问的。

但是，现在开展协同立法，就使得地方人大和政府在发生纵向关系的同时，又与横向行政区域内的人大与政府发生了关系，而且，这个横向的关系在很大程度上已经介入了宪法、法律的领域，这就与人民代表大会制度的基本内容不相符，引起了政治制度内在的紧张关系。这里有一些案例是值得注意的。比如，国务院《关于进一步推进长江三角洲地区改革开放和经济社会发展的指导意见》提出："着力构建规范透明的法制环境"，"加强区域立法工作的合作与协调，形成区域相对统一的法制环境"[1]。国务院的这个指导意见，既不是法律也不是行政法规，在法律效力上是存疑的，但它却要求加强长三角区域立法工作的合作与协调，这实际是在人民代表大会制度的体制之外，对长三角地区不同行政区域人大和政府的职权提出了调整的意见。这个意见是否属于国务院的职权范围，恐怕是可以讨论的。

还有一些地方的立法恐怕也值得注意。为防治长三角地区大气污染，几年前，苏、皖、浙、沪三省一市成立了长三角区域大气污染防治协作小组，并由这几个地方人大的专门委员会和常委会工作机构组成联席会议，经过横向的沟通、交流、协商后，上海、江苏、安徽在大气污染防治方面开展了共同立法活动。[2] 具体成果是，2014年，上海市人大常委会修改后的《大气污染防治条例》，第六章的章名就叫"长三角区域大气污染防治协作"，并用9个条文规定了协作的主要措施内容。2015年，江苏省人大常委会通过的《江苏省大气污染防治条例》，也设计了"区域大气污染联合防治"一章，并规定："省人民政府应当根据国家有关规定，与长三角区域省、市以及其他相邻省建立大气污染防治协调机制，定期协商解决大气染污防治重大事项，采取统一防治措施，推进大气污染防治区域协作。"江苏省的这个条例还规定："省有关部门应当与长三角区域省、市以及其他相邻省相关部门建立协商机制，共享大气环境质量信息，优化产业结构和布局……协调跨界大气污染防治纠纷，促进省际的大气污染防治联防联控。"同样是在2015年，安徽省人大常委会通过的本省大气污染防治条例也规定，省人民政府根据实际需要，与长三角区域以及其他相邻省建立大气污染联合防治协调机制，开展区域合作。这两省一市开展的大气污染防治方面的立法协作，以及三个相关条例对跨省大气污染防治协作的规定，从初衷和

---

[1] 国务院关于进一步推进长江三角洲地区改革开放和经济社会发展的指导意见 [EB/OL]. 中央政府门户网站，2008-09-16.
[2] 丁伟. 与改革发展同频共振：上海地方立法走过三十八年 [M]. 上海：上海人民出版社，2018：290.

内容上看，毫无疑问是好的。

但问题是，按照这三个地方性法规的规定，三个地方的政府及其部门在大气污染方面的跨区域协商协调、联防联控的职权，已经介入其他行政区域，并且其他行政区域的国家机关也可以进入本行政区域行使职权，这就涉及跨省进行国家机关职权的整合了。这样的立法权是否属于两省一市的人大常委会，恐怕是很值得讨论的。即使江苏省在条例中出于严谨，规定省政府应当"根据国家有关规定"，跨省在大气污染防治方面行使职权，但是，这个"国家有关规定"，是谁的"有关规定"，谁又有权做这样的规定呢？在宪法和地方组织法等法律的相关规定没有修改的情况下，这恐怕也是很值得讨论的问题。

对于行政职权的整合，在行政处罚和行政许可中，是有先例的，即相对集中处罚权和许可权。但需要注意的是，这两项职权的相对集中行使，是由行政处罚法和行政许可法两部法律予以规定的，而且法律明确规定只有在这两个领域，国务院和经国务院授权的省一级政府才可以决定一个机关行使有关行政机关的处罚和许可权。更重要的是，有权决定相对集中处罚权和许可权的省一级政府，它的决定权以及所决定的行政机关的相对集中的职权，只限于本省的行政区域，而绝不能触及其他横向的行政区域。这样看，现在两省一市有关跨行政区域进行大气污染防治协作的立法，其问题可能就比较明显了。即使把这个权力放到国务院，恐怕也是有问题的，因为省一级行政区划的划分和设置，属于全国人大的职权，国务院是否有权以指导意见包括立法的方式，调整、整合跨省国家机关的职权，也是大可怀疑的。

而值得注意的是，上述两省一市的这一立法结果，是由省市人大常委会的工作机构通过联席会议、协商交流等方式，事先进行立法合作的成果。应当说，这一协同立法工作在很大程度上打乱了人民代表大会制度下的纵向地方国家机关体系，与宪法和地方组织法等法律关于地方国家机关行使职权范围的规定是明显不符的。

还有，前几年京津冀三地的人大常委会主任会议，分别通过了名称叫"关于加强京津冀人大立法工作协同的若干意见"的文件。但目前三个地方都没有公开这个"若干意见"的具体内容。从名称即可看出，文件内容必然涉及三地人大常委会立法协同工作中的相互关系，而这个相互关系的实现必须由三地人大常委会的有关工作机构或者其他组织去承担，这就不可避免地要介入其他行政区域人大常委会的立法活动，涉及横向行政区域人大常委会职权的行使，与宪法、地方组织法等法律关于人大及其常委会行使职权的界限的规定，难免要发生冲突。所以，人大常委会主任会议是否适宜通过这样的文件，也是可以讨论的。

以上的分析是想说明，区域之间开展协同立法，无论是协同立法的具体工作本身，还是协同立法带来的立法结果，都不可避免地要对横向行政区域的国家机关职权进行调整改变，与人民代表大会制度纵向行使职权的政治体制发生冲突，这是需要十分警惕和重视的。

4. 在立法体制上出现法无明文规定能否协同立法的困境

区域协同立法涉及对现有立法体制的改变和调整。按照宪法和地方组织法、立法法等法律的规定，我国的立法体制是以行政区划为基础和单元的，地方的立法主体只有在本行政区划内才能行使相关的立法职权，对横向的平行的行政区划的立法主体能否跨区域协同立法，宪法以及2015年修改的立法法，在制定和修改时似乎都没有考虑到这个问题，更没有规定相应的因应措施。可以说，区域协同立法实际上遇到了宪法、法律的盲点。宪法、法律既没有规定区域不能协同立法，也没有规定区域可以协同立法，更没有规定区域如何协同立法，以及协同立法的职权边界。但形势比人强，适应区域协调发展的大形势，一些地方的思考和实践就走到了宪法、法律的前面，闯入了宪法、法律的模糊地带。

现在的问题是，面对宪法、法律的模糊，平行的行政区域能否协同立法？从具体的条文看，宪法、法律只明确规定了哪一层级的立法主体在该行政区域行使立法职权的内容，但没有禁止某一行政区域的立法主体与另一行政区域的立法主体协同立法。而没有禁止，就可以作两种理解：一是，没有禁止，即意味着可以跨行政区域协同立法，即所谓法无禁止即可为，而通常所说的法无禁止即可为，主要是适用于公民或者其他被公权力监管的组织的；二是，宪法、法律没有禁止，但也没有授权，而没有授权即意味着不可以跨行政区域协同立法，即所谓法无授权不可为。如何准确理解公权力行使中的所谓法无授权不可为，是一个大问题。在处理公权力行使主体与被监管对象的关系上，法理的基本要求是，为了保护被监管者（主要是行政相对人）的合法权益，公权力行使主体应当遵循法无授权不可为的原则。当然，这里的"不可为"，是指不可为不利于被监管者的事，而不是说对被监管者有利的事，公权力行使者也不可为。但是，在公权力行使主体之间，如何认识和处理法无明文规定时的可为与不可为，是长期以来没有引起重视和研究的问题。现在的区域协同立法就是一个典型。

这也有两个认识方向。一是区域之间不可以协同立法；二是区域之间可以协同立法，而这两个方向是背道而驰的。但迄今为止，理论和实践中对这两个方向的道理没有展开充分讨论。而不少区域在没有经过充分论证的情况下，又选择了协同立法的方向，并开展了不少探索性的实践。但既然选择了协同立法的方向，就不可避免地会引起反对协同立法的观点质疑。即使现在没有明确提出来，随着实践的推进，问题也会暴露出来。这个矛盾应当引起注意。

（四）一些意见和建议

从上述问题及相关分析可以发现，区域协同立法对于推动区域协调发展具有积极意义，各方面开展协同立法的初衷是好的，也取得了一些成效。但需要注意的是，对于区域协同立法的相关理论，我们尚缺乏必要研究，而这项工作又显然涉及国家结构形式、政治制度和立法体制中的诸多重大问题，因此，在积极推进的同时，也须十分慎重，特别是要着眼宏观、全局和长远，以立体思维对这项工作进行综合研判，权衡利弊，在维护宪法权威、维护法制统一的前提下推进和做好区域协同立法工作。为此，本书提出以下意见建议：

1. 对区域协同立法的必要性进行深入研究

区域协调发展中，究竟哪些事项需要协同立法？有的观点已经提出，立法协调在实践中运转的动力不足，真正开展实质性立法协调的区域并不多，即使已经取得的相关协调成果，也都是在上级政府或有关部门的主导下进行的，同级协调积极性并不高，成果有限，以区域公共政策和区域合作协议为代表的两类替代性规范大量存在，不仅淡化了协调功能，也反映了协调动力有限。[①] 这个问题应当引起重视。

从现在已经公开的一些有积极意义的协同立法案例来看，似乎主要在大气污染防治等环保领域，长三角区域、京津冀区域披露出来的经验都集中在这个方面。但区域协调发展涉及经济和社会事业的方方面面，而在这些方面，真正阻碍跨区域协调发展的因素在哪里，是不是只有通过协同立法才能解决，就需要认真研究。举一个例子：长期以来，阻碍区域协调发展的一个重要因素是，不少地方以立法方式设置名目繁多的许可，阻碍甚至破坏了市场统一，从这个角度看，为建立统一的大市场，许可方面立法的内容恐怕应当越少越好，本行政区域的审批性立法都应当大幅减少直至砍掉，相邻的其他行政区域也都大幅减少甚至取消相关的行政审批事项，这样，又哪里需要多少跨区域的协同立法呢？其他的处罚、强制之类的立法大概也有这个问题。而另一方面，随着全国人大常委会立法的不断精细化，法律以下的法的规范也必将更加精细，这样，

---

① 陈光.论"大立法"思维下的区域协调立法［M］//冯玉军.京津冀协同发展立法研究.北京：法律出版社，2019：47-48.

一些区域性的共同事项，由上位法规定得更加具体一些，所谓区域协同立法的事项和必要性，不就大大减少和降低了吗？建议有关方面对区域协调发展中必须进行协同立法的事项做一个综合性的梳理，考虑协同立法的成本以及可能引发的一系列问题，建议如果不是十分必要，就尽量不要开协同立法这个口子。

2. 对现行行政区划在区域协调发展中的利与弊做综合评估

区域协同立法以及区域协调发展的整体性部署，最终都不可避免地要对现行的行政区划造成冲击。但是，行政区划是宪法和地方组织法等基本法律确立的，关系国家统一和人民代表大会制度这一政治体制的健康运转，如果不是十分必要，行政区划和以行政区划为基础设立的国家政权机关体系以及它们的运行体制，应当以长久的稳定不变为宜。当然，任何行政区划的设计都有利有弊，现在需要总结的是，八二宪法确立的行政区划在几十年的实践中，究竟有哪些利，有哪些弊，特别是给经济社会发展带来了哪些负面影响，是利大于弊，还是弊大于利？在区域协调发展的大背景、大趋势下，原有的行政区划设置对区域协调发展的障碍究竟在哪里？如何妥善处理行政区划与协同立法以及整个区域协调发展的冲突，保持两者之间必要的衔接和科学的适应度？这些都是十分重大的问题，需要审慎研究应对。在国家的整体治理结构中，行政区划着眼的恐怕更多是政治，应当相对静止，保持安定，而协同立法以及区域协调发展着眼的恐怕主要还是经济与社会，具有比较活跃和多变的特点，它们之间的冲突实际是政治的设计与经济社会发展的不确定性的冲突，在两者的冲突与平衡中，设计和把握一个科学的尺度，十分重要。

3. 对如何处理宪法序言的相关表述，与总纲以及国家机构中涉及行政区划有关规定的关系，做出综合评估

如前所述，区域协同立法符合序言的相关表述，但与行政区划及国家机构中的相关规定是存在紧张关系的。这就需要回答：序言中有关内容是否有法律效力以及有什么样的法律效力，当总纲和国家机构中有关行政区划的规定、与序言中区域协调发展的表述发生冲突时，究竟以总纲为准还是以序言为准，谁服从谁？这也是个大问题。把这个问题回答清楚了，对于科学认识和妥善处理宪法的内在关系，具有十分重要的意义。

4. 注意执行相关党内法规，落实区域协同立法中重大事项的请示报告制度

从以往的实践来看，区域之间协同立法的具体操作主要是由人大常委会的工作机构和政府及其法制办事机构来承担和推进的，但是，在特别强调党中央集中统一领导的大背景下，区域协同立法，与党的领导又具有紧密联系，而且首先必须坚持党的领导，特别是党中央的集中统一领导。不久前，中共中央印

发了《中国共产党重大事项请示报告条例》。这个条例明确规定，重大改革措施、重大立法事项、跨区域工作中的重大事项、本地区工作中具有在更大范围推广价值的经验做法和意见建议，出台重大举措，特别是遇到新情况新问题且无明文规定，需要先行先试，或者创新举措可能与现行规定相冲突，须经授权才能实施的情况，以及领导干部超出自身职权范围，应当由所在党组织或者上级党组织作出决定的重大事项，都应当向有关党组织直至党中央请示报告。以上党内法规的这些规定，恐怕应当完全适用于区域协同立法，区域协同立法中的不少工作似乎正属于上述请示报告的范围，而又缺乏相关的法律规定，所以，落实请示报告制度对于坚持党对区域协同立法的领导具有重要意义。

5. 加强对区域协同立法相关理论的研究

区域协同立法是立法活动中的一个新生事物，涉及一系列重大复杂的理论问题，但现在的情况是，实践先行，理论却相对滞后。建议有关方面对区域协同立法中的区域范围、协同主体、协同事项、协同方式以及合作协议的法律性质和法律效力等问题展开深入研究。特别是要对单一制国家结构形式下横向区域开展立法协调协作的法律空间展开研究。

这里面的问题可能相当复杂，甚至不排除可能发生的敏感因素。比如，在协同主体方面，如果涉及多个省级行政区域（如京津冀区域、长三角区域、珠三角区域），是不是要有一个牵头的区域以及该区域的有关党政组织来主导立法协同？如果没有这个牵头的主体，那么，协同立法的重心、方向和目标可能就会出问题。但如果有一个牵头的主体，那么，协同主体之间可能就很难存在平等的地位。① 更需要注意的是，如果在几个省一级的行政区域之间，产生一个牵头协同立法的主体，那么，长此以往，这个牵头区域以及该区域的党政负责人一旦不能在政治和法律上科学地处理地方与中央的关系，进而出现类似中华人民共和国成立之初就令人担忧的所谓"山头老大"，又怎么办？类似问题涉及的因素相当复杂深刻，恐怕需要深入研究应对。

6. 对区域协同立法以及包括区域协调发展的整体性部署可能产生的一系列影响和结果做深入研究和评估

我们是单一制的国家，需要维护中央的绝对权威。但是，中央权威是在处理与地方的关系中体现出来的，并且有可能呈现出此消彼长的特点。而历史的经验教训也表明，在与地方的博弈中，中央并不是在任何时候、任何情

---

① 关于协同主体政治地位不平等的问题，已有学者提出。焦洪昌，席志文. 京津冀人大协同立法的路径 [J]. 法学，2016（3）.

况下都具有绝对权威,并能够使这种权威保持不变的,中央的权威总是因时因势因人而异,有时候具有很高的权威,有时候权威不高甚至面临挑战和危机。现在,中央的目的是促进区域协调发展,最终实现共同富裕和"五位一体"的国家根本任务,但在区域协调发展、地方经济社会事业打破行政区划、以成片的区域整体推进的过程中,中央既可能始终保持权威,也可能出现权威不高的情况。

马克思主义辩证法的基本原理认为,在经济基础与上层建筑的关系中,上层建筑虽然对经济基础具有重要作用,但最终是由经济基础决定的。而区域协同立法以及它所反映的区域协调发展的各类社会关系,是以不同行政区域的经济社会发展等综合因素为基础的,是一种政治性很强的上层建筑行为,一旦这种政治性很强的上层建筑行为有了强大的经济社会基础,成为由经济社会基础决定的上层政治力量,如果与中央发生了冲突,怎么办?宪法和法律体制是否有足够的空间予以回应?建议有关方面着眼长远,对这个重大问题予以慎重研究。

7. 有无可能对区域协同立法在分类的基础上予以区别对待

现在的地方行政区划可以分为省一级行政区域和省以下行政区域两类,相应地,具有立法权的行政区域也就可以分为省一级行政区域和设区的市一级行政区域,另外包括经济特区的立法权。其中,与中央直接发生关系的是省一级行政区域,而省一级行政区域的协同立法,再加上其他方面的力量协调聚合,在特定背景下,不能排除出现对中央权威构成威胁的情形。为保证中央权威在任何情况下都不会因地方发展中的不确定因素而出现危机,可否设计这样的模式:在设区的市一级的行政区域,允许以适当方式协同协作立法,但具体的立法管理由省一级党委和人大及其常委会负责;在省一级的行政区域,凡涉及跨区域的立法事项,均由全国人大常委会制定法律性质的规范,或者由国务院在职权范围内制定行政法规,除非特别必须,省一级行政区域一般不开展协同立法,即使要协同立法,其协同的方式也应当有严格的限制和明确的规定;凡涉及特别行政区、经济特区与其他行政区域的协同立法,也以由全国人大常委会或者国务院来解决为宜。

8. 可否由全国人大常委会以立法方式对区域协同立法事项作出专门规定

区域协同立法面临的最大问题是,缺乏明确的宪法、法律依据,在立法法设计的立法体制下,也没有明确的空间,而在实践中如果处理不好,又可能出现这样那样的问题。所以,如果区域协同立法确属区域协调发展之必须,可以由全国人大常委会针对性地以立法的方式解决,这样既可以解决前述宪法层面存在的冲突，也可以使区域协同立法有法律依据，真正做到依法立法。全国人大常委会解决问题可以有两种方式：一是，修改立法法，在其中增加有关区域协同立法的内容；二是，全国人大常委会以类似授权立法的方式，专门作出一个关于区域协同立法的决定。

9. 可否充分倚重政策，尽量避免和减少协同立法

强调依法治国，但也不能忽视政策在社会治理中的重要作用。在行政区划稳定，社会关系也比较清晰稳定的背景下，充分运用法律规范进行社会治理是必要的。但在区域协调发展中，行政区划实际上处于不稳定状态，跨行政区划协调发展中的各类经济社会关系，也存在诸多不清晰、不稳定的因素，在这种情况下，跨行政区划的法律法规规章在社会治理中究竟应当居于什么样的地位，特别是与政策相比，它们的重要性究竟占有多大的分量，这个问题值得慎重研究。

有的观点认为，区域协调发展中的很多内容都属于跨区域的重大改革，而党的十八届四中全会提出重大改革要于法有据，所以，区域协调发展中协同立法十分重要。笔者认为，对重大改革于法有据也应当一分为二地看待。由于改革与立法存在天然的矛盾冲突，对于重大改革的事项，不宜不加分析地强调于法有据。有些重大改革于法有据是必要的，但有些重大改革在立法方面会面临复杂的问题，恐怕还是由政策来调整更好一些。而区域协调发展中的不少改革事项，由于超越了宪法确立的行政区划模块，用跨区域的立法来解决可能会引发难以预料的复杂问题，这种情况下，由跨区划的共同上一级党政机关用政策来指导，可能是更适宜的办法。政策可以制定得细一些，发现问题也可以灵活修改。比如，针对京津冀、长三角、粤港澳大湾区这些跨行政区划的区域协调发展，遇到具体问题，就不仅是党中央、国务院可以制定政策，出台较细化的措施，再让这些区域以多种方式贯彻落实（实际上，政策的制定权不仅限于党中央、国务院），全国人大常委会也可以出台具有政策特点和法律效力的相关决议，让这些协调发展的区域贯彻实施。充分倚重政策就可以避免和减少协同立法。

10. 可否对横向的区域之间的关系做一个系统的研究

八二宪法确立了行政区划以后，以行政区划为单位的纵向治理体制一直沿用至今。在这一治理体制下，所有党政机关之间法律关系的研究，基本都是围绕上下级关系、中央与地方关系而进行的，但显然，在国家治理的错综复杂的社会关系中，各级党政机关和其他行使公共管理职能的组织之间的关系，不仅有纵向的关系，还有平行的横向的关系以及不平行的横向的关系。而长期以来，

145

对于行政区域的横向关系，法学理论的研究相当缺乏。而这方面，实践又走在了前面。现在，区域协同立法就是一个横向关系的典型。建议有关方面以区域协同立法为案例，并由此拓展开去，总结这些年来对横向的行政区域之间发生的各种关系，对这些关系的法律性质以及处理各种关系应当遵循的原则界限，做深入研究。

七

地方人大立法规划的十个问题[1]

在我国，立法规划是人大及其常委会立法活动中的一个重要环节。长期以来，不仅全国人大常委会十分重视立法规划，地方人大常委会在立法工作中也很重视立法规划。全国人大常委会法工委设有立法规划室，专门承担全国人大及其常委会立法规划计划等方面的日常辅助工作。与此同时，全国人大层面的立法规划也相应地受到较多关注和研究。但与全国人大相比，地方人大立法规划的编制有自身的特点，其中不少问题尚没有引起足够重视和研究。比如，如何实现地方党委对同级人大立法规划的领导，地方在编制立法规划时应当如何体现宪法精神，如何处理法规规章与政策的关系、法规的稳定性与有效期的关系、立法规划与立法计划的关系，以及法规与决议决定的关系等。重视和研究地方立法规划及其相关的基础性问题，对于科学把握立法规划在地方立法中的定位，用立法规划有效引导地方立法工作，具有重要意义。本书拟就这些问题提出一些意见和设想。

（一）加强和改善地方党委对立法规划的领导

地方立法工作要受同级地方党委的领导，而地方党委的领导，又首先是通过立法规划进行领导。2016年，中共中央出台了《关于加强党领导立法工作的意见》。这个意见在提出党中央指导国家立法规划计划编制、审定立法规划计划的同时，还明确要求，有立法权地方的党委，也要加强对本地区立法规划计划编制活动的领导，统筹安排好本地区立法工作。但是，地方党委如何加强对同级人大立法规划的领导，有一些问题需要研究。

---

[1] 本文发表于《地方立法研究》2020年第4期。

1. 如何加强地方党委领导立法规划以及全部立法工作的力量

立法是政治性、专业性、理论性和实践性都很强的工作。如何确定科学的立法规划，对做好地方立法工作有重要影响。而在一个地方，什么样的事项应当立法、何时立法、以什么方式立法，都应当放在该行政区域的整体事业中加以通盘考虑。党委指导编制和审定立法规划，不仅党委的负责人要具备相应的法治素质，而且需要得力的参谋助手班子，这个班子要掌握地方发展实情，熟悉经济社会发展规律，通晓法治发展规律。所以，地方党委开展对人大立法规划的领导，需要运用法治思维和法治方式，需要有一批这方面的专门人才。

实践中，立法的专业力量主要集中在人大和政府的法制工作部门，党委在这方面的力量相对薄弱。党的十八大以来，党内法规建设受到前所未有的重视，地方党委已经开始重视和加强党内法规工作队伍的建设。但党内法规与国家法律和地方性法规的内容、制定党内法规和制定地方性法规的程序，都还有很大区别。在设区的市获得立法权后，各级地方党委都负有领导同级地方立法的职责，因此，加强党委法制力量的建设就成为一项紧迫任务。为加强地方党委对立法规划的领导，建议有立法权的各地方党委，重视加强自身法制专业人才队伍的建设。在人大方面，也可以由地方人大常委会党组向同级地方党委提出建议，并加强沟通，以加强党委研究立法的专门力量，为党委领导立法发挥重要的参谋助手作用。

2. 地方党委对同级人大立法规划的领导，与党中央对全国人大立法规划的领导，在原则精神、方式方法上，是不是完全相同

改革开放以来，党中央对全国人大立法规划的领导经过了一个不断发展变化的过程，也积累了丰富经验。但地方党委对同级地方人大立法规划的领导，能不能、需要不需要完全效仿党中央对全国人大立法规划的领导？这是一个需要讨论研究的问题。主要是因为，地方立法工作在地方整体性工作中所占比重和地位，与全国人大及其常委会立法工作在国家总体工作中所占比重和地位并不完全相同；地方立法所涉及的事项，与全国人大及其常委会立法所涉及的事项有很大不同；地方立法工作的任务、节奏和灵活性，与全国人大及其常委会相比也不相同；而地方立法的层级，既包括省一级，也包括立法法修改前的较大市一级，还包括立法法修改后的新的设区的市一级，与全国人大及其常委会这一立法层级也有很大不同。所以，地方党委对同级人大立法规划的领导与党中央对全国人大立法规划的领导，在原则精神和方式方法等方面应当有所区别，体现不同地方立法的特殊性。

3. 对地方党委如何领导立法规划进行探索研究

2016年党中央关于加强党领导立法工作的意见，在提出坚持民主决策、集体领导立法工作的同时，又强调地方党委主要负责同志要履行领导立法工作第一责任人职责，做到重点立法工作亲自过问、重要立法项目亲自推进，其他负责同志要按照党委统一部署抓好分管领域相关重要立法事项。这个提法对于加强地方党委对立法规划的领导是必要的，但在实践中又可能出现这样的情况：一个事项是否属于重要立法项目、是否要制定法规、何时制定法规，容易取决于一些地方党委主要负责同志或者分管某一方面工作的负责同志的想法和意见。这样，地方党委负责人个人的意见在立法规划中往往占有很大的权重，而根据他们个人意见确立的立法项目，又未必是社会所急需的，未必符合地方立法要求。所以，在加强地方党委对立法规划的领导的同时，还需要不断改善党委的领导，努力做到科学领导立法规划，以避免个人意志左右立法规划的情况发生。这是一个需要研究的问题。

（二）编制立法规划应当体现探索创新的地方立法精神

为什么要赋予地方立法权？按照彭真在1979年关于七个重要法律草案的说明中所说，赋予省一级人大及其常委会制定地方性法规的权力，就是要发挥中央和地方两个积极性。[1] 按照八二宪法的规定和精神，就是在中央统一领导下，充分调动地方的主动性、积极性。但是，地方的主动性、积极性的含义是什么？地方在立法工作中如何贯彻宪法的这一精神？这个问题，长期以来，抽象的笼统的提法比较多，深入的、细化的论证比较少。

立法中，地方的主动性、积极性，在不同的历史时期、不同的行政区域应当有不同的含义。比如，改革开放之初，法制建设刚刚起步时，由于各地方的情况差异大，经济社会发展不平衡，立法缺乏经验，全国人大及其常委会制定的不少法律就是原则性的，有的规定甚至比较粗疏，一些具体的办法需要依靠地方立法来规定。这时候，用地方立法对法律包括行政法规加以细化，就是地方发挥主动性、积极性的重要内容，相应地，这类立法也占了地方立法的很大比例。但是，随着法律的不断精细化，以及区域经济社会向协同化、一体化发展，是否还需要将细化上位法作为地方立法的重点，让它在立法规划中占据很大比重，就是值得研究的问题。再比如，在东部沿海地区，一般来说，大力推

---

[1] 彭真. 论新时期的社会主义民主与法制建设[M]. 北京：中央文献出版社，1989：4.

行经济体制和行政管理体制机制改革,实行对外开放,是经济社会发展的主要任务,所以,根据本地方的具体情况和实际需要,加强体制机制改革和对外开放方面的立法,就是发挥地方主动性、积极性的重要体现;而在边疆地区,一旦维护民族团结、国家主权统一和领土完整以及社会稳定成为压倒一切的根本任务,加强这方面的立法就应成为发挥地方主动性、积极性的重点。

现在,中国特色社会主义建设的各项事业都呈现出崭新的气象,改革开放已经成为新时代的主题思想,在这一背景下,地方立法中主动性、积极性的要义是什么,是需要每个地方予以研究回答的重要问题。笔者认为,各地方的立法都有本区域的具体情况和实际需要,在主动性和积极性方面各有特点和侧重,但先行性、试验性、探索性、创新性应当是共同的精神,应当成为指导各地方确定立法项目、编制立法规划的指导思想和基本的出发点。

认识中有一种倾向,就是将地方立法分为实施性立法、自主性立法和创制性立法,很多地方在分析研究和编制立法规划时,都将这一分类及其在立法数量中所占比重作为基础性的参考材料。这三个种类主要是站在立法权限的角度考虑所做的大致分类,其初衷是处理好与上位法的关系,确保地方在法定的权限内行使立法权。但是,这一分类能否真实地反映宪法、法律赋予地方立法权的初衷,能否反映地方立法所应当具有的精神,是需要研究的。实际上,这三种分类只能是一种大致的认识理解,很难说就十分周严,因为无论实施性立法还是自主性立法,其中都可以有创制性的元素。笔者认为,有必要在这三种分类的基础上,提炼出地方立法的共同品质,即先行性、试验性、探索性、创新性,使得各地方在编制立法规划、确定立法项目时,都从本地方的实际情况出发,因地制宜,始终将发挥地方主动性、积极性的宪法精神,具体化为不断探索创新的精神。无论是实施性立法、自主性立法,还是创制性立法,都应体现这一精神,以不断推进地方治理体系和治理能力的现代化。

这里有两个问题,在编制地方立法规划时似乎可以研究:

一是,如何看待现在地方立法规划中实施性立法数量偏多的问题。笔者认为,实施性立法本身无可非议,但是,随着上位法立法的不断精细化,实施性立法会相应地减少,地方能够直接执行上位法的就直接执行,尽量避免跟着法律、行政法规等上位法亦步亦趋。重要的是,在实施性立法中,也应当以体现创新精神为目标。

二是,如何避免地方立法中一个地方创新,其他地方复制,进而普遍性地互相抄写、重复立法的问题。现在,地方立法中一个值得注意的现象是,横向进行重复性、复制性立法相当普遍,某省、某市率先进行了立法,其他的省、市纷纷效仿。针对某一事项，一个地方进行了探索创新立法，但其他地方也纳入立法规划，效仿立法，这能否算是一种探索创新？地方立法相互复制、大同小异，实际挤占了立法规划的空间，浪费了立法资源。

可否建立一种机制：当一个地方的创新性立法具有较大范围但又没有达到全国范围的普遍性意义时，就由全国人大常委会或者国务院统一制定法律或者行政法规。也就是说，当有一定数量的多个地方要针对同一事项进行立法，而且所规定的内容基本相同时，就不必分散立法，而由全国人大常委会或者国务院统一立法，在部分行政区域实施。其他行政区域一旦具备条件，就跟进实施。实际上，一段时间以来提倡和推行的区域协同立法，就可以用这种方式予以解决，而不必由不同的地方占用很多立法资源，开展跨区域的各种协同协调后，再分别在本区域制定内容大同小异的法规。现在正在酝酿制定的长江保护法也有这一特点，因为长江保护法涉及的行政区域主要是长江流域，如果不制定统一的法律，那么，相关的省级地方也可以各自制定地方性法规，但如果统一制定法律，就大大地节约了各地的立法资源。

这涉及一个问题：什么叫法的普遍性？笼统地说，全国人大及其常委会制定的法律，或者国务院制定的行政法规，叫作在全国实施的法律法规，具有普遍性的特点。但什么叫"普遍性"，一个法律或者行政法规在多大的范围内适用，才能说是具有普遍性，普遍性的标准是什么？长期以来，对这个问题的认识基本停留在理论和概念意义上。实际上，法学理论中所说的法的普遍性，放到一个法律、法规上，是很难具体衡量的。所谓普遍性，既有全国的普遍性，也有地方的普遍性；既有一个行政区域的普遍性，也有几个或者多个行政区域的普遍性；既有适用全部主体的普遍性，也有适用部分主体的普遍性。实践中，一些全国性的法律，所能适用的也只是部分区域、部分主体，而一个地方性法规实施的空间虽然是本行政区域，但它所涉及的可能是全国性的、普遍性问题，所以，所谓法的"普遍性"，只能是相对而非绝对的，具体而非抽象的。在地方，很多情况下，一个法规规章所要调整的社会关系，看似局限于本行政区域，但是，如果从它涉及的问题和社会需求看，就具有跨行政区域的更广泛的普遍性，这是地方立法中的一种普遍情况。所以，在编制设计地方立法规划时，不能仅仅着眼于地方，不能仅仅将立法规划视为本行政区域的事，而应当用更宽广的视野来考虑问题。建议有关方面建立一种机制，加强对地方立法动态的观察、研究与沟通，对于涉及多个行政区域的普遍性立法问题，应当超越地方立法规划计划，必要时，在中央与地方进行通盘考虑后，可以由中央一级立法主体及时地、有预见性地进行立法，在部分行政区域实施。这样，各个地方既可以避免横向的重复立法,又可以腾出本区域立法规划计划的空间,从事其他事项的独创性立法。

(三)通过立法规划适当改变对法的稳定性的传统认识

法理学中,有一个公理性的几乎不会引起任何质疑的认识,即:稳定性是法的重要属性,认为法必须是稳定的,没有稳定性,法的权威性也就没有了。但必须承认,理论很可能是灰色的,公理也会过时和失之片面,而实践之树长青。

如果对法的稳定性做具体的理解,就可以产生追问。比如,当中央与地方都可以立法时,法的稳定性主要是指中央一级所立之法的稳定性,还是指地方一级所立之法的稳定性,或者对两者等同视之,中央一级的法与地方一级的法,在稳定性上有没有区别?比如,代议机关和执行机关都可以制定法的规范,两者所立之法,在稳定性方面有无区别?再比如,一部法要实施多长时间,才能说它具有稳定性,稳定性有没有具体的时间限制?如果有,那么,确定法的有效期的依据又是什么?等等。对这些问题,我们的思考和研究恐怕还不够。

笔者认为,在一个国家,所谓法的稳定性,一般恐怕应指全国性法律的稳定性(当然,在改革和社会关系不断变动的国家,即使是全国性的法律,也不宜过于强调它的稳定性),因为全国性的社会关系,要形成和稳定下来不容易,而一旦形成并稳定下来,再去改变也不容易,并且也不能轻易改变。所以,在我国,宪法是全体人民的最大共识,应当具有最大的稳定性。在宪法之外,全国人大及其常委会制定的法律,所要规范的通常也是全国性的社会关系,这样的社会关系一旦上升为法律,就不能随意改变,而要稳定。也只有稳定,它才会有权威。而与全国人大及其常委会的立法相比,国务院制定的行政法规,虽然也是全国性的,但由于它是执行性的,而执行性就决定了它的具体性、灵活性、可变性,所以不宜过于强调它的稳定性,不能把它的稳定性放在与法律同等的位置上。

那么,如何看待地方立法的稳定性?这实在是一个重要问题。地方的各类社会关系是全国范围内的局部社会关系,地方的行政区域越小,社会关系的面就越小,所以,相对于全国而言,这一局部的社会关系形成并稳定下来比较容易,要改变也比较容易。由此看来,对地方立法,似乎不宜过于强调它的稳定性,至少不能把它的稳定性与全国性立法的稳定性等同起来。从这一角度出发,如果要对不同形式的法的稳定性进行比较,是否可以说,所规范的区域范围越小,位阶越低,对其稳定性的要求也应当越低?比如,在中央一级的法中,宪法是根本大法，应当特别强调它的稳定性，但法律就次之，行政法规的稳定性则更次之。而与宪法、法律、行政法规相比，在地方，省一级地方性法规的稳定性应当低于行政法规，设区的市一级的地方性法规，其稳定性又应当低于省一级的法规。而在人大与政府之间，与同级人大及其常委会的法律、法规相比，政府及其部门的行政法规、规章，其稳定性应当偏低。

以上所述的观点，似乎可以在地方人大及其常委会的立法特别是立法规划中加以体现。实践中，不少地方十几年甚至几十年前制定的法规，已经没有什么作用，但却依然没有被废止。这类法规被俗称为僵尸法规。而与此同时，地方立法中也仍然有一种认识，认为人大及其常委会制定的法规应当具有相当的稳定性，不能随意修改。所以，编制立法规划时，思维总是集中在要制定什么法或者修改什么法上，而对要清理、废止什么法，没有引起应有重视。

在地方立法中，有无可能形成这样的观点：无论人大的法规还是政府的规章，都不宜过于强调稳定性，而要与时俱进，适时修改、清理和废止。当然，不过于强调稳定性，并非就可以朝令夕改。而在与政府制定规章的关系方面，可否形成这样的认识：地方人大的立法，需要的是相对于政府规章的权威性，而非稳定性。因为，一方面，一些重要的社会关系，只能由上一级人大直至全国人大及其常委会和国务院立法，地方人大特别是立法法修改后被赋予立法权的设区的市一级的人大，一般不宜立法，地方人大立法解决的只是地方的局部问题，不涉及全国，所以，不宜强调它的稳定性。强调一部法规要管十几年、几十年，就没有必要。另一方面，地方政府是由同级人大产生的，地位低于人大，当政府的规章与人大的法规相抵触，是基于人大在政府之上，相比政府有更大的权威，而不是人大的意志比政府更稳定。

形成以上认识，在地方人大编制立法规划中就可以解决几个问题：一是，在编制规划时特别重视立法的实用性、针对性，不搞长远立法规划，不强调法规实施久远。二是，加大对长期不起作用的僵尸法规、观赏法规的清理。在编制规划计划时，可以对长期不用的法规做一个评估和调查研究，为及时清理法规打下基础。三是，根据本行政区域的具体情况，设想和建立一个动态的机制，激活人大及其常委会立法的有效期，甚至可以明确规定一个法规的有效期，不仅要重视法规的制定和修改，也要同样重视法规的清理和废止。

（四）改变在法规与规章、政策关系上的一些认识偏颇

战争年代和中华人民共和国成立后相当长一段时间，我们偏重于强调用政策管理社会。20世纪80年代中期，彭真提出："要从依靠政策办事，逐步过渡到不仅依靠政策，还要建立、健全法制，依法办事。"① 党的十五大以来，依法治国、实行法治，被上升为治理国家的基本方略。实行法治，从源头上看，当然首先是要立法，因为立法是实行法治的前提。但现在，在用立法进行地方治理的认识上，又出现了三个值得注意的偏颇：

第一，大凡碰到问题，首先想到立法，对政策不怎么重视了。这种认识倾向在地方人大编制立法规划的过程中，有明显的体现。不仅对应当制定政策来解决问题的事项希望确定为立法项目，而且对正在发挥积极作用本就无须立法的政策也要求制定上升为法规。将各种政策上升到立法的层面，就使立法规划变得很拥挤。

第二，在地方性法规与政府规章的关系方面，片面倚重人大制定法规，对政府规章却不重视了。有的观点甚至觉得规章在法的种类中低人一等，认为只有制定法规，才表明所要规范的事项重要，才能提高相关执法部门的地位和权威，因此，对很多应当和可以通过规章予以规范的事项，都急切希望确立为法规的项目，纳入人大的立法规划。这种情况不仅使人大的立法规划拥挤不堪，也降低了政府社会管理的效率。

第三，2015年修改立法法后，不少地方政府制定规章的积极性大幅下降，凡涉及减损权利、增加义务的事项，都希望甚至坐等制定法规而不制定规章了。2015年修改立法法，新规定了一个重要内容，即没有法律、行政法规、地方性法规的依据，地方政府规章不得设定减损公民、法人和其他组织权利或者增加其义务的规范。立法法的这一新规定，初衷当然是好的，旨在保护公民、法人和其他组织的权利。但是，对这一规定在实践中带来的问题和负面影响，应当引起重视和研究。对此下文再予述及。

针对以上三种现象，各地方在编制立法规划、确定立法项目时，可否针对性地采取措施：

第一，改变和纠正那种认为只有制定法规才能解决问题、才有权威的认识。人大制定法规固然重要，但是，政策与规章是法规所不可替代、也不必要替代的，在人大立法进行社会治理的同时，政策仍然有重要作用，规章更有其不可替代的诸多优势，两者能够也应当与法规从不同的侧面共同治理社会，相互补充，相得益彰，没有所谓高下、重要与否之分。

第二，能否打通人大立法与政府包括党委制定政策的通道。凡是能够用政

---

① 彭真. 论新时期的社会主义民主与法制建设［M］. 北京：中央文献出版社，1989：219.

策解决问题的,就制定政策,将大量的立法建议化解到政策中,充分发挥政策的指导性、灵活性、便捷性和探索试验性作用,实现政策与人大立法的科学对接。

第三,凡是能够用规章予以规范的,就制定规章包括各类规范性文件,为人大的立法规划留下空间。多制定规章、少制定法规,在认识上要研究解决三个重要问题:

一是,两者的高下之分,是就法的位阶而言的,要求规章不得与法规抵触。但法规的位阶高于规章,并不表明法规的地位、重要性和解决问题的功能作用就一概地高于、优于规章,两者的区别主要是从不同的侧面发挥规范和治理社会的作用,所以,不必凡事均要制定法规,由规章予以规范更有优势、更能发挥作用的事项,就不必制定法规。

二是,如何看待两者在权限上的划分。按照人民代表大会制度的宪法体制,在单一制的国家结构形式下,立法权限划分的重点,主要是在中央一级的全国人大及其常委会与国务院之间,以及中央与地方之间,至于地方的人大及其常委会与政府之间,是不是必须有十分严格的立法权限的划分?恐怕未必,两者之间也没有绝对的不可逾越的界限。① 所以,凡是可以用规章予以规范的事项,就不必制定法规。

三是,如何认识和执行前述立法法关于缺乏上位法依据,规章不得减损权利、增加义务的规定。立法法规定,没有法律、行政法规、地方性法规的依据,政府规章不得设定减损权利、增加义务的规范。但是,有一些问题需要研究回答。比如,对"法律、行政法规、地方性法规的依据",又如何做具体的理解?比如,什么叫减损权利,什么叫增加义务?减损的权利包括哪些,增加的义务又包括哪些?再比如,减损权利与增加义务之间是什么关系?

所谓权利、义务,既有法律法规明确规定的权利、义务,也有法律法规允许规章设定的权利、义务,还有法律法规之外抽象的概念意义上的权利、义务。法律法规规定的权利、义务以及允许规章设定的权利、义务,一般都有具体的内涵和外延,而抽象意义上的权利、义务,就很难有一个具体的内涵和外延。但是,在法律法规规定的以及允许规章设定的权利、义务之外,政府针对相对人的行政管理活动,根据不同的行政行为,又可以做多种性质的分类,是很难一概地用减损权利、增加义务两个表述去一一对应的。所以,我们应当认识到

---

① 这个问题笔者已经做过较详细的论证。刘松山. 地方性法规与政府规章的权限界分[J]. 中国法律评论,2015(4).

行政行为性质的复杂性、多样性，不宜将行政管理活动中对相对人可能造成不利影响的行为，一概地理解为减损权利或者增加义务，因为这种不利影响本身也存在相当复杂的情况，未必都有必要上升到权利、义务的高度。而立法法的上述规定，在实践中很容易被理解为行政行为一旦对相对人不利，就是减损权利、增加义务，政府规章一旦设定这样的规范，就违反立法法了，进而束缚了政府制定规章的主动性、积极性。权利、义务这样的术语，主要应当在理论的层面上进行探讨研究，用在立法法的具体规定中，容易增加理解执行的难度。这个问题，建议有关方面加以研究。如果用以上的视角看问题，笔者认为，虽然立法法有前述没有法律法规依据不得减损权利、增加义务的规定，但这并不意味着政府制定规章的空间就大为缩减，甚至无所作为了，凡是能用规章解决问题的，还是应当多制定规章，少由人大制定法规。

总体上看，多制定规章，少制定法规，并不是说要削弱法规在地方治理中的作用，更不是说规章就可以随意扩张，甚至侵犯地方人大及其常委会的立法权，损害相对人的权利。这方面，可以确立一些原则，创新一些方式方法。比如，可以强调，人大立法要抓大事、抓要事、抓长远问题的解决、抓重大的发展创新、抓政府职能转变，凡涉及这类问题的事项，均可列入人大的立法规划计划。比如，实施性的立法，凡是能够用规章制定的，一律制定规章，人大尽量减少这类立法，在编制立法规划时一般不予考虑。比如，人大可以用立法规划计划的方式，对政府每一部规章中涉及的强制、许可、处罚以及机构职能的调整等应当由人大立法予以规定的内容，单独拿出来，列入立法规划计划，做集中规定或者专项规定，对其他的事项一律交由规章规定，以解决政府没有立法权的问题。也就是说，将以前一般来说应当制定法规的事项进行分解，人大只对其中的一些重要内容进行集中或者专项立法，其他的事项均可由政府制定规章。

（五）通过立法规划解决立法门槛和部门利益问题

编制立法规划必然要面对两个问题：一是，哪个项目要立法、哪个项目不宜立法；二是，确定了要立法后，对所谓一类、二类、三类的项目又如何编排分配。这两个问题一直是地方人大编制立法规划时的难点。实际上，对于任何一个项目进行立法的必要性和紧迫性，都可以从不同的角度找出很多依据和理由。这时候，一个项目能不能进入立法规划，进入了规划又安排在什么时间进入人大及其常委会的审议程序，在很多情况下，就容易由那些强势部门甚至有关方面负责人个人说了算。所以，如何在编制和确定规划的过程中避免被部门和个人意志左右，使立法的轻重缓急能够反映社会的真实需求，通过立法规划从源头上确立一些立法项目进入门槛的标准，就十分必要。

长期以来，地方立法中的部门利益问题没有得到有效解决。有的地方试图在编制立法规划的阶段做一些探索，以从源头上防止、减少和克服部门利益法制化。这是有价值的探索。

如何在立法规划阶段避免进入门槛时容易出现的一些问题，并为防止部门利益法制化打下前期的基础？似乎可以采取以下措施：

一是，加强党委对立法规划计划的领导，并发挥人大的主导作用。这方面，可以在党委与人大之间建立起类似联席会议的制度，形成稳定的互动机制，共同确立一些立法项目进入规划计划的基本原则、条件和程序，使得什么样的立法建议能够立项并进入立法规划计划有较为明确、稳定的标准，不因部门以及地方负责人的地位职权高低而改变，也不因党政及其部门负责人个人的变动而改变。

二是，发挥人大常委会主任会议、专门委员会和常委会工作机构在立法规划环节制约部门利益的作用，为人大及其常委会发挥主导作用把好关口，做好参谋助手。比如，对于政府相关部门提出的立法项目，人大常委会的法工委要对立法项目的可行性、必要性以及其中存在的关键问题进行系统研究，梳理出立法中可能出现不适当部门利益的具体问题，并出具研究报告，供常委会主任会议在研究、通过立法规划时参考。

三是，需要加强常委会法工委以及其他工作机构的研究力量。地方立法规划的确定与国家的整体形势密不可分，与全国人大及其常委会的立法进程也密不可分。这样，人大常委会就必须有一支队伍，专门研究国内外形势和法学理论，跟踪全国人大的立法活动，从而为做好立法规划计划打下扎实的基础。实际上，各级人大常委会的法工委都有一个加强研究力量的问题，这是做好立法规划、提高立法质量的重要前提基础。

（六）将立法监督列为规划计划的重要内容

一讲立法，有一个用得很普遍的说法，叫"立、改、废、释"，即一般认为，只有立、改、废、释这样的活动，才属于立法。但是，立法法以及各地方关于立法方面的条例，都没有例外地规定了立法监督的内容。也就是说，立法监督本身也属于立法的一部分，是立法程序的重要一环。这样，如果强调立法规划，当然就应当将它置于立法规划计划中予以考虑。但是，这个问题长期以来没有引起应有重视。

按照2000年立法法的规定,全国人大常委会对下位法的审查监督,主要以被动审查为主,没有规定明确的主动审查机制。既然是被动审查,由于提请审查的时机、主体和被提请审查的下位法等,都有很大的不确定性,所以,要将对一个具体法规规章的监督列入常委会的立法规划计划,就不太可行。但是,2015年修改立法法后,增加了主动审查的内容,实践中,也已经很强调主动审查,要求有件必备、有备必审、有错必纠。这样,即使是全国人大常委会,也应当在立法规划计划中为它对下位法的审查监督留下空间。

现在,备案审查特别是主动审查,也是地方人大立法监督的重要抓手,因此,地方人大在编制立法规划时,应当对这一立法监督方式予以重视,给其必要的空间。笔者认为,地方人大在立法中,应当把前述立、改、废、释这四字,改为立、改、废、督,将"释"改为"督"(对地方人大不宜强调立法中的"释",后文将再予述及)。将立法监督放到地方立法中的重要位置,并在立法规划计划中予以考虑,至少有两方面的好处:

一方面,可以解决由专门委员会和法制工作机构对规章(包括其他规范性文件)进行审查所引起的争议。专门委员会和法制工作机构在立法监督中只能做辅助性工作,它们本身没有完整的立法监督权,完整的监督权在人大常委会手上。现在,基本由法制工作机构进行备案审查的做法,并不完全符合宪法体制,因为它实际行使了人大常委会的立法监督权。将对规章的监督纳入人大的立法规划,可以使人大的立法监督名正言顺。

另一方面,有利于地方人大在立法工作中有所为、有所不为,始终把关键性的立法主动权和主导权抓在自己的手中。这方面,可以创新人大开展立法监督与政府制定规章的连接点。比如,在鼓励政府制定规章的同时,加强人大对规章的审查监督,包括人大及其常委会的专门委员会和工作机构提前介入政府规章制定中,在制定规章的过程中进行监督审查。比如,在鼓励政府制定规章的同时,在立法规划计划中,可以每年拿出一定数量的规章,由人大常委会进行审查,这样,既保证了各方面立法需求的实现,又调动了政府立法的积极性,发挥了政府在立法中的优势,同时又保障把立法中的关键性主动权和主导权掌握在人大手中。

与全国人大相比,地方人大在立法监督中有更大的空间,可以有更大的作为。因为,一方面,要实现全国人大及其常委会对各类主体的违宪违法行为进行全面的监督审查,还需要一个过程,但地方人大的监督相当灵活,有很多可以挖掘的新点。另一方面,按照宪法和法律的规定,全国人大对国务院和地方的立法监督,只能限于合宪合法性监督,而不宜进行合理性和适当性的监督

（现在全国人大常委会法工委对地方性法规所进行的适当性审查，初衷和效果无疑是好的，但是并不符合宪法和相关法律的规定，至少缺乏宪法和法律的直接依据），但按照宪法、法律的规定，地方人大对同级政府以及下级人大的立法是有权进行适当性审查监督的，这个监督的空间就决定了其作为的空间很宽广。所以，地方人大在立法规划中突出立法监督这一内容，对于有效开展立法监督工作，维护法制统一，加强地方人大对政府规章合理性、适当性的审查，保证地方人大在地方治理体系中的核心地位，具有重要意义。

（七）适当淡化地方立法规划

2000年制定立法法的时候，草案中曾经规定过立法规划，但立法法正式通过的时候，并没有写这一条。主要原因是立法规划带有行政的特点，与立法机关自身的运行规律不甚相符，而且，即使事先有规划，也未必能如期完成。对于全国人大及其常委会在立法之前，是不是需要一个法定的立法规划，当时是存在争议的。2015年修改立法法，专门写了立法规划这一条。按照时任副委员长李建国的说明，写立法规划的目的，是加强对立法工作的统筹安排。[①] 由于全国人大及其常委会的立法涉及全国的方方面面，情况很复杂，通过规划计划来统筹立法，有其必要性。当然，对于全国人大及其常委会的立法规划在实践中所发挥的作用，以及它的利弊得失，还有待进一步分析研究。

现在的问题是，地方立法中是不是也需要立法规划？如果需要，那么，它和全国人大及其常委会的立法规划是不是同等重要？2015年修改立法法后，各地方也分别修改了本地方的立法条例。从现在的情况看，根据不完全的统计，我们发现，大多数地方规定了立法规划，但也有一些地方没有规定。比如，在省一级的地方，有29个省市区的立法条例中规定了立法规划，但天津和浙江就没有规定。在国务院批准的19个较大市的立法条例中，有16个规定了立法规划，但青岛、淮南、本溪三市未作规定。而在27个省会市的立法条例中，有22个规定了立法规划，但长春、济南、武汉、南京、贵阳5个城市没有规定。[②] 从这个情况看，各地方在其关于立法的法规中，并没有一概地将编制立法规划作为立法之前的法定程序。也就是说，没有完全效仿全国人大及其常委会的做法。这在体制上是站得住的，因为按照地方组织法和立法法的规定，制定地方性法规的条例，是由地方人大参照立法法的有关规定制定的，不必完全复制全国人

---

① 中华人民共和国立法法［M］．北京：法律出版社，2015：56.
② 文中关于地方立法中立法规划的数量统计，由硕士生张文睿完成，特致谢。

大及其常委会的立法程序。

实际上,地方人大在立法过程中,其立法规划是可以淡化甚至大幅淡化的。这有几个原因:一是,地方人大的立法任务远不如全国人大及其常委会那样繁重。如果说省一级的立法项目较多,在轻重缓急方面还有一些比较和权衡,需要做一些规划的话,那么,到了设区的市一级,这一问题就应当得到很大的缓解。二是,全国人大及其常委会的立法不可避免地涉及一些重大的政治问题、经济问题和其他复杂敏感问题,为了加强党中央对立法工作的集中统一领导,通过立法规划对立法活动进行统筹安排和掌控,是必要的。但地方立法活动中,涉及的重大问题、敏感问题相对要少得多,如果有这方面的立法动议,采取一事一议的方式,一般报同级党委研究决定就能解决问题,不必通过立法规划来掌控。三是,地方立法有很大一部分是实施性的,而实施性的立法要根据上位法制定后的情况来确定,难以预先进行规划。四是,有些行政区域的范围较小,立法的任务并不重,立法活动并非都需要事先进行规划。五是,相对于全国而言,地方社会治理中,对各类社会关系的调整规范有较大的灵活性,可以不必且实际上也很难对立法活动做出一个长时间的规划。

基于以上所述,笔者认为,在省一级人大,可以对立法规划予以一定程度的重视,但不必过于强调,与全国人大相比,应当做较大幅度的淡化。而到了设区的市一级,除非本行政区域的情况比较特殊,立法任务繁重,与省一级人大相比,一般又应当大幅淡化立法规划,甚至不对立法项目做几年的规划。无论是省一级还是设区的市一级,立法规划的任务,主要是对那些政治性强、涉及面比较深广、所调整社会关系重大复杂的事项进行把关掌控统筹,其他项目的立法似乎可以采取以下策略:一是,可以不进行立法规划,在规划之外留下较大空间;二是,如果重视规划并纳入了规划,那么,也应当增加规划变动的灵活性,不过于注重规划的落实;三是,可以变重视规划为重视立法计划,通过年度计划的方式灵活安排立法项目,将计划的重要性置于规划的重要性之上。

(八)为代表委员提案进入立法程序预留空间

根据宪法和法律的规定,无论是全国人大及其常委会,还是地方人大及其常委会,一定数量的代表委员,在会议期间都有权直接向代表大会及其常务委员会提出议案。也就是说,代表委员提出的法律法规案,是可以直接进入审议程序的。但是,立法法和多数地方的立法条例又规定,各级人大及其常委会在立法工作中,要先编制立法规划计划,通过立法规划计划来统筹安排立法。严格地说,既规定代表委员有权提出法律法规案并直接进入立法程序,又规定立法之前先要有一个规划计划，这两者是有内在紧张关系的，因为立法规划计划是预定的、行政性的，一般应当严格实施，而立法机关组成人员提出法律法规案，很难预定和做预先的行政性管理，具有很大的临时性、不确定性。所以，2015年修改立法法，所加进的立法规划计划的内容，与宪法和立法法本身关于代表委员有权提出法律案进入审议程序的规定是否协调一致，是可以讨论的。

实践中，在全国人大及其常委会，除了极个别的情况之外，代表委员提出的议案能够直接进入审议程序的，似乎还没有。全国人大及其常委会的这一状况有其特殊的原因，可以理解。但是，地方人大及其常委会立法所涉及的事项，与全国人大及其常委会有很大区别，或者说，一般不涉及那些重大、复杂、敏感的问题，应当可以为代表委员所提议案直接进入审议程序打开一个可行的通道。在编制立法规划时，地方人大可以为代表委员提出立法议案预留空间，以激活代表委员提出议案直接进入审议程序的机制，这对调动权力机关组成人员立法的积极性有很大意义，也是人大主导立法的重要体现。

（九）建议地方人大一般不进行立法解释

有的地方在编制立法规划时，有意见认为，人大常委会对法规的解释这一职权没有充分发挥出来，因此，应当在立法规划中为法规解释留下空间。这就提出一个问题：地方立法是否应当或者在多大程度上重视对法规的解释？笔者认为，立法解释，主要是指宪法和法律的解释，这项职权是由全国人大常委会依法行使的。但即使是全国人大常委会的立法解释，数量也很少，而且以往主要集中在刑法领域，以及其他领域的个别法律，日常工作中，对更多法律的含义如何理解和明确，主要是通过法工委的法律询问答复来解决的。

那么，如何看待地方人大常委会对自己制定的法规的解释？地方人大常委会当然有权对法规进行解释，但又应当看到，地方立法本来就应当具体精细，含义明确，基本不必进行立法解释。如果有一些需要解释的情形，可以由常委会对法规做出个别修改，以明确其含义，因为修改的程序和成本与专门做出解释没有什么区别；也可以由常委会法制工作机构在日常工作中多做法规询问方面的答复。所以，在地方立法中，改、废应当得到频繁运用，而尽量不用释，地方立法规划中是可以不必有法规解释的。

（十）建议多用决议、决定的形式来解决问题

长期以来，地方立法有追求大而全的倾向，凡事总倾向于制定法规，而且

法规动辄有几章、几节、几十条甚至上百条，有几条写几条、短小精悍这一特点没有在实践中得到充分体现。但是，地方人大及其常委会作出决策的形式，不仅包括制定法规，还包括作出决议、决定。以作出决议、决定的方式解决问题，是宪法和法律赋予地方人大及其常委会的一项重要职权。决议、决定既可以规定几条、十几条的内容，又可以对介于法规和政策之间的事项做出规定，而且便于解决一些时效性不强的问题，可以也应当在立法中多加运用，用好了就有很大的腾挪空间。但这一重要的决策方式，没有引起足够重视。现在一些地方有关文明促进、就业促进、人才引进，甚至各种创新驱动之类的立法，采用决议、决定的方式，列出几条，基本就可以解决问题，而不必制定法规。所以，建议地方人大在编制立法规划的时候，可以大幅增加以决议、决定进行立法的方式，减少法规制定的数量，为立法规划扩容。

八

关于授权对浦东新区
制定法规规章可行性的研究报告[①]

浦东开发开放是党中央、国务院在我国改革开放和现代化建设关键时期作出的一项重大战略决策。

党的十八大以来，特别是进入新时代，以习近平同志为核心的党中央十分重视上海的改革开放事业，赋予上海一系列重大使命任务，要求上海发挥开路先锋、示范引领、突破攻坚作用。习近平总书记几次对上海自贸区建设作重要讲话批示，强调要以制度创新为核心任务。2015年视察上海时，他明确要求加快向具有全球影响力的科技创新中心进军。2016年两会期间参加上海代表团审议时，总书记又提出，上海要继续当好改革开放排头兵、创新发展先行者，大胆闯、大胆试、自主改，尽快形成一批可复制、可推广的新制度。2018年11月，习近平总书记在首届中国进口博览会开幕式上演讲时宣布，增设上海自贸区新片区（2019年7月，国务院已批准了自贸区临港新片区总体方案），在上海证券交易所设立并试点注册制，支持长江三角洲区域一体化发展并上升为国家战略。出席进口博览会后，总书记在上海考察时进一步强调，上海要坚定改革开放再出发的信心决心，全面贯彻新发展理念，加快建设现代化经济体系，加快提升城市能级和核心竞争力，更好为全国改革发展大局服务。

为落实习近平总书记系列重要讲话批示指示精神和党中央、国务院对上海以及浦东改革发展的一系列重大决策部署，这几年，市委、市人大、市政府继

[①] 2015年5月下旬，浦东新区有关领导同志批示，要求研究新区争取地方立法授权的可行性。随后，浦东新区人大常委会商议上海市人大常委会法工委，组成了包括有关部门工作人员和笔者在内的课题组，针对授权新区制定法规规章的可行性问题展开了讨论和调研，形成了一个研究报告。这个研究报告是由笔者撰写的，文中的不少内容是对授权浦东新区立法提出的疑问和意见的回应。2019年，应浦东新区人大常委会有关部门要求，结合新的形势情况，笔者对这个研究报告又做了较大范围的修改，作为浦东新区向中央申请立法授权的参考材料。

续高举浦东开发开放旗帜，进一步把改革创新的主场和重任放到浦东，要求浦东有责任有担当，敢于成为排头兵的排头兵、先行者的先行者。除了采取具体政策措施和出台相关指导意见加强自贸区建设、推动张江科创中心创新驱动发展战略、提升城市能级和核心竞争力、加强生态文明建设外，市委、市人大、市政府还在更深更广的范围内，特别是立足全局长远，以支持浦东制度创新为核心，从制度供给上，酝酿推动浦东改革开放的新举措，力争加快形成一套浦东能突破、上海可复制、全国能推广的制度经验，大幅提高治理体系和治理能力现代化水平。

浦东正站在新的历史起点上，继往开来。在这样的背景下，研究浦东立法授权的可行性，对于推动浦东改革开放再出发、创新发展再突破的战略目标，具有特别重要的意义。

为加强浦东改革开放方面的制度供给，根据上海市、浦东新区有关领导的指示，浦东新区人大常委会自2015年起就商议市人大常委会法工委，组成包括相关部门和法律专家在内的课题组，针对授权新区制定法规规章的可行性问题，进行调研座谈论证，形成了倾向争取获得授权的意见建议。2018年习近平总书记视察上海时提出更高发展要求，全市干部群众精神振奋。在市委的坚强领导和有力支持下，浦东新区干劲倍增，掀起了新一轮改革开放热潮。为贯彻落实市委支持浦东新区改革开放再出发的战略部署，最近，浦东新区人大常委会又进一步组织力量调研论证，认为现在争取浦东获得立法授权的条件已经成熟。以下是我们的研究报告。

（一）浦东新区迫切需要授权制定法规规章

自20世纪90年代中央决定开发浦东以来，浦东就走上了一条改革创新之路。现在，浦东已成为国家改革示范区，承担着很多国家改革的战略任务。

浦东的改革创新，从根本上说，是制度创新。而制度创新中，最根本的又是法律制度，没有法律制度做依据支撑，改革创新要么难以开展，要么会陷于混乱无序。

法律制度是依存于立法权的，但浦东至今没有法规规章制定权。当好全面深化改革的探路兵，打造全方位开放的前沿窗口，建设具有全球影响力的科创中心核心承载区，建设具有国际竞争力的产业新高地，提升城市能级和核心竞争力，关键是进行制度创新。这就不可避免地要对相关的法律、行政法规作出补充、细化和变通，但由于没有必要的法规规章制定权，这些改革很难实行制度创新和推广。没有立法权，在很多方面已成为制约浦东改革创新的短板和瓶颈。

研究中，我们也做了设想，考虑尽量利用现有法律资源解决浦东的立法之需，但都存在不可克服的障碍：

（1）由上海市为浦东制定法规规章。这存在一个根本性障碍，即上海市的法规规章制定权只是一般地方立法权，浦东新区的很多改革措施已超出上海市的立法权限，上海市也无权为它立法。

（2）用足市人大常委会2007年和2019年的两个决定。根据2007年市人大常委会的决定，浦东新区人大常委会和政府在不违背本市地方性法规基本原则的前提下，可以制定相关决定、决议和文件，落实国务院关于在浦东新区实施综合配套改革的方案。但上海市人大常委会的这个决定，也不能超越一般地方性法规的权限，不能解决浦东补充、细化和变通法律、行政法规的改革之需。

2019年7月，市人大常委会又作出《关于促进和保障浦东新区改革开放再出发实现新时代高质量发展的决定》。根据这个决定，市人大常委会可以制定、修改相关法规，或者调整、暂时停止相关法规部分规定在浦东的实施，并允许浦东新区人大常委会和政府根据本市地方性法规的基本原则，作出决定、决议或者制定规范性文件，促进和保障浦东新区在改革开放方面先行先试，发挥排头兵和试验田作用。但是，市人大常委会的法规和浦东新区的决定、决议或者规范性文件，仍然存在不能解决浦东新区补充、细化和变动法律、行政法规的需求这一问题。

（3）由浦东人大及其常委会用行使重大事项决定权的方式，解决立法之需。这存在几个问题：一是，如果这个事项属于突破法律法规的事项，浦东新区人大及其常委会就会陷于违法；二是，重大事项是针对个案的，而立法是对浦东改革开放中社会普遍性事务的规范，两者不宜相互替代；三是，立法是权力机关经常性的活动，而决定重大事项是较少行使的职权，如果以决定重大事项的方式代替立法，就会混淆人们对重大事项的常识性理解。

（4）由上海市人大常委会立法，为浦东设立公共部门，或者由浦东以规避法律的方式设立公共部门（国外的"法定机构"）。这存在的问题是，公共部门的设立及职权设定，是涉及国家机关组织和职权的事项，没有专门的授权，上海市的地方性法规无权规定，浦东新区更不能以规避法律的方式，设立该机构，赋予其职权。

我们认为，现有的法律资源都不能解决浦东的法制需求，可行的办法是，向全国人大及其常委会申请立法授权。

2015年修改立法法后还出现一个问题，就是设区的市以及广东、海南、甘肃的五个未设区的市都获得了立法权，全国的地方立法主体达到三百多个，而浦东新区无论在人口数量、经济社会发展、城乡建设管理特别是改革开放创新的繁重复杂程度等方面，对立法的需求都超过设区的市以及其他一般地方立法主体。横向比较下来，浦东新区没有立法权，在地方立法体制的整体格局中，显得很不平衡。

调研过程中，有的观点认为，浦东是上海市下辖的一个区，不应当制定法规规章。我们认为，对于直辖市下辖的区应否具有这一职权，不能一概而论。浦东虽然是上海市的下辖区，但它承担着国家和上海市纷繁复杂的改革任务，面积占上海市近1/5，常住人口占上海市近1/4，经济发展的众多指标在上海市的总指标中都占有显著比重，2018年经济总量突破1万亿。浦东已成为我国改革开放的象征和上海现代化建设的缩影。按照党中央、国务院、上海市的战略部署和赋予的使命任务，浦东改革开放的综合性、创新性和示范性远超上海其他的市辖区，在全国的直辖市下辖区中，也是独一无二的。对这样一个特殊的行政区域，进行特殊的授权，是很必要的。

我们认为，改革开放之初经济特区的授权立法，对浦东具有重要的借鉴意义。以深圳为代表的经济特区一建立，就有授权立法助推。特区所在的省市积极行使立法权，有力地推动了改革事业的拓荒前进。可以说，经济特区能得到快速发展，与所在的省市享有并充分行使立法权，具有重要的因果关系。今天，浦东承担的改革创新任务远多于经济特区，更需要立法权做支撑，用立法推动制度创新的车轮。

党的十八届四中全会提出，用立法引领和推动改革，实现立法决策与改革决策相衔接，做到重大改革于法有据。我们认为，为深入贯彻四中全会精神，对浦东进行立法授权已是紧迫需要。

（二）各方面的条件均有利于浦东新区申请立法授权

2019年5月中旬，王晨同志在上海调研地方立法工作时，要求上海加强和改进新时代地方立法工作，妥善处理好改革与法治的关系，积极发挥立法"试验田"作用，积极探索创新立法规范，创造出许多可复制可推广的有益经验，把上海打造成法治高地。王晨同志提出的立法"试验田"、创新立法规范和法治高地，正是浦东所迫切需要的。

这次调研中，王晨同志还提出，全国人大常委会将按照习近平总书记重要指示要求，加强对改革开放先行先试立法授权工作的研究，依照法定程序及早作出安排，做到该给予支持的大力支持，该作出授权的及时授权。王晨同志的这个讲话明确告诉我们，习近平总书记对类似浦东新区这样的改革开放先行先试地区的立法授权工作，是十分关心和支持的，全国人大常委会也是十分关心和支持的，这对我们申请授权立法，是很大的鼓舞。

2019年5月31日，市委常委会专题研究浦东工作，决定全力支持浦东大胆试大胆闯，给予浦东最大限度的支持和赋权，并审议通过《关于支持浦东新区改革开放再出发实现新时代高质量发展的若干意见》。认真学习市委常委会会议的精神和随后出台的全方位支持浦东发展的20条改革措施，我们认为，现在申请立法授权，不仅时间要求很紧，而且会得到市委的大力支持。

2019年1月上旬，市委书记李强在市人大常委会深入学习贯彻习近平总书记考察上海重要讲话精神研讨会上强调，市人大要自觉把立法工作放在改革发展大局中谋划推进，以更加及时有效的制度供给，为改革开放再出发和高质量发展提供有力法治保障。李强同志的讲话精神不仅是对市人大常委会以立法方式推动浦东改革开放的要求，也是市人大常委会支持推动浦东申请立法授权的重要依据和指引。

前不久市人大常委会作出的《关于促进和保障浦东新区改革开放再出发实现新时代高质量发展的决定》明确规定，市人大常委会有关工作机构应当就浦东的法治保障需求，与全国人大常委会有关工作机构、浦东新区人大常委会及其有关工作机构建立沟通联系机制。这个决定是市人大常委会就浦东新区申请立法授权工作给予具体支持帮助的直接依据。

浦东新区2000年就成立了人大及其常委会和人民政府，两机关在实践中形成了一支政治较强、业务较精的法制工作队伍，大体具备独立制定法规规章的条件能力。

从这些情况看，现在各方面的条件对浦东新区申请立法授权都是很有利的。

（三）授权在宪法、法律上是站得住的

宪法规定，对于中央和地方国家机构职权的划分，应遵循中央的统一领导，充分发挥地方的主动性和积极性。授权浦东制定法规规章，是发挥地方主动性和积极性的重要方式，符合宪法的规定。

我们查阅立法资料发现，为满足有立法权之外个别地方的立法需求，2000年制定立法法时，曾设想作一般性规定：全国人大及其常委会可以授权地方人大及其常委会和地方政府制定法规规章。后来考虑，对个别地方的授权，可以通过个案解决，不必用制度形式规定下来。因此，立法法没有明确规定对普通行政区域的授权。2015年立法法修改，也没有改变这个精神。所以，以个案形式授权浦东制定法规规章，符合立法法原意，在法律上也是站得住的。

（四）授权的对象、主体与方案

1. 关于授权的对象

调研中，大家提出一个问题，如果授权，是授权给上海市还是浦东新区？一种观点认为，应当授权给上海市，由上海市为浦东制定法规规章。主要理由：一是，浦东是上海市下辖的一个区，没有立法权，要授权也应当授权给上海市；二是，1981年，全国人大常委会关于授权广东、福建两省人大及其常委会制定所属经济特区的单行法规的决议，就是授权它们为本省的深圳、厦门等经济特区制定法规的，所以，对浦东授权也应当遵循这一先例。

我们研究认为，授权的对象只能是浦东新区而不是上海市。理由如下：

（1）这是人民代表大会制度的基本要求。在人民代表大会制度体制下，一个行政区域内的各项事务应当由本行政区域的人民当家作主，浦东新区是一级行政区域，制定法规规章是新区人民行使当家作主权利的重要形式，应当由新区的人大及其常委会和政府行使这一职权。

（2）由上海市为浦东立法，在提议案上也会出现问题：是由上海市政府或者人大的内设机构提出法规议案，还是由浦东的某个机关提出？由上海市的相关主体提出，偶一为之可以，但不可能经常为之；由浦东提出，则又不符合法律法规关于立法程序的基本规定。

（3）上海市针对全市的立法任务重，难以经常性地为浦东制定法规规章。

（4）1981年，全国人大常委会之所以授权广东、福建两省为本省的经济特区制定法规，是因为那时，地方立法权刚刚下放到省一级，经济特区又是新生事物，对于应否授权特区所在地的市制定法规规章，缺乏经验。深圳、厦门1980年被批准为经济特区后，到了1990年，深圳市第一届人民代表大会才召开，并选举产生了政府，厦门市到1992年才被批准为计划单列市。所以，1981年这两个经济特区所在地的市都不具备自行立法的条件。后来，随着特区改革事业的发展，以及地方立法权的进一步下放，适应特区所在地的市人民管理本行政区域事务的需要，全国人大及其常委会就相继授权深圳市和厦门市，包括其他经济特区所在地的市的人大及其常委会与政府，制定经济特区的法规规章。从这个情况看，全国人大常委会1981年授权广东、福建两省为所属经济特区制定法规，是特定历史时期的特殊做法，不应成为授权上海市为浦东制定法规规章的先例和理由。

2. 关于授权的主体

对地方的授权,是由全国人大还是由它的常委会作出,宪法、法律没有明确规定。历史上,全国人大及其常委会对经济特区共作过 5 次授权,分别是 1981 年常委会对广东、福建的授权,1988 年代表大会对海南的授权,1992 年常委会对深圳的授权,1994 年代表大会对厦门的授权,以及 1996 年代表大会对珠海、汕头的授权。这 5 次授权,既有全国人大作出的,也有它的常委会作出的。根据这个情况,对浦东的授权,既可以由全国人大作出,也可以由全国人大常委会作出。

由全国人大常委会作出授权比较简便,因为常委会每两个月开一次会,启动立法程序相对容易。当然,如果由全国人大作出授权则更好。我们争取授权,从现在开始做准备工作,由 2020 年的全国人大会议作出决定,时间上是很合适的。

全国人大作出授权决定,可以由国务院提出议案,也可以由上海代表团或者 30 名以上的代表联名或者其他的法定主体提出议案。但由代表团或者 30 名以上代表联名提出议案,并经当次会议审议和作出授权决定,需要预先与全国人大有关部门沟通,保证程序方面的顺利衔接。厦门获得授权的过程是,1993 年袁启彤(时任福建省人大常委会副主任)等 36 名全国人大代表在八届全国人大一次会议上提出议案,1994 年八届全国人大二次会议作出授权决定。也就是说,厦门的立法授权,是前一年全国人大会议上代表联名提出议案,第二年才审议通过的。这中间有一个会议议程安排问题。如果选择参照福建的做法,由上海代表团或者代表联名提出议案,并在第二年的大会上作出授权决定,就需要预先与全国人大沟通,为会议审议和作出授权决定预留出时间。

按照全国人大组织法的规定,在全国人大会议上,代表团或者一定数量代表联名提出的议案,由主席团决定是否列入大会议程,或者先交有关的专门委员会审议、提出是否列入大会议程的意见,再决定是否列入议程。代表团或者代表联名提出议案后,有两个问题:一是,主席团对是否列入大会议程有决定权。如果主席团决定列入议程,还有一个是否当次会议审议和作出决定的问题。二是,主席团如果不对是否列入大会议程作决定,而是决定先交有关专门委员会审议、提出是否列入大会议程的意见,再决定是否列入大会议程。这个程序就比较复杂了。所以,如果由代表团或者代表联名提出议案,要在当次会议列入大会议程,并审议作出授权决定,事先与有关方面的准备沟通工作还是比较复杂的。动用这个程序,容易引起高度关注,对审议过程中可能出现的不确定因素应当有充分预估。所以,事先进行沟通的层级应当很高,恐怕应当得到习近平总书记的直接支持才好。

国务院、全国人大主席团、全国人大常委会和全国人大的专门委员会也可以向全国人大提出议案。这些主体提出后，审议的程序相对便捷。如果工作做在前面，第二年的全国人大会议可以完成授权。由国务院提出议案可能相对简便一些，因为国务院实行总理负责制。由全国人大主席团提出议案，就需要先在主席团会议上审议，涉及的面就很宽了。由全国人大常委会提出议案，要先经常委会审议，这里面的程序也比较复杂。由专门委员会（比如宪法和法律委员会）提出议案，是很简便的，但分量可能轻了一些。如果倾向于通过第二年的全国人大会议作出授权决定，就要研究考虑由哪个主体提出议案合适一些。这是一件大事，建议进行内部酝酿，尽快拿出方案。

是由全国人大常委会会议作出授权决定，还是由明年的全国人大会议作出授权决定，建议谨慎研究后，选择一个方案。

在市委决定申请授权后，即可分头做联系沟通工作：一是，由市委与中央沟通；二是，由市人大常委会与全国人大宪法和法律委员会、法工委沟通，争取委员长和委员长会议支持；三是，由市政府与国务院领导同志和司法部沟通，以期取得支持。

3. 关于授权的方案

（1）对浦东的授权，可以有四种方案。

方案一：授予省级行政区域的地方性法规规章制定权。但是，仅获得这一立法权，意义不大，因为浦东是上海市下辖的一个区，对一般社会关系的规范，上海市的地方性法规规章就能解决。

方案二：授予设区的市的地方性法规规章制定权。但根据立法法的规定，这个立法权仅限于城乡建设与管理、环境保护和历史文化保护等，可以由上海市的地方性法规规章解决，浦东无须就此立法。

有的同志提出，如果作出专门的授权决定有困难，可否由全国人大常委会以立法解释或者其他法律文件的形式，参照赋予东莞、中山、嘉峪关、三沙等几个不设区的市立法权的做法，先尝试性地赋予浦东一定范围的法规规章制定权。

笔者认为，东莞、中山等几个地级市被赋予的还是设区的市的立法权，范围也仅限于城乡建设与管理、环境保护和历史文化保护等三个方面，应当由上海市立法解决，浦东无须立法。赋予这样的立法权，对浦东的改革创新没有多大意义，反倒会影响上海城市管理的统一性。

方案三：授予类似经济特区的法规规章制定权。这是争取授权的根本点，因为没有类似特区的法规规章制定权，浦东就无法实行制度创新。

方案四：在授予类似特区法规规章制定权的同时，也授予浦东省级地方性法规规章制定权。采取这个方案的好处是，可以使浦东在立法上放开手脚，减少牵扯，大胆创新，但可能面临一些问题。比如，上海市以前制定的地方性法规规章在浦东是否继续有效？如果有效，浦东今后行使省级地方立法权，所制定的地方性法规规章与上海市以前制定的地方性法规规章如何衔接？

采取这一方案，可以考虑：上海市原有的地方性法规规章在浦东继续有效；浦东新制定的法规规章与上海市原有的地方性法规规章冲突时，原则上适用浦东的法规规章；为保证城市管理的统一和效率，上海市的地方性法规规章必须适用于浦东，由上海市在立法中做专门规定，也可以由浦东在立法中做专门规定。

但采取这一方案，在浦东，就会出现上海市和浦东新区两个省级法规规章制定权并存的情况，浦东还具有类似特区的法规规章制定权，这可能会给处理上海市与浦东新区的关系增加难度。

我们觉得，稳妥起见，还是采取方案三为好。按照这个方案，授予浦东类似特区的法规规章制定权，同时，上海市的地方性法规规章继续覆盖浦东。这样，既能满足浦东的改革创新之需，又可以保证上海城市管理的统一和效率。如浦东在改革中需要突破上海市地方性法规的，可由市人大常委会以类似2007年和2019年作出的两个决定的方式，另行作出决议、决定。

采取方案三，可以考虑在上海市与浦东之间，建立必要的立法会商协调机制，解决立法中的冲突衔接问题。

（2）类似特区法规制定权的内容。

全国人大及其常委会对几个经济特区所在地的市的授权决定中，有一个共同的表述，即授权经济特区所在地的市的人大及其常委会，"根据具体情况和实际需要，遵循宪法的规定以及法律和行政法规的基本原则"，制定法规，在经济特区实施。

这里的关键内容是，特区可以遵循"法律和行政法规的基本原则"，制定法规。根据立法法的规定，对于法律和行政法规，一般地方性法规要制定实施办法时，必须"执行法律和行政法规的规定"。但是，经济特区根据授权决定制定法规，落实法律和行政法规，没有这个限制，它只要遵循"法律和行政法规的基本原则"即可。这有两层含义：一是，法律和行政法规没有规定，或者规定不够完善，特区即可遵循法律和行政法规的基本原则，作出具体规定，或者对不够完善的规定予以补充和细化；二是，法律和行政法规即使有规定，但特区认为不适合具体情况和实际需要的，在遵循法律和行政法规基本原则的前提下，也可以做出变通规定。特区立法权的"特",就"特"在这里。浦东争取类似特区的法规制定权,关键点也在这里。

有的观点提出,现在特区的一些政策已扩大到其他行政区域,特区已经不"特",它的法规制定权是否有存在的必要,已经受到质疑,因此,不应当授予浦东类似特区的法规制定权。

我们研究发现,制定立法法时,对于是否取消特区法规制定权,就有争议,但立法法保留了特区立法权。2015年修改立法法,也有争议,但还是没有改变这一内容。这说明,随着改革的深化发展,特区的优势和特殊作用仍然存在,保留相适应的法规制定权,是必要的。

关键是,浦东争取的授权与特区的授权在内容上有很大区别。由于特区的名称叫"经济特区",它的立法主要限于经济方面,而浦东不同,它承担的改革创新任务是综合性、多方位、体系性的,所需立法的事项相当广泛,已超出了经济的范围。所以,浦东所申请的授权,在范围上比特区还要广,不能简单地因为有人质疑特区法规制定权存在的必要性,就认为浦东不应当争取授权。

(3) 授予类似特区的法规制定权,可以有三种方案。

方案一:一事一授权。有人主张采取一事一授权的方式,即浦东每要制定一个法规,须先通过上海市向上层层申请,最终可授权浦东,但主要还是授权上海市。这有几个问题:一是,由浦东通过上海市向上层层申请,程序复杂,结果不确定,会使浦东难以掌握或者失去改革的主动权,甚至延误改革时机。二是,浦东亟须制定法规的事项很多,一事一申请,会大大增加浦东、上海市、国务院和全国人大常委会的工作量。三是,一事一授权,如果让浦东立法,由于能否获得授权并不确定,浦东就很难建立起稳定的立法工作队伍和立法工作机制;如果让上海市立法,授权数量一旦增多,上海市又难以有精力为之,在提案程序上也存在前面所说的法律障碍。

有人还提出,对类似特区的授权应当从紧。我们认为,授权应当从改革的实际需要出发,而不应当预设从紧或者从宽的框子。

方案二:一揽子授权,即授权浦东根据具体情况和实际需要,遵循宪法的规定以及法律和行政法规的基本原则制定法规。这个表述,与几个经济特区的授权表述完全一致,但可以包含比较广泛的立法事项。这一方案有两个好处:

一是,有利于浦东及时捕捉立法新需,掌握立法主动,引领和推动改革。

二是,可以为浦东未来的改革预留空间。一方面,浦东改革的事项,有些现在已看出需要用类似特区的立法权解决,有些只有随着改革的深化发展才能发现是否需要用这一立法权解决;另一方面,中央和上海市今后还会在浦东推行新的改革方案和措施，一揽子授权可以为这些改革预留制度创新的空间。

这个方案也可能产生一些问题。比如，有人可能会以此为机会，盲目追求立法与国际接轨，或者在一些敏感领域进行立法，变通法律和行政法规的规定。我们认为，只要加强上海市委、浦东区委对浦东立法工作的领导，这类问题是可以解决的。

方案三：列举式授权，可以表述为授权浦东根据具体情况和实际需要，遵循宪法的规定以及法律和行政法规的基本原则，对以下范围的事项制定法规：

①国务院2005年批准的浦东综合配套改革试点总体方案。

②上海国际经济、金融、航运、贸易中心建设。

③国务院2013年通过的关于中国（上海）自由贸易试验区总体方案，以及2015年通过的关于进一步深化中国（上海）自由贸易试验区改革开放方案。

④国务院2019年通过的中国（上海）自由贸易试验区临江港新片区总体方案。

这四个方面的事项中，第一项、第三项、第四项是由国务院批准的，第二项是党中央在"十二五"规划纲要中提出的。

但是，这四方面看似列举清楚了，实际范围仍然不清。仅拿综合配套改革方案来说，其中改革的内容就包括政府体制、市场体制、企业体制、中介组织体制、公共部门体制、科技创新体制、人力资源开发体制、城乡统筹发展体制、社会保障体制、涉外经济体制十类。在这十类之外，方案还说，凡中央部门确定的改革试点，都要争取放在浦东。如果在综合配套改革方案的事项之外，再加上"四个中心"和自贸区建设方面的内容，就可以发现，列举式授权的范围几乎无所不包，与一揽子授权没有什么区别。

采取列举式授权，还存在一个问题：综合配套改革方案中提出要用5—10年形成制度体系，但现在10年已过，制度体系并未形成（很大程度上是因为没有法规规章制定权），综合配套改革方案又不能停止执行，如果把综合配套改革方案写到授权决定中，可能就会有人对方案中的时间要求挑毛病。

更重要的是，习近平总书记2018年考察上海时对上海的改革发展创新又提出了新要求。为落实总书记的重要讲话精神，2019年市委常委会通过的支持浦东新区改革开放再出发的若干意见，对浦东的改革开放又提出20条措施。有关部门对这20条措施做了逐一分解，列出了50条具体改革措施。我们再对这50条改革措施涉及的立法问题进行分析，发现这些事项所涉及的面很宽。如果要在浦东进行改革和制度创新，其中不少事项都要根据法律、行政法规的基本原则作出具体的规定，或者对法律、行政法规的某些规定做出变通性规定。这样，要落实总书记重要讲话精神和市委常委会出台的20条措施，就很难对授权立法的事项进行一一列举，需要在这方面给予较大的空间。

所以，我们还是倾向于采取方案二，进行一揽子授权。这出不了大问题。浦东范围小，即使出现差错，也是"船小好调头"，容易纠正。

有的观点认为，按照2015年修改后立法法的规定，全国人大及其常委会已经不能进行一揽子授权了，只能对单个的事项进行授权。这实际上是对立法法有关规定的误读。立法法第二章第一节有关立法权限和授权立法的规定，指的是全国人大及其常委会制定法律的专属立法权限，以及对立法法第8条只能制定法律的事项即专属立法权限的授权。浦东新区需要授权的立法事项，不是全国人大及其常委会专属立法权限（立法法第8条）的事项，不是要对没有制定法律的专属立法权限的事项进行创制性立法，而是对于全国人大及其常委会已制定的法律以及国务院已制定的行政法规范围内的事项，要以立法的方式比较灵活地落实法律和行政法规。立法法关于专属立法权限及其授权的规定，并没有排除对个别地方进行授权，如果浦东新区要获得关于专属立法权限范围的授权，就应当遵循立法法的规定，即在授权时明确授权的目的、事项、范围、期限以及应当遵循的原则等。我们觉得，这些问题在申请一揽子立法授权时，可以一并研究，选择最佳方案。

（4）授权浦东新区政府制定规章。

全国人大及其常委会在授权经济特区所在地的市人大及其常委会制定法规的同时，也授权特区所在地的市政府制定规章。建议参照这一做法，授权浦东新区政府制定规章，在浦东组织实施。

（五）可能面临的一些问题

第一个问题：如何处理浦东与上海市的关系。有人担心，浦东一旦有了立法权，将会影响上海市对浦东的统一领导，有人甚至认为，浦东争取授权立法，是在向上海市闹独立。提出这一意见，是大事，也是好事。

我们认为，必须明确：浦东争取授权立法，一个重要前提就是，必须坚定不移地服从上海市委、市政府的统一领导，严格以授权决定为依据，维护国家法制统一和上海市的政令统一。浦东如获授权，上海市委应当加强领导，市人大常委会和市政府对新区人大及其常委会和政府，分别负有监督、领导和协调的职责，保证两机关严格按照授权决定制定法规规章。

前不久，上海市委成立了全面依法治市委员会，并下设了专门的立法协调小组。立法协调小组已经召开了第一次全体会议，并审议通过了相关工作细则。

全面依法治市委员会及其立法协调小组,是领导协调浦东授权立法的重要组织机构,可以确保浦东立法既能推进改革创新,又不偏离上海市统一领导的轨道。

第二个问题:担心引起其他新区的攀比。有人担心,浦东申请授权,会导致其他新区跟风攀比,给最高立法机关带来被动。目前,全国共有 10 多个新区。其中,只有浦东新区和天津滨海新区设有人大和政府,具备授权立法的主体资格,其他新区都没有成立人大和政府,无法申请授权。而且,立法权并非不可再生的稀缺资源,其他新区只要有立法需求,具备条件,就可以授权,不存在所谓攀比问题。

第三个问题:需设立法规的统一审议机构。浦东人大如获授权制定法规,需要有统一审议的专门委员会。地方组织法没有规定直辖市下设的区是否设专门委员会,浦东新区人大也没有设法制委员会等专门委员会,建议在授权决定中一并解决这个问题。

第四个问题:避免上海市其他辖区的各类资源流向浦东。浦东获得立法权后,可能会出台一些条件优越于上海市的法规规章,吸引其他市辖区的人才、资金、企业等资源流向浦东,对浦西的发展造成影响。建议利用上海市与浦东的立法协调机制预先研究应对这个问题。

第五个问题:浦东的法制工作队伍能否适应立法需要。浦东申请的法规规章制定权,对立法工作队伍的要求很高。建议浦东高度重视队伍建设,人才先行,尽快建立起一支得力的参谋助手队伍,以适应立法工作需要。

第六个问题:浦东在立法中如何实现与上海市的对接。建议在上海市与浦东新区之间建立稳定的对接机制,加强浦东在具体立法工作中与上海市的对接,接受上海市领导与指导。

九

失信惩戒及其立法的三大问题[①]

近年来,加强社会信用建设成为各方面关注的大课题。2014年,国务院专门印发了《社会信用体系建设规划纲要(2014—2020年)》。2019年,国务院办公厅又发布了《关于加强社会信用体系建设构建以信用为基础的新型监管机制的指导意见》。两个文件对加强社会信用建设做出了总体部署,提出了要求、指导意见和措施,其中特别重要的一条,就是对失信社会主体要建立黑名单制度,并进行惩戒。现在,中央各相关部门和很多地方都行动起来了,相继或者正在采取具体措施,加快制定法规规章和规范性文件,根本性的指向,就是收集社会主体的失信信息,对其进行限制、约束和联合惩戒。

什么样的行为才能叫失信,谁才有权对社会主体的失信及其惩戒做出规定,谁才有权收集归类失信信息,并与相关主体共享,甚至向全社会公布,一个社会主体一旦失信,究竟应当按照什么原则受到惩戒,由谁来惩戒,等等,是全社会都十分关心的大问题。我们重视和加强社会信用建设的时间比较短,相关政策措施和立法文件的出台比较快,不少重要问题尚未展开充分讨论并达成共识。现在,一些地方和部门在失信惩戒立法中做出的规定,在执行中采取的措施,已经引起强烈反应。学术界对已经出台的针对失信惩戒的相关措施意见以及相关的立法,有不少讨论和质疑,这一现象应当引起重视。笔者认为,建立诚信社会的初衷是好的,对失信行为进行约束惩戒也是必要的。但需要认识到,挥向失信的剑,分寸一旦把握不好,就会对全体公民、企业和其他各类社会主体造成伤害。对失信行为加以惩戒是好事,但是,在一些关键性问题尚未研究清楚并达成共识之前,不宜一哄而上。

笔者认为,现在最紧要的是,对以下几个问题理清头绪,达成共识。

[①] 本文发表于"中国法律评论"微信公众号2019年11月19日。

（一）失信和违法、不文明行为的区别是什么

现在，有几种情况值得注意。

一种情况是，从国务院的文件到地方立法和政府执法中，信用的范围被用得很宽泛，叫"社会信用体系"。而这个信用体系又有多种分类。比如，在国务院列出的信用体系中，就有政务诚信、商务诚信、社会诚信、司法公信四大类。而每个大分类中又有多种小分类，一些地方在立法中的分类又并不相同。比如，推进社会诚信建设中，有一个社会信用信息的分类，这个社会信用信息又被分为公共信用信息和市场信用信息两大类。而在公共信用信息一类中，又被分出基础信息、不良信息和守信信息三类。但对于什么叫基础信息、不良信息和守信信息，又模糊不清，几乎可以难以穷尽地再进行各种分类。诚信和失信的范围不清晰，甚至被不断分类扩大，就与守法和违法发生了交叉重合，而把失信与违法混同起来，既容易使人们对失信含义的理解发生混乱，又可能颠覆长期以来人们对法学理论中的"违法"这一基本术语形成的共同理解和认知。

第二种情况是，不少地方立法都对失信的情形做了列举，并规定要列入黑名单和进行联合惩戒。但对于究竟什么叫失信、失信的本质是什么，似乎没有回答清楚。而一些地方在立法中，一些部门在具体管理中，都将违法行为甚至不文明行为归为失信。如，前不久黑龙江将违反兵役法，不履行服兵役义务的行为，就定性为失信，并进行联合惩戒。又如，一些地方在促进文明行为的立法中，将乘坐交通工具霸座、在禁止吸烟的场所吸烟、垃圾分类不合标准等不文明行为，也定性为失信，并要列入黑名单，进行惩戒。但是，如果把违法行为、不文明行为都归为失信，不仅失信的范围会十分宽泛，而且一些违法行为在承担了法律责任后，还可能被归为失信；一些达不到违法程度的不文明行为，却可能受到比违法责任还重的惩戒。

第三种情况是，在认识中，对失信与违法、不文明行为究竟有什么区别，不仅缺乏研究，即使有一些研究，结论也很不一致。有一种观点提出，对失信可以做狭义和广义的理解，并认为，狭义的失信是对特定主体的失信，即违背"私约"，而从广义上看，所有的违法包括犯罪行为，都属于失信，是对全体社会成员的失信，违背的是"公约"。如果对失信做如此广义的理解，也必然会导致失信和违法关系理解方面的不少困惑。

现在的问题是，能否对传统道德领域的失信范围做扩大理解，如果要扩大，它与违法、不文明的边界又在哪里？一旦做无限扩大，甚至把所有违法行为以及很多不文明行为都归结为失信，将会出现什么样的情况甚至后果？建议有关

方面组织力量，加强对这个问题的研究，理出一些基本的共识和线索。

笔者认为，在目前的经济社会、生活文明、道德法治发展的总体状况下，对失信范围的理解，恐怕还是要限制得窄一些为好，不能失之于宽，特别是要对失信与违法、不文明行为做必要的区分。最关键的，恐怕还是应当正本清源，以人们对"信""诚信"的传统理解为基础，对失信问题做进一步的界定。

从汉语语义上考察，诚信、失信是纯粹的道德用语。在古代社会，"信""诺"主要适用于个人与个人之间的道德约束，要求人们做到"一诺千金"，"无信则不立"。而且，"信"主要还是用于熟人、有交情的人之间。很多情况下，人与人之间的信赖包含了熟悉、交情、感情。熟悉是信任的基础。熟悉又有交情感情，才有允诺；熟悉又有信赖，才相信约定。对诚信、失信的这种理解，是我们的传统，应当得到尊重。结合实际情况，做适当的扩大理解，有一定的必要性，但是，如果做急剧和无限的扩大，恐怕就会过犹不及，"信"的原始含义可能会失去，"失信"的具体内容也会陷于混乱。

围绕传统的理解并做适当扩大，本书提出以下几个参考性要点，看能否将失信与违法、不文明行为做必要的区分，以期起到抛砖之效。

第一，失信主要还是限于有信任基础的两个社会个体之间为好。在法治未兴的农耕时代，人与人之间的关系很大程度上是熟人关系，要靠道德维系，信用就是其中的一种。但进入法治社会，两个社会个体之间，如果之前不熟悉，没有任何信任基础，他们之间的约定，是不能靠交情、感情，只能靠法律来维护的。在我国，这种约定属于民事基本制度的范围，一般都由法律规定。这样，一方违背了允诺，失信于另一方，实际就是违法。这种失信，本质上是违法行为，应当在法律的范围内解决。现在，相关的民事法律以及其他经济社会和行政管理方面的法律，已经有比较完备的规定，把法律执行好了，就能解决这类问题。实际上，即使熟悉、有信任基础的两个社会个体之间，一旦一方失信了，私下不能解决纠纷，在法律的范围内也有足够的解决空间。所以，不能也没有必要把违法的行为笼统地归结为失信，甚至在已有的法律制度没有得到很好执行的情况下，再另起炉灶，创造出诸多关于失信惩戒的术语，并规定各种惩戒措施。

第二，在两个社会个体之间，一方失信，侵害的指向是另一个个体，而一方违法，直接侵害的是另一方的权益，但从根本性质上看，所侵害的是国家和社会的管理秩序，因而是对国家和社会普遍利益的损害。所以，违法的责任需要由国家规定，但失信的责任可以由社会个体私下约定。从这个意义上说，违法是比失信严重的行为，失信可能给另一方带来很严重的危害，但未必违法，只有这种失信行为造成社会普遍性的危害时,它才是违法的。

第三,失信应当以一对一的具体允诺和约定为前提。没有具体的允诺,并得到相对人的同意,就谈不上失诺即失信。但这个允诺和同意还是限于有信任基础的社会个体之间为好。

有人提出:一个企业销售产品或者向社会提供服务,其产品或者所提供的服务,不符合它事先向社会承诺的标准,能不能算失信?这种情况当然也可以说是广义上的失信,但也还是归为违法好一些,不宜算失信。有几个理由:

一是,这种允诺与约定,缺乏以感情、信赖为基础的纽带,买卖双方实际并无信任的基础,谈不上人们通常所理解的允诺与失信。

二是,企业的承诺对象是普遍性的不确定的社会个体,一旦失信,所侵犯的就是普遍性的社会利益和社会管理秩序,而不是单纯的个体利益,是典型的违法行为。

三是,企业对消费者有承诺,是一种针对不特定个体的普遍性承诺。没有这种承诺,或者承诺了又失信,所侵犯的就是普遍性社会利益,须由法律干预调整。所以,这种普遍性承诺本身就是法律的要求,应当由法律予以规范。这样,消费者看了承诺再去购买企业产品或者服务,所达成的合约就已经是法律规定范围的事项,通过法律的途径就可以解决纠纷,而不必在私下或者以法律之外的方式惩戒对方。

四是,消费者看到企业的承诺,之所以去消费,就是因为相信企业的这一承诺一旦不兑现,是要被追究法律责任的。换句话说,消费者是因为相信企业一旦失信,法律会保护自己的权益,而不是相信企业的承诺,才去购买企业的产品或者服务的。

五是,消费者不相信法律保护,或者法律不能保护其权益,那么企业的承诺仅仅是单方允诺,这种情况下,如果让消费者一一私下同意并与企业达成约定,那么,其同意的条件可能会大大提高或者花样百出,市场秩序和社会秩序就会处于极大的不稳定、不安全状态。

所以,大凡生产、流通、服务等领域的企业不遵守承诺的行为,本质上都是违法行为,不是传统意义上的失信行为,不必都往失信方面牵扯。

第四,由于允诺和失信发生在两个有信赖关系的个体之间,所以,失信的责任可以由双方在法律的范围内任意约定。但是,任何公民、社会主体的违法责任只能由法律规范予以规定,而不能由违法主体与另一方擅自约定。也正是由于失信的责任可以由双方在法律的范围内任意约定,所以,其责任只要合法,就可能是无限的,但国家在确定违法责任时,必须符合比例原则,不能无限地扩大和加重违法责任。

第五，有人提出：消费者能否对企业构成失信？公民个人或者企业能否对政府构成失信？现在，不少部门和地方，都将高铁霸座、飞机打架、违反交规、逃税避税、恶意欠款、以欺骗方式获取许可等行为视为失信，并加以联合惩戒。这是值得研究的问题。如果对传统的信用含义做扩充理解，这些行为当然也可以说是一种特殊的失信，但是，这些行为在性质上首先是违法，是因为失信而违法，或者说是以失信的行为方式违法了。对这些违法行为，如何承担法律责任，现有的法律已经规定得较全面了，其失信的责任已经转化为法律责任，把法律执行好就等于追究了失信责任，所以，也不必再往失信方面牵扯了。

这里还有一个问题：有些消费者对企业构成失信，但又达不到违法或者承担法律责任的程度。比如，高铁霸座、飞机上扰乱秩序、乘车逃票等行为，性质并不严重，或者即使轻微违法但不需要承担法律责任。发生类似情况，企业能否单方面对失信者制定规则，并进行惩戒？这是一个需要研究的问题。应当说，在法律的范围内，一般民营企业是可以与消费者约定无限失信责任的，因为民营企业对自己的财产享有处分权，可以因为消费者的一次失信而永久拒绝为其服务。但是，类似铁路公司、航空公司这样的国有企业，如果将消费者霸座或者其他扰乱秩序的行为定性为失信，是否适宜单方面限制消费者乘坐高铁、飞机，或者拒绝为消费者提供其他服务？这是需要细加研究的。因为国有企业财产属于国家所有即全民所有，消费者虽然有失信行为，但在理论上对国有财产仍享有抽象的份额和处分权，国有企业虽然实行所有权和经营权的分离，但是，其抽象意义上的所有者一旦具体化，经营者是否有权对这一具体化的个体实行拒绝服务式的惩戒？这在法理上是需要论证的。

第六，政府对选民是否存在诚信与失信的问题？答案是肯定的。政府与选民之间必须有信用关系，因为政府是由人民选举产生的，而人民之所以选举一届政府，是因为该届政府组成之前对人民有承诺，人民也是基于对上台前的政府的信赖才选举它的。政府虽然可以是集体的，但有一个首脑，他当选之前对选民有许诺，选民投票之前在考察他，对他投下每一张赞成票的时候，都是基于对他的热爱和信任。所以，政府特别是它的首脑要获得多数票当选，就必须在当选之前对选民有承诺，赢得选民信任。而当选之后，他领导的整个政府就必须对选民践诺，一旦失信，就要承担法律责任，或者在下一届因失去选民信任而落选（承担政治责任）。这个例子，在西方就是类似总统选举和选举后的执政施政，而在我国，就是按照人民代表大会制度的要求，由人民代表大会选举产生政府，政府产生后需要对人民代表大会负责，受人民代表大会监督，不能失信于人民代表大会。

第七，将一些不文明行为也归为失信，是有问题的。跳广场舞公放音乐扰民、公共场合大声喧哗、排队加塞、随地吐痰、遛狗不牵绳等不文明行为，有这样那样的危害，应当加以管理教育甚至惩戒。但是，社会个体在做出这些不文明行为前，并没有针对特定的相对一方，没有与任何相对方进行具体约定，也没有违反任何具体约定，不具备诚信或者失信含义的基本要素，是不应当归为失信的。文明本身也不纯属道德范畴的概念，仅与道德有一定牵连，不文明行为的发生以及社会文明的进步也取决于很多因素，不能与诚信或者失信简单画等号。不文明行为如果扰乱了社会秩序，可以定性为违法并要求其承担法律责任，而不宜往失信方面牵扯。

（二）行政机关在社会信用建设中应当扮演何种角色

社会信用体系建设不仅是公民个人和其他社会主体的问题，更与各级党政机关密不可分。但是，党政机关特别是行政机关在信用体系建设中应当处于什么地位，起什么作用？对这个问题，我们事先的讨论并不充分，但行政机关在实践中已经走在前面。

公民和其他社会主体的行为是不是失信、失信造成了何种危害、如何惩戒这种失信行为，应当由谁来做出判断、收集相关信息和采取惩戒措施？对这些问题，我们的研究很不充分，这方面，行政机关也走在前面。

失信首先是道德领域的问题，对社会主体的失信与否进行判断，当然就是一种道德评判。那么，谁有权进行这种道德评判？如果把失信问题归为法律内容，就意味着把道德的内容上升到法律，那么，对这种失信的评判就成了法律裁判。可是，谁才有权进行这种法律裁判？而没有上升为法律内容的失信信息以及上升为法律内容的失信信息，谁又有权进行收集共享，并对这两类失信行为进行惩戒？迄今为止，这些问题仍然缺乏充分研究甚至没有引起重视。但在实践中，走在前面的主要还是各级行政机关。

现在需要集中研究回答的是，行政机关在社会信用体系建设特别是失信惩戒中究竟应当扮演何种角色？这里，提出以下一些问题线索包括一些个人观点，供方家批评。

（1）行政机关在以德治国中应当扮演何种角色？我们在强调依法治国的同时，还强调以德治国。行政机关在依法治国中的定位是依法行政，也就是说，人大制定了法律法规，行政机关从社会管理的角度去执行法律法规。那么，在以德治国中，行政机关应当做的是什么？是依据现成的"德"或者由其他主体

181

确立的"德"来治理国家吗？如果说是，那么，这个现成的"德"又来自哪里？由其他主体确定的"德"，这个其他主体是哪个主体？在我国现行的政治体制下，能够为行政机关确立德的主体恐怕只有三个：一是全体人民，因为行政机关是来自人民、为人民服务的，必须以人民为中心，所以，来自人民的"德"，行政机关必须遵守和执行；二是中国共产党，因为行政机关要接受党的领导，所以，党所确立的"德"，也是行政机关用以进行社会治理的根据；三是权力机关，因为权力机关来自人民，又产生行政机关，所以，它所倡导和确立的"德"，也应当成为行政机关执行的依据。

现在的问题是，离开以上三个主体，行政机关自身能否对人民和社会提出"德"的要求，做出"德"的规范，对各类社会主体进行"德"的评判，并对不符合自己确立的标准的失德行为进行惩戒？这恐怕是很值得讨论的。

还需要注意的是，"以德治国""依法治国""依法行政"三个用语中的"以"和"依"有较大差别，"依法治国""依法行政"，强调的是依据别的主体为它制定的现成的法而不是它自己制定的法（行政机关制定法规规章规范性文件的行为，本质上是执行人大意志，是一种执法行为）来治理国家，但"以德治国"中的"以"，实际是"用"和"以身作则"的意思，并不强调依据现成的或者别的主体为它规定的"德"来治理国家，而是强调行政机关要用自己的美德，以身作则来治理国家。

由此可以进一步做出的理解是，"以德治国"不是强调行政机关（甚至包括立法机关和党的机关）要为全体人民创造一种"德"（除非它根据党的要求和人大的立法加以具体化），并以强制的方式要求人民接受遵从，否则即对人民予以惩戒。我们要深切记住的是，政府来自人民，应当吸收、集中和超越人民的美德，提升自身的美德，用它的美德以身作则，治理国家，为国家和社会树立美德的典范。但是，政府一旦运用权力，为人民定出道德体系，要求人民接受，并以强力惩戒为后盾，人民就可能产生一种错觉，认为政府好像凌驾在他们之上，成了他们的人生导师或者道德警察、道德法庭了。这是应当引起重视并研究的问题。

行政机关以主动进击的姿态，大范围介入社会信用领域，实际就是在对社会道德进行干预。行政机关不是不可以干预社会道德，问题在于以什么方式进行干预才是合适的。对于行政机关的根本任务，我们强调的是依法行政，也就是说，行政机关除了依法行政之外，没有其他的多少职权。行政机关当然也要以德治国、以德行政，但从本义和应然性上看，如前所述，这是要求行政机关以自己的美德来进行行政管理，将美德运用于职权的行使中，而不是对社会、对人民进行道德管理、道德评判和道德惩戒。

现在，各级行政机关在社会信用体系建设中的所作所为，有没有上述问题和嫌疑，已经产生了争议，并且也是可以和应当加以讨论的。

（2）政府信用和社会信用的关系，需要认真讨论。社会信用的总体状况对政府信用会产生影响，但社会信用根本上是取决于政府信用的。政府集中人民的美德，升华自己的美德，在依法行政的过程中以诚信做表率，对社会的诚信会起到重要的影响和示范作用。在很大程度上可以说，只要政府讲信用，社会自然就会有讲信用的氛围。反之，政府如果不讲信用，或者信用等级较低，却要求社会讲信用，那么，也很难收到好的效果。

进一步的问题是，如果要对社会上的失信问题进行全面治理、从严治理，有人就会提出，政府一旦失信了怎么办？能够全面治理、从严治理吗？而对于政府诚信的法律约束，目前我们只有行政许可法中规定了信赖保护原则，但这个原则落实的程度究竟如何，还有待于做实证分析。现在各方面对社会失信问题加紧立法规范，当然是好事，但如果有人提出，也要对政府失信问题进行全面规范治理，怎么办？政府能否做到？总体上看，如果政府失信得不到坚定有效的治理，而要对社会失信进行全面惩戒，就缺乏说服力。

更值得注意的是，把所有的违法行为甚至很多不文明行为都归为失信，一旦有人提出，政府的所有违法行为、不文明执法的行为，也应当归于失信，并一律进行惩戒赔偿，怎么办？需要承认，全面实现依法行政的路还很长，用行政复议、行政诉讼解决违法行政、不文明执法行为的范围和程度还受到很大限制，在相当长的时间内，对因行政行为违法、不文明执法给相对人造成的损害，国家赔偿法也不可能给予全面的赔偿。所以，如果政府自身的违法、不文明执法的行为不能一律得到惩戒赔偿，却要将社会上的各类违法甚至不文明行为归为失信，并予以惩戒，就缺乏说服力，易给人明显不公平的感觉。

（3）政府能否对失信信息进行收集共享？这是个很重要的问题。现在，有些地方立法赋予了政府相关部门调查、统计、收集甚至公布失信主体相关信息的职权，建立了名目不少的黑名单制度。而有的政府未经法律授权，就直接设立一个职能部门来统管各类失信信息。谁有权确立失信主体的所谓黑名单，谁有权统计、收集甚至公开这些黑名单，实在不容小视。这恐怕涉及以下几个重要问题：

一是，公民个人的信息受保护的范围和边界究竟在哪里？合法的信息当然是受保护的，但是违法、失信的信息是否应当受保护，如果说不受保护，这个不受保护的范围边界又在哪里？道理是什么？这个问题长期以来没有得到充分

183

的研究。

二是，政府部门收集统计社会主体的失信信息，有无法律依据，这一行为与政府的职权法定是什么关系？我们通常所说行政机关的职权法定，是指行政机关所行使的职权，必须由法律规定，任何机关不能超越法律的规定擅自行使职权。社会主体的违法、失信行为，受到某一行政机关处罚惩戒，其信息当然是由该行政机关掌握统计和收集的，但是，其他没有法律授权也没有进行处罚惩戒的机关，有没有权力与处罚惩戒的机关共享违法失信的信息？更有甚者，一级政府在没有法律规定和授权的情况下，是否有权设立一个职能部门，专门调查收集统计各类违法失信信息？这是重大问题，建议有关方面展开充分讨论和论证。

三是，对于失信信息，是否以及在多大程度上属于行政执法公开的范围？宪法和法律规定的审判公开，包含了审判结果的公开，其目的是保障审判公正。但需要注意的是，即使是审判公开，除了某些新闻报道的需要外，也不是要在法院判决之后，将违法犯罪的情形和判决结果与其他国家机关共享，并通过媒体向全社会公布。现在需要回答的是，行政机关执法公开的目的和范围究竟是什么，与审判公开能够相同吗？公民或者其他社会主体的失信行为，哪些应当属于行政机关执法的范围，即使执法惩戒了，又有哪些失信行为和信息才能向社会公开？这个问题也缺乏充分研究。现在，一些地方执法部门对社会主体的失信情况，不仅自行定性，还擅自将失信公民的身份证号、头像、具体失信情况以及惩戒措施等关键信息，向全社会公布。这类做法已经引起强烈质疑，建议有关方面予以重视研究和加以规范。

四是，需要注意的是，政府部门也是由人组成的，他们掌握了社会主体的失信信息，就意味着掌握了他人的负面隐私，在一个法治国家，基于什么理由才可以允许一部分人将了解掌握他人的失信及其相关隐私，作为自己的职业？而我们有什么办法能够保证这些掌握信息的人不超越职权向社会泄露他人的隐私？

（三）谁有权对失信惩戒问题进行立法

要对失信者予以惩戒，最终都会遇到立法问题。现在，不少地方人大已经制定了相关法规，或者正在加紧制定这方面的法规，一些政府及其部门也在以各种形式对失信惩戒问题进行规范。但是，究竟谁才有权对失信惩戒的事项进行立法或者以类似立法的方式进行规范？这是十分重要的问题，尚未引起应有重视和讨论。

失信惩戒立法与立法法关于专属立法权限的规定，有重要联系和交织。《立法法》第 8 条对只能制定法律的事项做了列举性规定。其中，有几项与失信惩戒方面的事项关系密切。

（1）犯罪与刑罚的事项。这是只能制定法律的事项，并且不得进行授权立法。但是，对失信者进行联合惩戒，有些措施是相当严厉的，已经不亚于刑罚，甚至比刑罚还严重。举一例：将失信者的个人信息向社会公布，并限制其进行消费，对失信者造成的损失和伤害程度，完全可能超过管制和拘役这两种刑罚。一些失信人宁愿被判处短期的人身自由刑，也不愿意被列入黑名单并向社会公开而导致身败名裂。而现在用得很多的"一处失信，处处受限"的提法，是很容易被理解为超过刑罚的严厉程度的，因为即使对犯罪的处罚，也必须遵循罪刑相适应的基本原则，而对于达不到犯罪程度的失信，怎么能一处失信，就处处受限呢？

（2）对公民政治权利的剥夺、限制人身自由的强制措施和处罚的事项。这两项也属于不得授权的全国人大及其常委会专属立法权。先说对公民政治权利的剥夺。刑法列举的剥夺公民政治权利的范围，就包括担任国家机关职务，即刑法的规定可以被理解为，担任国家机关职务是公民的一项政治权利。与刑法相关的是，公务员法规定，失信联合惩戒的对象，不得被录为公务员。而公务员显然是一项国家机关职务，担任公务员是公民的一项重要政治权利。进一步的问题是，谁有权对失信联合惩戒的事项作出规定，就意味着它有权对剥夺公民担任公务员这一政治权利的事项进行规定，因为被联合惩戒的结果，实际就是被剥夺了担任公务员这一政治权利。这样，如果地方立法或者国务院及其部门制定行政法规和部门规章，规定联合惩戒，不就清楚地说明，它们行使了全国人大及其常委会的专属立法权吗？

而限制公民人身自由的强制措施和处罚也涉及这个问题：失信者被限制坐高铁、乘飞机或者进行其他消费，其结果同被采取了限制人身自由的强制措施或者处罚有什么区别呢？与一个犯罪嫌疑人被通缉时，不敢乘坐高铁、飞机或者进行其他泄露身份的消费或者行动又有什么区别呢？所以，某一国家机关对失信联合惩戒的事项作出规定，实际也意味着它行使了上述全国人大及其常委会的专属立法权。

按照行政处罚法的规定，行政法规不得设定限制公民人身自由的处罚，地方性法规不得设定限制公民人身自由和吊销企业营业执照的处罚。但是，一些政府及其部门的文件以及地方人大常委会立法中规定的联合惩戒措施，对被惩戒者所导致的损害性后果，与这两类行政处罚已经没有什么区别了。这是应当引起注意的。

（3）民事基本制度的事项。作为专属立法权的民事基本制度，应当包括哪些内容，宪法和法律没有作出明确规定。但是，宪法规定公民的人格尊严不受侵犯，就清楚地说明，有关公民人格尊严的事项，是受宪法和法律保护的，毫无疑问应当属于民事基本制度的范围。而与失信惩戒相连的是，一旦将某一公民列入失信黑名单，甚至向社会公布这一黑名单，不正是对其人格尊严的侵犯吗？所以，这类事项属于法律的专属权限范围，也是没有疑问的。法律之外的任何法规、规章或者规范性文件，未经授权，都不得进行立法。

专属立法权是立法法的核心内容之一，也是我国立法体制的根本性支柱。应当承认，20年前制定立法法时，对全国人大及其常委会专属立法权限的认识是受到一定限制的。立法法虽然列举了十项专属立法权，但如何对每一项专属立法权进行细化，论证和厘定其具体范围，是一个没有得到有效解决的问题，影响了各层级立法主体按照宪法、法律的规定和原则精神有序开展立法工作。2015年修改立法法，仍然没有解决这个问题。形势比人强，实践不断向我们出试卷，失信惩戒就是试卷中的一大问题。建议有关方面以失信惩戒方面的立法为抓手，在对立法法中专属立法权限的范围做探索性、开拓性、拓展性论证的基础上，可以采取立法解释等方式，进一步明确失信惩戒立法中中央与地方、全国人大及其常委会与国务院的界限，并系统性地对专属立法权的各类事项做出细化和规范。

（四）一些建议与感想

如果必须对失信惩戒进行立法，建议由全国人大常委会统一立法。如果允许各地方自行立法，不仅可能会导致惩戒条件、标准、措施的很大不一致，更可能损害全国人大及其常委会的专属立法权限，损害公民、法人和其他组织的权利自由。即使是国务院的行政法规对这类事项进行规范，也应当慎之又慎。

鉴于黑名单是对公民人格尊严的直接否定和谴责，属于只能制定法律予以规定的范围，建议禁止各地方和部门越权搞黑名单制度，随意掌握和披露失信人的信息，并对已有的一些地方立法和其他立法性规定做全面的审查清理。

建议谨慎将道德问题纳入立法范围。现在，我们强调地方在立法工作中要进行弘德立法。初衷当然是好的。同时，也需要研究的是，政治统一、市场统一、法制统一，都是统一国家的重要标志，但我们能否强调道德统一，或者在多大程度上需要道德统一？

而另一方面，如果允许地方对社会信用这一道德问题进行立法，是不是意味着每一个地方可以对信用道德确立不同的标准，并加以引导规范？是不是意味着每一个地方可以用不同的惩戒方式来引导道德的方向？而信用类的道德问题，属于典型的上层建筑范围，影响制约的因素很多，一个区域的民风、习俗特别是经济社会的发展水平对它有重要影响，要一下子通过法律的强制力，来建立起一个完全的信用社会，恐怕也不是那么容易的。

我国古代文化在信用与不讲信用方面，实际存在深刻复杂的矛盾。封建时代，政治上推崇权谋甚至阴谋诡计，军事上讲兵不厌诈，都不崇尚讲信用。经济上有一个中性用语，叫"无商不奸"，实际也是不推崇信用的。但儒家文化在做人方面又特别讲究"信"。这几个方面的不讲信用与讲信用，十分矛盾纠结，对今天的经济社会发展和社会风气有很大的影响，在推进建设社会信用体系时，应当重视和研究这一历史文化背景。

信用问题与宗教传统可能也有深刻关联。中国很难说有全面的宗教传统。而西方宗教传统深厚，其社会信用与宗教信仰有很大关系。这一情况与中国有区别。所以，我们不宜用西方的标准简单来对照中国，要求一下子建立起西方式的社会信用体系。

对信用问题加强宣传舆论引导，可能是较好的办法，不宜过于依赖立法惩戒。

罗曼·罗兰有言，不是所有的光明都不曾经历过黑暗，只是它不曾被这种黑暗所淹没罢了；不是所有的英雄都不曾有过卑下的情操，只是他不曾屈服于这种卑下的情操罢了。良好社会信用的形成，是一个自然的历史的过程，不宜拔苗助长，难以一蹴而就。我们要倡导和力推社会信用，但也要相信人民，宽容人民，允许人民在寻找和铸造信用品格的道路上，有一个自我成长的过程，包括在成长中犯错误的过程。信用是每个人生命中的一把钥匙，在奔跑的路上，有的人可能会丢失它，但没有其他人比他更希望找回它。愿国家和它的法，更多地用温和的目光注视人民，信任人民，让人民自己铸造信用的钥匙，用信用的钥匙打开自己的方便之门。在某个人的信用不慎丢失的时候，国家和它的法，最好是帮助他细心找回，而不要轻易用利剑刺向那些暂时丢失钥匙的人。

十

监察法（草案）在宪法上总体是站得住的[1]

对监察体制改革的立法问题，笔者已写过一篇文章，本无意再参与讨论。但这段时间，随着立法的推进，特别是监察法（草案）公开后，社会上产生强烈反应。法律草案中的一些重大问题在学术舆论中引起激烈争议，有的争议甚至掺进了激情化、政治化的因素。

这一现象，在党的十一届三中全会以来几十年的立法中，都是极为罕见的。建议有关方面予以高度重视。监察体制改革的立法，的确是党和国家的一件大事，需要广泛了解和集中民意民智，积极稳妥，多谋善断，以保证重大决策的正确。

针对当前讨论的焦点，本书想着重就监察法（草案）究竟有没有违宪以及立法中的若干相关重要问题谈些看法。其中一些看法与学术界的倾向性观点可能不一致甚至相反，也希望能得到包容和理性对待。

（一）监察法（草案）在宪法上总体是站得住的

监察法（草案）是不是违宪了？从学界已有的观点来看，主要是质疑的，有的观点明确列举了草案存在的违宪情况，并要求对全国人大常委会的立法进行合宪性审查。笔者初看草案，也曾觉得其中一些内容有违宪之嫌，但再仔细研读宪法和相关法律的规定，觉得这个草案在宪法上总体是站得住的。关键要回答以下几个问题：

1. 监察法立法中是否必须写明"根据宪法"

有的观点认为，全国人大及其常委会制定的法律都必须有宪法依据，监察

---

[1] 本书发表于"中国法律评论"微信公众号2017年11月17日，原题为《另一种观点：监察法（草案）在宪法上总体是站得住的》，文中观点属宪法修改和监察法制定之前的一种观点，是争鸣性质的，现原文收录。

法中必须写明"根据宪法，制定本法"，否则就是违宪的。

实际上，查阅全国人大及其常委会制定的法律即可发现，并不是所有的法律都开宗明义写了"根据宪法，制定本法"，不少法律没有写这一内容。为什么出现这一情况？因为宪法是国家的根本大法，它只规定那些带有根本性的事项，很多事项没有也不必写进去，或者是立宪时没有预见到事物的发展而没有写进去，而全国人大及其常委会是为国家和社会制定规则的最高权力机关，事物发展到哪里，它的立法可能就要跟进到哪里，但宪法修改所遵循的一条基本原则就是，不轻易修改，可改可不改的不改，所以，不能要求全国人大及其常委会没有宪法的明确依据就不制定法律。

从另一方面看，是否在法律条文中写明"根据宪法"，与是否违宪并没有直接的因果关系，一部法律即使在第一条写上"根据宪法制定本法"，其他的法律条文也有违宪的可能；一部法律即使没有在条文中写"根据宪法制定本法"，但也完全可能是落实宪法的好法律。因此，不能认为监察法（草案）没有写"根据宪法"，就属于违宪。

退一步说，如果认为监察法一定要写"根据宪法，制定本法"，在不修改宪法的情况下，也完全可以写上，因为《宪法》第62条规定，全国人大的职权之一就是"制定刑事的、民事的、国家机构的和其他的基本法律"。监察法不就是国家机构的基本法律吗？不修改宪法，制定监察法，不就是根据宪法，具体地说是根据《宪法》第62条的规定吗？

2. 宪法中没有规定监察委员会，全国人大能否制定监察法

有的观点提出，宪法中没有规定监察委员会这一国家机构，监察法（草案）在找不到宪法依据的情况下设立监察委员会，就是违宪的。

笔者认为，应当从两方面看这个问题：一方面，宪法中如果规定了监察委员会这一国家机构，再制定监察法，当然更好。但另一方面，宪法没有规定监察委员会，全国人大在不修改宪法的情况下制定监察法，设立监察委员会，也不能认为就是违宪。因为：

第一，宪法并没有禁止设立监察委员会或者类似监察委员会性质的机构。如果有类似禁止性的规定，在不修改宪法的情况下，全国人大立法设立监察委员会，就有违宪之嫌。

第二，如前所述，《宪法》第62条规定，全国人大有权制定国家机构方面的基本法律，《立法法》第7条也重申了宪法这一规定。所以，在宪法没有规定监察委员会的情况下，全国人大制定一部监察法，规定监察委员会的组织和职权，在宪法上是没有问题的。

第三,《宪法》第三章"国家机构"中虽然没有监察委员会这一国家机构,但上述《宪法》第 62 条的规定本身就在"国家机构"这一章中,所以,不能认为宪法没有规定某一国家机构,全国人大就不能立法规定它的组织和职权。

第四,应当注意的是,《宪法》第 62 条有关全国人大可以制定国家机构方面基本法律的规定,并不意味着全国人大只有对宪法明确规定的国家机构才能立法;宪法没有明确规定一个国家机构,只要有利于宪法的实施,全国人大也有权立法设置,关键是要看全国人大设立这一国家机构的初衷是什么,以及对这一国家机构规定的职权是什么。

3. 监察法(草案)有没有违背宪法确立的人民代表大会制度

有的观点提出,人民代表大会制度是我国的根本政治制度,监察法(草案)动了宪法规定的人民代表大会制度的根本,将原来的"一府两院"改变为"一府一委两院",调整了人民代表大会制度中的国家机关权力关系,因此是违宪的。

人民代表大会制度是我国的根本政治制度,是彭真当年提出的,这主要是一种政治上的说法,一直沿用至今,并不是宪法和法律的明确规定。宪法虽然没有对人民代表大会制度进行定性的规定,但还是明确规定了人民代表大会制度的基本内容。如何理解这个基本内容?恐怕主要应从以下三个层次进行:

第一个层次是《宪法》第 2 条的规定,即国家的一切权力属于人民,人民行使权力的机关是全国人民代表大会和地方各级人民代表大会。这是人民代表大会制度的根本所在、精神所在,如果监察法(草案)违反了这个精神,侵犯和损害了人民代表大会的权力(比如,规定监察委员会可以对人大及其常委会这个权力机关进行监察监督,或者行使人大及其常委会的职权),就肯定是违宪了。有的观点认为监察委员会可以对人大及其常委会组成人员进行监察,就损害了人民代表大会制度的权威,是不准确的。对人大及其常委会组成人员个人进行监察和对人大及其常委会这一权力机关进行监察是两码事。从现在的监察法(草案)看,其规定显然不存在这个情况,没有违宪。

第二个层次是《宪法》第 3 条第 1 款的规定,即国家机构实行民主集中制的组织原则,也即人民代表大会通过民主集中制的组织原则来组织起国家机关的体系。这个组织原则的宗旨,也是保证国家权力掌握在人民和人民代表大会的手中,损害或者背离了这个组织原则,就是损害人民代表大会制度,就是违宪了。如果监察法(草案)对监察委员会组织与职权的规定,违背了民主集中制的组织原则(比如,规定监察委员会不由人民代表大会产生,不对它负责,不受它监督),就违宪了。从草案现在的规定看,尚不存在这个问题。

第三个层次是《宪法》第 3 条第 4 款的规定，即中央和地方国家机构的关系，应当在遵循中央统一领导的前提下，充分发挥地方的主动性和积极性。这也是人民代表大会制度中民主集中制的一项组织原则。如果监察法（草案）对监察委员会的领导体制的设计，违背了这个规定，即属违宪。现在的草案显然没有这样的情况。

从上述《宪法》第 2 条、第 3 条的规定可以清楚地看出，人民代表大会制度的根本精神是，国家的一切权力属于人民，人民行使权力的机关是全国人民代表大会和地方各级人民代表大会。为了贯彻这个精神，保证国家权力始终和牢牢地掌握在人民和人民代表大会的手中，人民代表大会就必须通过民主集中制的原则组织起国家机关的体系。

现在的问题是，人民代表大会之下究竟要设哪些国家机构？设与不设、多设与少设，与人民代表大会制度是什么关系？是不是增加或者减少一个机构就动摇了人民代表大会制度的根本，就违宪了？不能这么说。设一个国家机构、不设一个国家机构，多设一个国家机构、少设一个国家机构，应当依据人民代表大会行使权力的需要而定，只要坚持民主集中制的组织原则，有利于人民代表大会行使权力，设与不设，多设与少设，都有灵活性。这样的灵活性没有也不会动摇人民代表大会制度的根本，如果要上升到宪法中的人民主权原则和人民代表大会制度的根本，这个灵活性体现的正是人民主权原则，是人民代表大会制度的根本。

回顾历史也可以发现，我们对人民代表大会之下究竟要设哪些国家机构，在认识和实践中，有一个不断发展的过程。1940 年，毛泽东在他著名的《新民主主义论》一文中设想人民代表大会制度时，只是强调"中国现在可以采取全国人民代表大会、省人民代表大会、县人民代表大会、区人民代表大会直到乡人民代表大会的系统，并由各级代表大会选举政府"，"这种制度即是民主集中制"。到了 1945 年，毛泽东在他的《论联合政府》一文中设想的新民主主义的政权组织，仍然是"应该采取民主集中制，由各级人民代表大会决定大政方针，选举政府"。从这里可以看出，毛泽东最初设想的人民代表大会制度，在国家机构的设置上，强调的是人民代表大会和在人民代表大会之下设立执行性质的政府，没有明确说人民代表大会之下还要设其他的国家机关。中华人民共和国成立之后，人民代表大会之下设立的国家政权机关也经过了一个不断变化发展的过程，只是到了八二宪法才明确规定了人民代表大会之下设立"一府两院"以及中央一级的国家主席和中央军事委员会。

这个历史脉络也说明，在人民代表大会之下究竟设立哪些国家机构，是在不断变化,也可以变化的,但没有变化也不能变化的是把权力从根本上掌握在人民代表大会的手中,是民主集中制。把这两条抓住了,才抓住了人民代表大会制度的根本,在人民代表大会之下多设少设几个国家机构,是翻不了人民代表大会这个天的,是跳不出人民代表大会这个"如来佛"的掌心的。

现在的问题是,宪法有没有对人民代表大会之下的国家机构作出明确的排他性规定?显然没有。《宪法》第3条第3款的规定是,国家行政机关、审判机关、检察机关由人大产生,对人大负责,受人大监督。这个规定的立足点是对该条第1款民主集中制的内容进行具体化,旨在强调这三类国家机关必须遵循民主集中制的组织原则,而不是限定人民代表大会之下国家机关的范围,只能设立这三个机关,不能设立其他机关。

当然要承认,制定宪法时预想的就是上述三个机关,另外,在中央一级还包括国家主席和中央军事委员会(这两个国家机构的民主集中制原则有一定的特殊性,所以没有在第3条规定),没有想到设监察委员会。但可以肯定的是,从立宪原意看,《宪法》第3条包括由此展开的第三章"国家机构"中的内容,其初衷都不是要限定人大之下国家机关的范围,更没有明确排斥设立其他国家机关的规定。

而现在说监察法(草案)设立监察委员会违背宪法中人民代表大会制度结构的观点,主要理由就是认为监察委员会超出了《宪法》第3条第3款以及由此延伸的第三章"国家机构"中所规定的国家机构的范围。这实际是对立宪原意的重大误判。

宪法没有规定监察委员会,不等于全国人大就不能在宪法之外设立监察委员会。即使不修改宪法,全国人大单独制定监察法,设立监察委员会,只要监察委员会行使职权有利于国家权力掌握在人民和人民代表大会的手中,而非朝着相反的方向走,只要监察委员会与人民代表大会的关系严格遵循民主集中制的组织原则,就不存在违宪的问题,不存在动摇人民代表大会制度根本的问题,相反,这正是对宪法中人民代表大会制度的巩固和发展。

人民代表大会制度本身就在不断健全、创新、发展和完善中,党的十八届三中全会也明确提出,要对人民代表大会制度进行实践创新,宪法对人民代表大会之下究竟应当设哪些国家机关以及这些国家机关之间的关系,虽然有明确的规定,但这些规定是开放式的,并非封闭式的,是允许全国人大创新设立宪法规定之外的国家机关的。

按照宪法的规定,全国人大有修改宪法的权力,当然也有解释宪法的权力,它的立法本身就有解释宪法的性质。所以,全国人大不修改宪法、不解释宪法,直接制定一部监察法，在人民代表大会之下再设一个监察委员会，是没有问题的，在宪法上有足够的理解和解释的空间。如果一定要提出是否合宪的疑问，可以作三种回答：第一，监察法是全国人大根据《宪法》第62条的规定，制定的一部关于国家机构的基本法律；第二，监察法是对《宪法》总纲中第2条第2款"人民行使权力的机关是全国人民代表大会和地方各级人民代表大会"和第3条第1款"中华人民共和国国家机构实行民主集中制的原则"的具体落实；第三，监察法是以立法方式实施宪法中人民代表大会制度的重大措施。

至于监察法（草案）中对监察委员会一些职权的规定，可能涉及行政机关、审判机关、检察机关的职权调整，这是难免发生的问题，但如何解决这个问题，本身即属于全国人大及其常委会的立法权限，将来立法时做好法律的衔接、协调即可解决，不能把用法律可以解决的有关国家机关职权衔接、协调的问题，上升到违宪的高度。

还有，对于监察法（草案）是否违背宪法规定的人民代表大会制度，我们不能笼统地下判断，不能抽象地说它违背了这个制度的基本原则或者基本精神，而是必须指明它违背了宪法中人民代表大会制度的哪个条文，这样才有说服力。

4. 监察法（草案）有没有违背宪法中有关公民基本权利的规定

有的观点提出，监察法（草案）的不少规定违反了宪法有关公民人身自由、通信自由和通信秘密、财产权等基本权利受法律保护的规定，以及公民有权获得辩护的规定，认为国家公职人员也是公民，或者首先是公民，对他们宪法基本权利的限制，不能超越刑事诉讼法等法律的规定，不能比普通公民严苛。笔者认为，判断监察法（草案）中限制公职人员自由权利的规定是否违背宪法，主要涉及三个重要问题：

第一个问题是，国家公职人员的权利能否克减。如果我们承认与普通公民相比，国家公职人员的权利可以克减，目前监察法（草案）的有关规定就不能说违宪。而现在认为草案相关规定违宪的观点，是基于一个自我认识上的前提，即持论者认为国家公职人员也是普通公民，应当享有普通公民的权利，不能克减权利自由。但这个认识与法律草案起草部门、提案主体的初衷显然是相悖的。草案起草部门、提案主体的立场很清楚，即公职人员的宪法、法律权利应当克减，而且倾向于大幅克减。如果以这个认识为出发点，那么草案有关留置措施等限制剥夺公职人员权利的规定，就不存在违宪问题。所以，认为草案在公民基本权利方面违宪的观点，是缘于持论者用自己的立场去衡量草案起草者、提案者的立场，带有单向的主观性。

第二个问题是，如何准确理解宪法规定的法律面前人人平等。宪法中的法律面前人人平等是相对的，不是绝对的无条件的平等，是指同一类人在法律面前的平等，强调同一类人中不可以有一部分人享有超越宪法和法律的特权。举一个简单的例子，宪法规定公民有受教育的权利和义务，但有关教育方面的法律对不同类型公民受教育的权利义务内容都做了具体限定，恐怕就不能说教育方面的法律违宪了。再比如，宪法规定了公民的基本权利自由，但刑法对国家工作人员犯罪行为所规定的刑罚显然都比一般公民要严格，恐怕不能说刑法的规定违反了宪法中法律面前人人平等的规定。现在，监察法（草案）实际是把公职人员从普通公民中单列出来，因为他们掌握着公权力，所以，在监察其违纪违法行为时，要做一些特殊的权利克减，这与刑法对国家工作人员犯罪所规定的刑罚重于普通公民的犯罪在性质上是一样的，不能简单地得出草案违宪的结论。

《宪法》第37条规定，任何公民非经检察机关批准或者法院决定，并由公安机关执行，不受逮捕，这里的"逮捕"是有特定法律内涵的强制措施。从这个规定也不能得出对公职人员进行"留置"的强制程度就不能超过"逮捕"的强制程度，因为很显然，一个被"留置"的公职人员，其犯罪的危害程度以及对其进行监察侦查的复杂程度，完全可能远远超过一个不掌握公权力的被逮捕的普通犯罪嫌疑人。按照监察法（草案）的设计，处于监察程序中的公职人员，不能享有宪法赋予普通公民获得辩护权等权利的保护，应当也是这个道理。

《宪法》第37条还规定，禁止非法拘禁或者以其他非法方法剥夺或者限制公民的人身自由，禁止非法搜查公民的身体。这里连续出现的非法中的"法"，主要是指"法律"。就是说，在没有法律规定的情况下，不能剥夺和限制公民的人身自由，搜查公民的身体。但监察法（草案）显然是要成为一部法律的，所以对它作出的相关规定，也不能简单地说成违宪。

第三个问题是，全国人大及其常委会制定一部大幅克减公职人员权利的法律是否违宪。按照宪法和立法法的规定，全国人大及其常委会有权制定限制和剥夺公民自由权利的法律，当然也有权制定大幅克减公职人员自由权利的法律。刑法就针对性地对国家工作人员的犯罪行为作出了规定。因此，从立法权限上看，现在的监察法（草案）并不违宪。

当然，说监察法（草案）中关于克减公职人员宪法基本权利的规定不违宪，并不是说这个法律就可以做出任意性的规定，它对公职人员权利克减的规定，仍然应当保持一个合理的限度。

5. 全国人大常委会审议并公布监察法（草案）的行为是否违宪

有的观点认为，全国人大常委会审议之后向社会公开征求意见的监察法（草案）是违宪的，表明全国人大常委会对宪法不尊重，因此要求全国人大对常委会公布的这个法律草案进行合宪性审查，言下之意是要对全国人大常委会进行合宪性审查。

实际上，目前全国人大常委会的所作所为，并无不妥。在监察法的立法中，全国人大常委会要做的工作，主要包括：一是，初次审议和以后的继续审议；二是，让它的有关办事机构依法公开法律草案，向社会征求意见；三是，向全国人大提出监察法（草案）的议案。

现在，全国人大做了两项工作：一是，进行了初次审议，但对审议稿没有加进并公开倾向性的意见。在不了解背景、没有看到常委会倾向性意见的情况下，不能说常委会违宪，也不能说常委会对宪法不尊重。二是，公开了法律草案。对初次审议近半年后常委会公开法律草案的行为，我们应当给予积极评价才对，因为它让社会有了了解和提出意见的机会，而根据《立法法》第37条的规定，委员长会议就有权决定不公开法律草案。关键是，现在向社会征求意见的监察法（草案），是常委会的初次审议稿，没有体现常委会的意志，所以，也不能说常委会对宪法不尊重甚至有违宪之嫌。而向社会公开法律草案，是依据《立法法》第37条的规定而做的，所以也不能因为常委会公开的这个法律草案被认为有瑕疵，就说是常委会违宪或者不尊重宪法。

从上面的分析可以看出，如果不以公职人员与普通公民享有相同的宪法、法律权利为前提，那么，从监察法（草案）的内容、全国人大常委会的立法权限以及所进行立法活动看，这部法律草案以及常委会的立法活动在宪法上总体是站得住的。

同时也需要注意的是，我们指称一部法律草案违宪，不能笼统地说它违背了宪法的基本原则、基本精神以及依宪治国、法治原则之类的抽象内容，甚至以党的文件和领导人讲话为标准来衡量，在更抽象的意义指称违宪，也不能把一部法律的内容与其他法律的冲突归为违宪，应当注意违宪和违法的区别。

（二）全国人大常委会关于监察体制改革试点的两个决定并不违宪

从2016年12月到2017年11月，全国人大常委会先后作出两个决定：一是在北京、山西、浙江三地开展监察体制改革的试点工作；二是在全国各地推开监察体制改革的试点工作。理论中不少观点认为这两个决定是违宪的。

这两个试点决定主要涉及宪法中的人民代表大会制度的结构问题，涉及行政监察法、刑事诉讼法、检察院组织法、地方组织法和检察官法的调整和停止执行。而在这几部法律中，行政监察法、检察官法本身就是常委会制定的，它既有权制定，也有权废除，当然更有权在试点期间停止执行了。而另外几部法律是全国人大制定的基本法律，那么，如何看待常委会对这几部法律中的有关内容作出调整执行或者停止执行的决定？这也与宪法相关。所以，研究常委会的两个决定是否合宪，要考虑以下几个问题：

一是，两个决定与宪法确立的人民代表大会制度的关系。认为它违宪的理由之一，就是它违反了宪法中有关人民代表大会制度的结构。这个问题的主要观点笔者上文已经述及，但上文说的主要是全国人大，那么全国人大常委会有没有权力作出试点决定？应当说，也没有问题，因为在代表大会闭会期间，常委会就行使它的部分立法权；作出试点的决定，从宪法体制上看，不存在不可逾越的鸿沟，当然，第二个决定由代表大会作出可能更适宜一些。

二是，常委会决定调整执行或者停止执行的性质是什么？这实际是修改法律的一种特殊形式，是对法律的临时修改。常委会有权修改法律，即有权改变或者废除法律中的部分条文。修改后的法律在全国都具有法律效力，而现在它所做的调整或者停止执行，并非完整意义上的修改，实际只是试点期间的临时修改。所以，常委会的决定是其修改法律职权的一部分，在宪法和法律上都没有问题。

三是，涉及《宪法》第 62 条和第 67 条的具体规定。按照这两条的规定，全国人大制定基本法律，常委会在代表大会闭会期间有权对代表大会制定的法律进行部分补充和修改，但是不得同该法律的基本原则相抵触。刑事诉讼法、检察院组织法、地方组织法都是全国人大制定的基本法律，常委会的两个决定从性质上说，是对这几个基本法律非完整意义上的、临时性的部分补充和修改。

现在的问题是，这个补充和修改有没有与这几部法律的基本原则相抵触。如果要把全国人大常委会的两个试点决定与违宪联系起来，实际主要需要研究两个问题：一是，刑事诉讼法、检察院组织法和地方组织法的基本原则是什么，有哪些基本原则？二是，常委会的决定中有关调整和停止执行的内容是否与这些基本原则相抵触？如果确实抵触了，可以说有违宪的嫌疑。但不要忘记，常委会的这两个决定还不是宪法规定的完整意义上的部分补充和修改，试点后发现有问题，还可以再恢复回来。所以，即使两个决定的内容与几个基本法律的基本原则不甚相符，也很难下结论说它们就违宪了。

所以，笔者认为，即使对这两个已经发生法律效力的常委会决定，也不能轻言违宪。

(三) 几个可以研究的相关问题

1. 建议对公职人员的权利克减问题做专门研究

从现在的各种争议看，将监察法制定中的多数问题归结起来，要害的一点就是，对于涉嫌违纪违法的公职人员在移送侦查起诉审判之前的监察程序中，能不能克减其权利，克减到什么程度为宜。如前所述，如果全国人大一定要在监察法中大幅克减公职人员在监察程序中的权利，在立法权限上不存在违宪的问题。

但是，一部法律对公民中一个特殊群体基本权利自由的限制克减，应当尽可能规定得科学、合理、合情。对这个问题的妥善解决，既要考虑法理问题，也要考虑中国特殊的国情和实际，特别是要考虑反腐肃纪的严峻形势和我们面临的各种风险挑战。

在很大意义上说，对公职人员的权利克减不完全是宪法、法律的规定问题，也不是单纯的法理问题，还是个很严肃的政治问题，牵涉的因素相当多。建议有关方面组织专门力量，集中研究，找出科学方案，努力把法律中的相关内容规定好。

2. 建议慎重研究回答监察机关的性质

对新设立的监察机关如何定性，是个大问题，因为性质决定职权和地位，也决定它与其他行使公权力机关之间的关系。截至目前，权威的官方文件特别是立法文件尚没有对监察机关在国家机关体系中属于什么性质，给出明确答案。

而2021年11月5日，新华社记者发表的长篇监察体制改革综述，在披露监察体制改革大量细节的同时，提出一个说法：监察机关代表党和国家行使监督权，是政治机关，不是行政机关、司法机关。新华社在一篇新闻综述中做出这个定性，引人注目，很不寻常。

什么叫政治机关？政治一般是与法律对应称呼的，有政治机关，是不是还有法律机关？政治机关有什么特点，与法律机关的区别是什么，与日常所说行政机关、司法机关的区别是什么？在进入国家机关体系后如何处理与其他国家机关之间的关系？这些问题很重要。

建议有关方面予以慎重研究，对监察机关给出权威定性，因为制定监察法，就必须在法律上给监察机关进行定性。从现在的情况看，宪法和法律对权力机关、行政机关、审判机关的定性都比较准确，而在把人民检察院定性为检察机关的同时，又说它是法律监督机关，行使检察权，但什么叫"法律监督机关"？它的职权边界在哪里？检察权与法律监督权又是什么关系？一直以来未能回答清楚，这就直接影响了检察机关在国家机关体系中的法律地位和相关职权的行使。如果在法律的层面，是不是也可以把监察委员会直接定性为监察机关，在这个基础上再规定它的职权，使其职权反映性质？

3. 建议慎重研究设立监察机关后国家权力的平衡问题

这个问题笔者在此前的文章已着重提出过。设置这个监察机关并赋予其广泛的职权，确实容易让人担心它会打破原有人民代表大会制度体制下国家机关之间的权力平衡。这个平衡既包括监察委员会与原来"一府两院"之间的平衡，也包括它与人大及其常委会之间的权力关系。建议有关方面对这些问题慎重研究设计。

4. 建议对监察机关要不要向人大报告工作做慎重研究

现在的监察法（草案）没有规定监察委员会向同级人大报告工作，引起了不少异议。设想监察委员会不向人大报告工作，只向人大常委会做专项工作报告，有它的合理性，特别是政治上的合理性，因为如果让身为监察委员会主任的纪律检查委员会书记向人大报告工作，可能引起很多的联想和连锁反应。但除政治的因素之外，这个问题恐怕还有它的复杂性。

八二宪法没有规定中央军事委员会向全国人大报告工作，是因为军事问题极为特殊，涉及相当敏感机密的东西，而且有对外的因素。宪法也没有规定法院和检察院向人大报告工作，但后来的相关法律陆续修改，要求两院都必须向人大报告工作，一直沿用至今。现在，处理个案的法院、检察院都向人大报告工作，而监察委员会处理的同样是个案，权力很大，又与中央军委有很大的区别，其向人大报告工作和不向人大报告工作差别是很大的，对于在法律上如何处理人大与监察委员会的关系，关系甚大，建议有关方面对这个问题再予慎重研究。

5. 建议在立法中妥善处理党的领导与人大依法行使职权的关系

立法工作必须坚持党的领导。全国人大及其常委会立法，就是通过法定程序将党的主张上升为国家意志，实现党的领导、人民当家作主、依法治国有机统一。十八届四中全会提出，党要善于通过法定程序将自己的主张上升为国家意志，十九大报告提出，党在加强集中统一领导的同时，要支持人大依法履行职能，推进科学立法、民主立法、依法立法。在监察法的立法过程中，应当严格贯彻上述精神，妥善处理党的领导与人大依法行使职权的关系。

结合近一年来监察体制改革的立法，有几个问题建议有关方面予以研究重视：

一是，应注意党的主张与人大意志的联系与区别。党是工人阶级的先锋队，是先进力量的代表，党提出的主张包括路线方针政策，是站在新时代的前沿的，具有超前性，但人大是代表全体人民意志利益行使国家权力的，其超前性可能赶不上党的主张，但人大代表民意的广泛性可能超过党的主张，所以，它应当反映最大多数人的最大利益。在这种情况下，党提出监察体制改革的立法主张，具有先进性、超前性，但人大在立法过程中，应当用自己的代表性和广泛性来对党的主张发表意见，与党的主张相辅相成，相得益彰。

二是，党要在"善于"领导人大立法中做文章、下功夫。什么叫"善于"？这可以有很多的内容。比如，党充分听取人大组成人员的意见，特别是听取不同的意见，在听取意见的基础上多谋善断，进一步完善自己关于监察体制改革的主张，提高立法质量。

三是，人大要充分发挥法定程序中的作用，以充分的调查研究为基础，在法定程序中提出审议意见，使党的主张与人民意志高度统一，最后通过一部好的监察法。

但现在监察体制改革的立法中有几个问题值得注意：

一是，中共中央办公厅以公开印发文件的方式推动监察体制改革，容易引起不必要的误解和非议。有人可能会提出，中央办公厅与党中央是什么关系，觉得中央办公厅毕竟不是党中央，由它代表中央发文推进重大改革，不太适宜。有人可能会提出，中央办公厅公开印发的两个推动监察体制改革的文件，与几部法律的明文规定不符，甚至指称文件违宪。还有人可能会产生联想，认为中办发文在先，是在给人大施加压力，人大常委会没有退路了，只能跟进立法，全盘接受。此做法可能的确容易让人产生这些误解非议和联想。从以往的立法经验来看，党提出立法的建议主张，在人大常委会审议之前都是不公开的，这样给人大的审议留有余地，也避免了被指称违法、违宪的嫌疑。建议有关方面对此予以重视研究。

二是，中办的两个发文与人大的两个决定时间距离太近了。2016年11月7日中央办发文，要求在北京等三地推动监察体制改革，同年12月25日，人大常委会就通过了改革试点的决定。2017年10月29日中办发文，要求在全国推开改革试点，11月4日，人大常委会又通过改革试点的决定。这两个发文与人大的决定时间相隔太近，容易让人觉得在人大那里时间太仓促，缺乏一个调查研究和沉淀酝酿思考的过程。

三是，全国人大常委会在它的两个试点决定中，第一句话都是"根据党中央确定的……改革试点方案"，或者"为了贯彻落实党的十九大精神"。人大常委会在法律中写明自己的立法内容是根据党中央的改革试点方案或者贯彻党中央的精神而来的，是旗帜鲜明坚持党的领导的体现，但同时也容易出现两个问题：一是，容易让人误以为，这个法律的内容都是党中央定的，人大只是履行了一个法律手续而已，没有充分发挥在立法中的主导作用；二是，任何立法都不能保证没有失误，一旦将来出现问题，人们又容易提问，这个责任究竟是在人大还是党中央？建议有关方面对人大在法律的正文中如何表述与党的主张的关系，加以研究。

6. 全国人大应当在立法中主导达成共识

全国人大是最高国家权力机关，常委会是它的常设机关，两者在立法中应当最大限度地寻找和达成共识。这段时间以来，人们有一个感觉，就是监察体制改革的立法在社会上遇到不少纷争。对于一项改革性立法，在社会上遇到纷争怎么办？

1981年修改宪法时，最初的宪法修改讨论稿在社会上就引起纷争，针对这种情况，彭真明确说，人大修改宪法只能规定人民达成共识的东西，社会上议论纷纷的东西不能在宪法中作规定。在他的这一思想指导下，宪法修改委员会秘书处对宪法修改讨论稿又进行大幅修改，最后的宪法修改草案得到高票通过，就是因为这个宪法反映的是人民的共识。

这个经验对我们今天仍然有启发意义。建议有关方面在监察法的立法过程中，认真研究如何寻找社会最大共识，努力达成社会最大共识，使人大及其常委会的多数意见与社会最大共识一致起来。只有反映社会共识的法律，其基础才是牢固的。

7. 建议对监察体制改革试点中遇到的问题适当公开

监察体制改革试点的时间还很短，但改革的情况究竟怎样？截至2017年11月，似乎只有几则权威的改革试点的综述性新闻报道，但这几则报道讲的主要是经验，似乎没有涉及遇到的问题。新闻报道是宣传性质的，立法活动当然需要宣传，引导大家达成共识，但达成立法共识也不能过于倚重宣传，因为立法除了把经验巩固下来，还必须解决问题。

建议有关方面注意研究，能否把监察体制改革中遇到的各种问题，特别是那些立法不能回避的问题也公开出来，向社会广泛征求意见，群策群力，广泛集中智慧，在解决问题的基础上达成立法共识。

我们相信，以习近平总书记为核心的党中央和全国人大及其常委会，会不畏浮云遮望眼，以坚韧不拔的意志精神和卓越的政治智慧、法律水平与理论勇气，努力推进监察体制改革，制定出一部经得起宪法检验、经得起历史和人民检验的监察法。

十一

对修改全国人大及其常委会组织法和议事规则的若干建议[①]

为适应新时代加强人民当家作主制度建设的需要，有关方面正在酝酿修改全国人大组织法、全国人大议事规则和全国人大常委会议事规则等三部重要法律。这是深化党和国家机构改革，推进国家治理体系和治理能力现代化，发展完善社会主义民主政治制度的重要举措。本文对修改三件重要法律提出一些建议。

（一）贯彻落实"三统一""四善于"精神

按照修改后的宪法和党的十九届三中全会关于深化党和国家机构改革的决定，在修改三部法律时，进一步明确和加强党中央对全国人大及其常委会的领导，是必然的。但如何在法律中科学体现党的领导，处理好坚持党的领导与实现人民当家作主的关系，需要认真研究。

中共全国人大常委会党组工作规则规定，人大常委会党组对全国人大及其常委会的领导，要做到两个"确保"，即确保党的主张经过法定程序成为国家意志，确保党组织推荐的人选经过法定程序成为国家政权机关的领导人员。如何实现两个"确保"？一是要坚持党的领导；二是要改善党的领导。坚持党的领导是毫无疑问的，关键是如何改善党的领导。

对于改善党的领导，党的十八届四中全会提出了"三统一""四善于"，为党中央领导全国人大及其常委会的工作提供了根本遵循。实现以上两个"确保"，就是要在修改三个法律中充分体现"三统一""四善于"精神，特别是要把党中央领导全国人大及其常委会依法行使职权同党依法执政和在宪法、法律范围内活动统一起来，善于使党中央的主张通过法定程序成为国家意志，善于

[①] 本文发表于《中国法律评论》2019年第6期。

使党中央推荐的人选通过法定程序成为国家政权机关的领导人员，善于通过人大及其常委会实施党中央对国家和社会的领导，善于在人大及其常委会中运用民主集中制维护党中央权威、维护法制统一、维护全党全国团结统一。建议有关方面在修改法律时，紧紧扣住四中全会的重大精神，设计"三统一""四善于"的体制、机制和程序，使党中央对全国人大及其常委会的领导科学化、制度化、规范化、程序化，这对于发展完善人民代表大会制度，实现党的领导、人民当家作主、依法治国有机统一，具有重大意义。

（二）改革和明确全国人大常委会组成人员的人数

全国人大是最高国家权力机关，常委会是代表大会的常设机关，在代表大会闭会期间行使代表大会的职权。全国人大及其常委会行使各项职权的前提是，必须有明确的法定人数。但现有法律对这一事项的规定很不完善。建议在修改法律时明确规定以下问题：

1. 明确全国人大代表的数量范围

选举法规定，全国人大代表的名额不超过3000人。这个数量可以说比较明确，但又并不明确，因为它明确了上限不超过3000人，没有明确下限不得少于多少人。从这些年的惯例看，基本是2980人左右，但惯例并不代表法律的具体规定。理论中，一直有人建议大幅削减全国人大代表人数，在可以预见的时间内，这一观点尚不具备实现条件。但是，由法律明确规定代表人数的具体范围或者数量，是可行的、必要的。比如，在修改全国人大组织法时，可以明确规定，全国人大代表的名额不少于2980人，不超过3000人，或者就明确规定为2980人。同时，删去选举法中不超过3000人的规定。代表人数由全国人大组织法规定比较适宜，因为法定的代表人数是全国人大组织的基础，而选举法是规定选举程序的法律，可以不对代表人数做出规定。

2. 大幅增加和明确常委会委员的数量

宪法和全国人大组织法对全国人大常委会委员数量的规定，是"委员若干人"。但是，"若干"是多少？并不清晰。从语义上理解，"若干"是不定量的意思，但全国人大常委会这样重要的权力机关，其委员的数量在法律上却给人不定量的理解，不合适。实践中，一般理解的"若干"，大多为几个、十几个，而数十、上百个，就不适宜称"若干"了。所以，在法律中明确全国人大常委会委员的人数，十分必要。

十三届全国人大常委会组成人员共175人。其中，委员159人（十届全国人大以来，常委会委员人数基本稳定在159人左右）。在我国，由近3000名代表组成的全国人大，虽然是最高国家权力机关，但并不经常性地行使职权，它闭会期间职权只能由常委会行使。但是，在一个 14 亿人口的大国，这样一个经常性地行使最高国家权力的机关，其组成人员只有 175 人，委员只有 159 人左右，又是经过层层间接选举产生的，其代表性和民意基础是容易引起争议的。国外议会两院的组成人员基本都是几百人甚至上千人。比如，美国参众两院的议员有 535 人，英国上下议院加起来 1431 人，法国国民议会两院 577 人，日本参众两院 707 人，德国联邦议会两院 709 人，俄罗斯联邦会议两院 628 人，印度人民院和联邦院 789 人（由于各国议会的议员人数可能发生变化，以上这些数字未必精确）。国外议会制度我们不能学，但其中的一些技术和经验是可以借鉴的。除了印度之外，这些国家的人口数量只能算中国的零头，但它们的议会组成人员最少也是 500 多人，其确定议员数量的根据是什么，值得我们研究借鉴。六届全国人大时，常委会组成人员 155 人（那时全国的人口只有 10 亿左右），从十届至今，稳定在 175 人。确定这个人数，有历史的原因，也有惯例的影响。但随着人口的增长，特别是改革开放的推进和经济社会的快速发展，社会分工日益精细复杂，利益和价值观念不断多元化，新的社会阶层不断出现，一个由间接选举产生的 175 人组成的常委会，与充分代表和反映民意的要求相比，与常委会的重要地位和职权相比，都是不相称的。建议在全国人大代表人数不变的情况下，大幅增加常委会委员的人数，数量可以达到 500 至 1200 人，最好在 1000 人上下，并且由全国人大组织法做出明确规定。这样，就相当于在代表大会闭会期间，仍然有三分之一的专职代表在经常性地行使职权，这对增强常委会的力量与权威，保证最高国家权力的高质量行使，具有重大意义。

3. 明确副委员长的人数

宪法和全国人大组织法对副委员长人数的规定，与委员一样，也是"若干人"，没有明确的数字。但在全国人大常委会中，副委员长是仅次于委员长的重要职务，与委员长和秘书长组成的委员长会议，处理常委会的重要日常工作，因此，应当有法定的人数。自 1954 年第一届全国人大以来，副委员长人数最少的时候为 13 人（第一届、第十一届、第十二届），最多时 22 人（第四届），但最近四届以来，基本稳定在 13—15 人。建议总结经验惯例，在全国人大组织法中对副委员长的人数作出明确规定。

（三）进一步明确委员长会议的性质与职权

建议在修改全国人大组织法和常委会议事规则时，对委员长会议的有关事项加以完善。

1. 明确委员长会议的性质与地位

委员长会议是全国人大常委会极为重要的内部组织，应当有明确的法律性质与地位。根据宪法和法律的有关规定和精神，全国人大及其常委会的其他内部组织，都有明确的法律性质和地位。比如，全国人大专门委员会是代表大会的工作机构，在代表大会闭会期间受常委会领导，法制工作委员会和预算工作委员会是常委会的工作机构，办公厅是常委会的办事机构，工作机构和办事机构均受常委会领导。但是，委员长会议属于什么性质，具有什么样的法律地位，宪法和法律却没有规定。委员长会议能算是工作机构、办事机构吗？似乎并不合适，因为这样，可能就降低了它的崇高地位，限制了它的应有职权。不能算工作机构、办事机构，那么，能算是权力机关吗？显然也不行，因为只有全国人大及其常委会才是权力机关，如果委员长会议也是权力机关，在国家权力机关的最顶层，就有三个权力机关了。那么，能算常委会的领导机关吗？恐怕更不行，如果这样，就可能导致全国人大及其常委会领导体制的紊乱。长期以来，也正是因为委员长会议的法律性质和地位不清晰，才导致了其行使职权的不确定性，甚至引起了人们对它凌驾于常委会之上的不必要的担忧。这是个重大问题，建议在修改全国人大组织法时予以研究解决。

2. 明确和细化委员长会议的职权

按照《全国人大组织法》第25条的规定，委员长会议的职权只有四项：一是，决定常委会会期，拟定会议议程草案；二是，对向常委会提出的议案和质询案决定交由专门委员会审议或提请常委会审议；三是，指导专门委员会日常工作；四是，处理常委会其他重要的日常工作（需要注意的是，第四项兜底性规定中的"其他重要的日常工作"，其重要性是不应超过前三项工作的）。这些职权都是程序性的，不能实质上左右常委会会议的议程和走向。但在实践中，委员长会议行使的职权已明显超过了上述法律规定。

比如，委员长会议自己通过的议事规则就规定，委员长会议有"通过全国人大常委会年度工作要点和立法工作计划、监督工作计划等"的"职责"，立法法还规定，立法规划由委员长会议通过。这些都是十分重要的权力，是常委会行使职权的总开关，如果都由委员长会议决定和通过，委员长会议实际就具有了领导常委会的倾向。而委员长会议的议事规则不是法律，立法法有关立法规划由委员长会议通过的规定，是否与全国人大组织法关于委员长会议职权的规定相冲突，也值得研究。作为法律的常委会议事规则、监督法，均没有规定委员长会议有权处理上述事项，可以对照的是，常委会议事规则倒是规定，委员长会议拟定的常委会议程草案，都要提请常委会全体会议决定。也就是说，一个会议议程草案都须由常委会决定,而不能由委员长会议决定,而相比于上述委员长会议通过的工作要点、工作计划规划等事项,就易让人感觉到,不重要的事项倒要常委会决定,而十分重要的事项却是由委员长会议决定的,这是否符合科学立法的要求?

比如,委员长会议议事规则还规定,委员长会议有权向常委会提名全国人大各专门委员会副主任委员和部分委员人选,提名常委会代表资格审查委员会主任委员、副主任委员和委员人选。这是十分重要的人事权力,显然超越了《全国人大组织法》第25条规定的范围。

还有,全国人大组织法规定,委员长会议对向常委会提出的议案和质询案,决定交由有关的专门委员会审议或者提请常委会审议。容易产生两个问题:一是,委员长会议可以将全部议案质询案决定交由专门委员会审议,而不提请常委会审议,实际上卡住了常委会直接审议的通道;二是,"决定交由"的含义并不清晰,可以理解为"决定是否交由"或者"决定是否列入",实际也使得委员长会议可以卡住议案质询案直接通向常委会的通道,立法法中就出现了这些情况。

而实践中,委员长会议以"原则同意"或者"通过"的方式,出台了为数不少的直接或者间接规范全国人大及其常委会行使职权的内部工作制度。这些制度性文件是不是具有立法的性质,其所涉事项与国家立法权有没有重合交叉,是值得梳理研究的。

3. 研究常委会"重要日常工作"的含义

按照宪法和全国人大组织法的规定,委员长会议的职权是处理常委会的重要日常工作。但什么是"重要日常工作"?常委会的重要日常工作不就是举行会议,进行审议表决吗?除了举行会议外,常委会作为一个合议机关,在闭会期间是无法开展日常工作的。而工作机构、办事机构是常委会的参谋助手,为常委会提供服务,无论在常委会开会还是闭会期间,它们的日常工作在性质上是为常委会举行会议做准备,或者落实常委会会议的要求,而不是常委会本身的日常工作;没有常委会的授权或者同意,它们也不能代表常委会。那么,委员长会议所处理的工作是什么性质?似乎应当说,也属于为常委会服务性质的,而不是常委会的日常工作,只不过它的服务事项比工作机构、办事机构所服务的事项更为重要。如果把委员长会议、工作机构、办事机构的日常工作,都说成常委会的日常工作或者重要日常工作,就可能让人产生这三个主体都代表全国人大常委会的错觉。所以,为了科学规定委员长会议包括工作机构和办事机构的职权,需要对为常委会服务的参谋辅助工作与常委会本身的工作做清晰的区分。建议有关方面对这个问题予以研究，可以在修改这几个法律时，对宪法有关"重要日常工作"的用语做个别调整，也可在不修改宪法的情况下，在全国人大组织法和常委会议事规则中对委员长会议的职权做明确列举，不做兜底规定，让人通过列举看出委员长会议的具体工作与常委会本身工作的区别。

4. 将委员长会议议事规则的内容放到常委会议事规则中规定

现在，委员长会议通过的委员长会议议事规则，有两个问题：第一，它不是法律，不具有法律效力，但却与常委会会议有密切关联；第二，它的议事程序非常简约，既没有规定委员长会议组成人员之间的相互关系，也没有规定委员长会议的表决机制。由于委员长会议是全国人大组织法中的重要内容，并与常委会会议具有重要联系，其行使职权直接影响常委会会议的程序与结果，建议将委员长会议议事规则的部分内容化解到全国人大组织法中，并在常委会议事规则中对其议事程序做详细和完善的规定。

5. 明确全国人大常委会党组、委员长、委员长会议以及常委会彼此之间的关系

全国人大常委会是党中央领导下的重要政治机关，党中央是通过全国人大常委会党组来实现对常委会的领导的，而委员长又是当然的党组书记，在委员长会议中居于十分重要的地位，委员长会议在常委会的内部组织中又居于最重要地位，所以，科学设计和安排这几个重要主体之间的关系，对于坚持党的领导与保障全国人大常委会充分发扬民主具有十分重大的意义。现在，全国人大常委会党组有一个工作规则，这个规则的宗旨是保证党组在全国人大常委会中发挥领导核心作用。常委会是国家机关，它的议事规则第二条明确规定，常委会审议议案、决定问题应当充分发扬民主，因此，它的宗旨是发扬民主。但是，委员长会议的议事规则并没有明确委员长会议的宗旨。建议将几个议事规则的内容结合起来，通盘考虑以上几个重要主体之间的关系，将党组工作规则和委员长会议议事规则中的一些内容，整合规定到全国人大组织法和常委会议事规则中，使委员长、委员长会议成为常委会党组和常委会之间的重要桥梁，能够有效地将坚持党中央的领导和保证常委会充分发扬民主统一起来。

（四）完善全国人大及其常委会的会期制度

法定的会期制度是人大及其常委会组成人员充分发表意见、提高审议质量的保证。根据全国人大议事规则和常委会议事规则的规定，全国人大会议于每年第一季度举行，常委会会议一般每两个月举行一次，这两个规定是会期的重要内容。但是，每次会议举行多长时间，或者一年、一届人大及其常委会应当

有多长的开会时间，法律却没有规定。从这些年的惯例看，全国人大会议每年都在 3 月 5 日召开，会期为 10 至 15 天。实践证明，这一做法是可行的，建议在全国人大议事规则中把这个一般性的做法明确规定下来。同时增加一项立法设计：必要时，由特定的主体提议，经大会主席团决定，可以延长会议时间。

应当着重完善的是常委会的会议时间。从六届至十二届，每届五年中，全国人大常委会开会的天数分别是：六届 227 天，年均开会 45 天；七届 212 天，年均开会 42 天；八届 210 天，年均开会 42 天；九届 177 天，年均开会 35 天；十届 161 天，年均开会 32 天；十一届 134 天；年均开会 27 天；十二届 153 天，年均开会 31 天。从这个数据看，常委会在 5 年中开会的总天数明显呈逐届减少的趋势。其中，十一届常委会五年中年均开会仅 27 天，而最近的十二届年均开会也只有 31 天。这个现象应当引起足够重视和研究。为什么六、七届时，人口比现在少几个亿，经济社会的发展以及改革开放的形势任务远没有现在复杂，人民代表大会制度的健全完善处于起步阶段，立法任务没有后来的几届繁重，而常委会的会期却比后来的几届会期长很多？国外议会一年中差不多有半年甚至更多的时间在开会，我国的人大常委会虽然不能同国外议会做简单类比，但开会时间太短显然不利于人民当家作主。

建议在常委会议事规则中明确规定和大幅延长常委会的会期。由于常委会每次开会的议程具有不确定性，要求规定每次开会的具体时间，不太可行。但是，把常委会的议事决策时间放到一定时期内党和国家议事决策的整体格局中通盘考虑，是可以对开会时间进行总量规定的。比如，可以规定一年开会不得少于 60 天或者一届开会不得少于 300 天。有了这样的总数，有关方面就可以根据常委会的年度工作要点和立法、监督的工作计划以及一届常委会的总体工作规划，在每年或者一届的总天数中有针对性地灵活安排每次会议的时间，保证那些涉及重大复杂问题的议案有充足的审议时间。在这个基础上，还可以规定特定的主体（比如常委会组成人员、专门委员会等）在常委会会议期间，可以提起延长会议时间的动议。因为每次会议究竟要开多长时间，并不是事先就能估算出来的，事先决定的开会时间有时未必科学合理，会议所需的时间常常只有在会议进行中随着问题审议的进展才能逐渐清晰。临时延长会议时间是有先例的。比如，在中华人民共和国成立前夕北京市召开各界人民代表会议时，由于毛泽东到会讲话，提出了市民来信反映的物价高涨和捐税、失业多的问题，建议代表会议处理，会议就当即决定将原定的会期三天延长为五天。① 再比如，六届全国人大期间，在彭真委员长的主持下，常委会在会议审议的过程中，就多次延长原定的会议时间。建议在修改法律时总结历史经验和现实需要，为延长会期留下适当空间。

（五）改革代表团、一定数量代表或者委员提出议案的制度

全国人大及其常委会开会的前提，就是有动议。但长期以来，会议审议的议案基本是由国家机关及其内部组织提出的，代表团或者一定数量的代表或者委员提出的议案，除了极个别的情况外，尚没有直接进入会议议程的先例。建议修改法律时对此问题予以重视研究。

1. 对主席团和委员长会议审查处理议案的性质予以研究

按照全国人大组织法等法律的规定，一个代表团或者30名以上的代表，或者常委会组成人员10人以上，可以分别向代表大会或者常委会提出属于代表大会或者常委会职权范围内的议案，由主席团或者委员长会议决定是否列入大会议程或者提请常委会会议审议。这就是说，主席团或者委员长会议对代表团或者一定数量的代表、委员提出的议案，具有进行实质性审查并作出处理决定的职权。但这里有几个问题需要研究：

一是，根据全国人大组织法的规定，主席团是由全国人大预备会议选举产生的，是只存在于本次会议期间的临时性机构，不是全国人大的常设机关；而且，其职权是主持大会会议，但主持应当是程序性的。这样，将对各类议案进行实质性审查并予以处理的职权交给主席团这一临时性、程序性的会议主持机构，是否适宜，就值得研究了。而委员长会议虽然不是临时性的机构，但一概由它对一定数量的委员向常委会提出的议案进行经常性的审查处理，是否合适，也值得研究，因为这样，在委员向常委会提出议案的通道上，委员长会议实际就成为委员提出议案的审批机构了。

二是，代表团、一定数量的代表或者委员，是向代表大会或者常委会提出议案的，而不是向主席团或者委员长会议提出议案的。如果代表大会或者常委会由于特殊情况来不及审查处理代表委员提出的议案，可以临时授权主席团或者委员长会议对某次会议上提出的议案进行审查处理，但是，如果法律明确规定由主席团或者委员长会议来进行一般性的审查处理，其法理基础就需要研究

---

① 《彭真传》编写组. 彭真传（第二卷）[M]. 北京：中央文献出版社，2012：620-621.

论证。

2. 对代表团、一定数量的代表或者委员向大会或者常委会提出议案的处理问题做新的立法设计

可以有几个方案：

方案一：对这几类主体直接向大会或者常委会提出议案，不作一般性规定，因为法律作了一般性规定，这些主体特别是代表联名提议案的积极性高、数量多，但又总是不能进入大会议程，那么，这个规定就没有意义。在不作一般性规定的情况下，可以设计例外性规定，让代表团、代表和委员在特定情况下可以直接向大会或者常委会提出议案。

方案二：不规定代表团或者一定数量的代表可以直接向代表大会提出议案，或者即使可以直接提，也作严格限制。因为代表大会的时间有限，要审议决定的问题很多，议程早已确定下来，并经党中央批准，在会议过程中临时增加议案，基本没有可行性。但是，可以拓宽常委会会议将委员提出议案直接列入议程的通道，因为委员是专职的，有条件提出质量较高的议案，常委会的会议时间相对充裕，议程虽事先经党中央批准，但有调整的灵活空间。

方案三：在不改变现有关于代表团、一定数量的代表或者委员可以直接向代表大会或者常委会提出议案规定的情况下，设计一种激活机制：一是，改变将代表团或者代表提出议案的截止时间一般定为3月11日的惯例，将这一时间大幅提前，可以规定到会议召开的第一天最迟第二天。同时，规定委员须在常委会会议召开前的一段时间提出议案。二是，明确规定凡向代表大会或者常委会提出的议案，应当将议案全部内容直接交代表大会或者常委会审议，并专门留出审议议案的时间。三是，在代表大会或者常委会审议后，由主席团或者委员长会议综合审议意见，提出进一步的处理意见，提请代表大会或者常委会审议决定。四是，明确规定，代表大会或者常委会会议议程和日程中，应当为临时增加议案预留时间。

3. 对闭会期间能否提出议案作出规定

现在，全国人大及其常委会的两个议事规则只规定，代表团、一定数量的代表或者委员可以向代表大会或者常委会提出议案，但没有规定提出议案的具体时间。会议中提出议案当然没有问题，但在闭会期间能否提出，向谁提出，如何处理，法律并没有作出规定，建议对这些问题予以明确。

4. 对能否向"两高"和监察委员会提出质询案予以规范

常委会议事规则和监督法都规定，常委会组成人员在会议期间有权对"两高"提出质询案，但代表大会组织法和议事规则却没有规定代表有质询"两高"

的权力。而《代表法》第14条又明确规定,全国人大会议期间,一个代表团或者30名以上的代表联名,有权书面提出对"两高"的质询案。建议将这些法律的规定与全国人大组织法一致起来,做统一规定,并对代表或者委员能否向监察委员会提出质询案,予以研究规定。

5. 对议案的性质、种类、结构加以研究规范

宪法和有关法律既规定了有关主体可以提出议案,又规定了宪法修改案、法律案、质询案、撤职案、罢免案等动议的表现形式,还规定人大代表有权向本级人大提出对各方面工作的建议、批评和意见。但是,对于什么叫议案,议案究竟有哪些种类以及应当具备什么样的结构,议案与建议、批评和意见有什么区别,宪法法律并没有做出明确规定,理论实践中如何把握,也并不清晰一致。比如,按照法律的分散规定和日常理解,一般都会认为,质询案、罢免案等都属于议案的一种,但《代表法》第3条又明确规定,代表有权"依法联名提出议案、质询案、罢免案等",这又说明,质询案、罢免案等,并不属于议案的一种,而是与议案平行的一类动议。再比如,历届全国人大会议在处理代表议案时,都有数量不少的议案被转化为代表建议、批评和意见,这说明,不少代表在提出议案时,尚未弄清楚议案与建议、批评和意见的区别。由委员长会议原则同意的全国人大代表议案处理办法,力图对议案做这样的解释:"属于全国人民代表大会职权范围内的议事原案",即议案就是议事原案。但这个实际是一种循环解释,还是不甚清楚。这个办法还规定,议案应当有案由、案据和方案,但对这三个要件的理解,伸缩性是很大的。比如,代表联名提出一个法律议案,这个议案的方案可以是总体的框架设想,也可以是十分详细的法律条文,那么,这个方案究竟要达到什么标准才算是正式的议案,并进入会议的议程呢?建议针对实际,将一些代表议案工作的内部文件进行梳理提升,在修改法律时对议案本身及其相关的各类基础性问题做出明确规定。

(六)完善会议的公开制度

这有几个问题可以研究:

一是,明确规定列席常委会会议的全国人大代表的人数。当然,如果大幅增加常委会委员的人数,就不必列席过多代表,因为委员的数量增加,其代表性也相应扩大了。但如果维持现有委员的人数,即应让较多的代表列席常委会会议,并有法定的人数。

二是,完善并明确规定全国人大及其常委会会议的旁听制度,让广大群众能够直接参与和了解最高权力机关行使职权的过程。

三是，完善并明确规定全国人大及其常委会的新闻报道制度。比如，可以总结实践中成功的经验做法，将相关的新闻发言人制度、记者招待会等做法上升为法律规定。

在新闻报道制度中，可以着重研究会议现场直播、人事任免理由、批评意见、敏感问题争议以及各类表决结果等的公开问题。这些都是新闻报道制度中的难点和焦点，如果以适当方式公开，对宣传人大制度、引导舆论达成共识具有积极意义；如果因担心出问题，一律不予公开，则效果不好。1986年全国人大常委会审议破产法时，中央电视台曾经进行会议直播，社会反响强烈。全国人大及其常委会行使职权的哪些事项可以进行电视或者网络直播，是可以研究规范的。实践中，有关人事任免的信息，除了公开国家领导人的个人简历之外，其他由人大及其常委会任免的人员，信息资料和任免理由十分匮乏，而这些往往是社会最关注的，建议以法律规定的方式，扩大这方面的公开范围。五四宪法通过后的一段时间内，全国人大代表在全国人大会议上对国务院工作的所有批评意见，都是可以全文登载《人民日报》的，周恩来总理曾明确说，"把所有代表的发言，包括批评政府工作的发言，不管对的、部分对的甚至错的都发表出来。"[①] 当然，现在要求这样做并不现实。但是，如果人民群众看不到代表或者委员的批评性发言，就会损害人民代表大会制度的真实性，建议对这个问题予以研究，并做出鼓励性、前瞻性规定。对于重大的敏感争议性问题，建议明确规定公开的原则和限制。而全国人大及其常委会会议的各类表决结果，特别是投票情况、得票结果，也应当由主流的媒体公开。

（七）完善全国人大会议审议工作报告的制度

长期以来，全国人大会议的一项重要内容，就是审议"一府两院"的工作报告。但是，这项工作中遇到的一些问题尚没有引起足够重视，也缺乏应有的制度规范。

1. 工作报告的内容和结构，应予研究

实践中，"一府两院"的工作报告已经基本形成了固定的程式，主要包括过去一年工作的回顾，工作中的特点与经验业绩，存在的问题，未来一年工作的展望等。但有几个问题需要研究规范：

一是，"一府两院"应否以及在多大范围内报告下级机关的工作。每年全国

[①] 周恩来选集（下）[M]. 北京：人民出版社，1984：208.

人大会议上，国务院总理所作的报告叫"政府工作报告"，"两高"负责人所作的报告叫"最高人民法院工作报告"和"最高人民检察院工作报告"。三个工作报告的内容并非国务院和"两高"的工作，而是各级政府、各级法院、各级检察院的工作。但是，按照宪法和相关法律的规定，全国人大监督的是国务院、最高法院和最高检察院的工作，而不包括它们下级机关的工作，地方"一府两院"的工作是由地方人大监督的。所以，国务院总理所作的报告不宜叫"政府工作报告"，而应当叫"国务院工作报告"，三机关负责人所报告的也不应当是各级政府、各级法院和各级检察院的工作，而应当是三机关自身的工作。如果要报告下级机关的工作，也应当围绕三机关与下级机关的法律关系，报告它们在处理这一关系方面的工作，通过报告中央一级机关的工作，来向全国人大反映和揭示中央与地方工作的全局。比如，国务院与地方政府是领导关系，总理所报告的就应当是国务院在处理这一领导关系方面的得与失、经验、问题与教训。比如，最高法院与下级法院是法律监督关系，最高法院就应当报告如何落实这一关系方面所做的工作，而不应当是下级法院的普遍性工作。

二是，工作报告中应当包括领导人个人自我述职的内容。国务院总理、"两高"负责人既有相应国家机关中的最高法律地位，又具有崇高的政治地位，代表了"一府两院"的形象，社会对他们的关注评价实际就代表了对"一府两院"的关注评价。全国人大对"一府两院"的工作监督，在很大程度上就是对三机关领导人个人的监督，因为他们个人对三机关的工作具有重要影响。因此，应当在法律上要求工作报告中有领导人个人述职、自我评价、回应社会等方面的内容。这样，工作报告就会有血有肉，避免枯燥乏味。

三是，最高法院、最高检察院的工作报告与国务院工作报告的内容应当有所区别。人大不适宜对司法机关进行个案监督，因此，对法院、检察院的监督应当重在对其所任命人员的监督，而对政府的监督，既包括对人的监督，也包括对事的监督。"一府两院"应当根据人大监督的这一特点来起草工作报告。

2. 人大审议和批准的对象究竟是什么

人大会议对"一府两院"的工作报告在审议之后要进行表决，通过一个是否批准的决议。但是，"一府两院"的工作报告是否等同于其工作本身？审议和批准工作报告，能否等同于审议和批准"一府两院"的工作？似乎不能这么看。因为：有时候工作做得好，但工作报告未必写得好；有时候工作做得不好，但报告写得很好；有时候人大代表对"一府两院"负责人的评价，与工作实绩和工作报告都不相符合。这些因素对工作报告的表决得票数都有重要影响。它向我们提出的问题是，审议和表决工作报告的传统做法，能否说是一种成功的工作监督方式？有没有需要改革和完善的地方？

3. 工作报告一旦不通过怎么办

这样的情况，多年前在地方人大审议表决法院工作报告中就发生过。只要有表决，就有得票不过半数的可能。但如何处理这种情况，相关法律缺乏明确规定。工作报告不通过，能够再作一次报告、再进行一次审议表决吗？如果能，其法理基础是什么？如果不能再作一次报告，又怎么办？而且，工作报告一旦不通过，如何追究责任？而追究责任可能又涉及党委，因为党是领导一切的。建议对这些问题进行研究规范。

4. 建议减少甚至取消口头作工作报告的传统做法

全国人大会议的时间十分宝贵，但是用来听取有关领导人、负责人作工作报告的时间太长。宪法和法院、检察院组织法规定，"一府两院"向全国人大报告工作，宪法还规定，全国人大审查和批准国民经济和社会发展计划的报告以及国家预算和预算执行情况的报告，但是，并没有规定必须口头报告。报告工作、报告国民经济和社会发展计划以及国家预算情况，既有口头报告，也有书面报告，有没有可能将最高法院、最高检察院的工作报告，国民经济和计划预算的报告，甚至全国人大常委会的工作报告，都改成书面文件直接印发会议？这样就会节约会议相当多的时间。

（八）完善出席会议人数和表决制度

按照两个议事规则的规定，举行全国人大会议，须有三分之二以上的代表出席，举行常委会会议，须有过半数的常委会组成人员出席。这个出席人数的规定是如何计算出来的，道理是什么，不甚清楚，但需注意的是，出席人数会直接影响表决的得票数。有两个问题：一是，宪法修改须由全体代表的三分之二以上通过，一旦出席人数勉强过三分之二，反对票、弃权票又较多，怎么办？二是，常委会组成人员缺席较多，表决议案不过半数怎么办？建议研究一下会议出席人数的法定数量，并明确规定代表、委员的请假制度，严格限制请假。

两个议事规则对全国人大及其常委会的表决制度做了规定，但有一些问题需要研究。

1. 有无必要设秘密写票处

全国人大议事规则规定，有三分之二全体会议选举或者表决任命案时，设秘密写票处。但实际上，只要去秘密写票处写票，几乎必然会被认为要投反对票，建议总结一下几十年来究竟有多少代表去秘密写票处写过票。如果作用不大，可以不做这样的规定。而常委会的议事规则也没有规定表决任免案时，要设秘密写票处。

2. 研究扩大公开表决的范围

按照两个议事规则的规定，代表大会表决议案，采用投票方式、举手方式或者其他方式，修改宪法采用投票方式，常委会表决议案，采用无记名方式、举手方式或者其他方式。实践中，大会和常委会会议的表决方式主要是无记名投票和按表决器，体现的都是匿名秘密的表决原则。人们的日常认识中，也认为只有秘密表决，才能真正体现民主。但是，从国外代议制民主的基本技术和原理看，有一个形象说法，叫作秘密未必民主，公开未必落后。不加分析地采用公开表决方式，会妨碍真实意愿的表达，但不加分析地强调秘密表决，又容易使表决者失去责任，怠于严肃投票（比如不按表决器、随意投票等），特别是易使表决者失去选民的监督。全国人大代表和常委会委员本来就是层层间接选举产生的，选民的基础容易受到不同程度的质疑，为加强全体人民对他们行使职权的了解监督，增强其责任心和履职能力，公开他们对议案表决的态度，是十分必要的。建议在修改法律时，确立公开是原则、秘密是例外的表决原则，除了人事选举任免一律采取秘密表决的方式外，其他所有议案均实行公开表决，向全社会公开每个代表委员的态度。

3. 明确规范党员代表委员表决时服从法律和服从党内法规的关系

代表委员中的大多数是中共党员，党员在行使表决权时必须服从党内法规所规定的党的纪律，但是，代表法又规定，代表在人民代表大会各种会议上的发言和表决，不受法律追究，也即代表按照自己的意愿行使表决权是法定权利。现在的问题是，一旦党的纪律要求党员赞成，而代表内心却要反对，这种情况下，代表应当如何选择？如果投了反对票或者按了反对键，法律不能追究，那么，党内法规能否追究？又如何追究？能否追查其投票表决情况？这个问题十分重大，建议研究规范。

4. 建议明确规定，不得把选票设计成赞成的不动笔，或者赞成的不按表决器

在全国人大及其常委会的表决中做出这样的规定，可以有效地制止各类表决中的类似做法。

（九）其他一些建议

建议在修改三部法律时，将全国人大常委会组成人员守则、各专门委员会的议事规则，以及全国人大常委会党组和委员长会议通过的涉及全国人大及其常委会工作的各类规范性文件，一并加以梳理，将必要的内容整合充实到三部法律中。

十二

对全国人大组织法和议事规则修正案（草案）的意见[①]

修改全国人大组织法和议事规则，是国家民主政治生活中的一件大事。

最近，全国人大常委会会议审议了这两部法律修正案的草案。常委会审议后，法工委很快在中国人大网站登载修正案草案及相关材料，向社会征求意见。对于这两部法律的修改，笔者此前曾在《中国法律评论》发文提了一些建议。前不久，在法工委召开的征求意见视频会议上，针对修正案草案又提了些意见，但由于视频会议的发言时间有限，准备不充分，加上对有关内容的理解表达不够准确，有些问题没有说清楚。借立法机关向社会征求意见这个机会，结合现行法律，对修正案草案再整理和提出一些想法，以期引起相关讨论。

（一）建议对要不要以及如何修改这两部法律再予研究

全国人大组织法是与八二宪法同时制定的，议事规则是1989年通过的，两部法律实施已30多年或近40年了。实践中提出了相当多的问题，一些问题还十分重大，需要以法律的形式予以规范。所以，对这两部法律适时进行修改，无疑是必要的。

但是，这两部法律与其他法律包括全国人大制定的其他所有重要基本法律相比，有很大的不同。这要从我国宪法的内容说起。宪法的规定包括序言中的叙述性内容，虽然丰富复杂、千头万绪，但从根本上说，就是两部分：一是公民的基本权利；二是国家机构，其他的所有内容都是围绕这两个部分展开的。即使是中国共产党的领导这一宪法的精神主线，其出发点和宗旨也是为了保证国家机构的科学有效运转，保障公民基本权利，实现人民当家作主。而在公民基本权利和国家机构的关系方面，无论怎么强调公民基本权利的重要性，都必

[①] 本文发表于"中国法律评论"微信公众号2020年8月31日。

须承认，没有国家机构体系的科学设计和有效运转，基本权利的规定都是空的。

为了保障公民基本权利，实现人民当家作主，宪法设计的是人民代表大会制度这一根本政治制度。人民代表大会制度是以人民代表大会为核心的，而在各级人民代表大会的体系中，全国人民代表大会又被宪法规定为最高国家权力机关，处于国家权力机关的核心和顶层，所以，如果说人民代表大会制度是根本政治制度，那么，有关全国人民代表大会的组织和议事的制度，则可以说是根本政治制度中的根本政治制度，是根本中的根本。全国人大的组织和议事制度设计得是不是科学，运转得是不是有效，对各级人大以及其他所有国家政权机关的组织、职权和运转程序，都具有牵一发而动全身的影响。由此可见，全国人大组织法和议事规则，在我国法律体系中居于何等重要的地位。

一般都说，这两部法律是重要的基本法律，是宪法性法律。从法律的形式渊源上看，当然是。但仅仅这样定性恐怕还不够，因为这两部法律中的不少内容，都可以甚至应当放在宪法中规定，不仅属于宪法国家机构一章中全国人民代表大会一节的内容，也属于国家主席、国务院、中央军事委员会、国家监察委员会、人民法院和人民检察院这五节中的内容。也就是说，除了地方人民代表大会和人民政府、民族自治地方的自治机关两节外，宪法国家机构一章共八节，其中有六节的内容都与全国人大组织法和议事规则密切相关，相互贯通，这两部法律中的不少内容，都是可以甚至应当在宪法这六节中予以规定的。所以，在很大程度上可以说，对这两部法律的地位和重要性，我们应当持有等同于宪法的认识，对这两部法律的修改，虽然并不必须依照修改宪法的程序进行，但应当持有与修改宪法同等严肃、慎重的指导思想、基本原则以及策略方法。

其中，以下几条是否可以注意：一是，想方设法保持这两部法律的稳定性、长期性，能不改，就尽量不改；二是，对于具体内容，可改可不改的，不改；三是，不修改法律规定，在实践中也能解决问题的，即使后来的有些做法和规定与两部法律不完全一致，也不改；四是，不修改法律，可以采用其他立法方式解决问题的，不改；五是，条件不成熟，在认识和实践中没有达成广泛共识的，不改；六是，在修改讨论过程中可能引发广泛争议的，不改；七是，凡属于人大具体工作性质可以不上升到法律规定的，也不改。建议有关方面结合方方面面的情况，对这两部法律的修改问题，再予研究。

笔者认为，对这两部法律要不要修改，以及何时修改、如何修改，可以有以下几种方案。

第一种方案：在现行修正案草案的基础上，征求意见后，按立法计划继续修改。但是，对可能会引发的一些问题，需要有足够准备。对此下文将述及。

第二种方案：仅对有关国家监察委员会的内容，在两部法律中做增加式的修改，其他的内容不作修改。因为2018年修改宪法和制定监察法后，面临的突出问题是，国家监察委员会的相关事项，与这两部法律以及其他相关法律不衔接，需要尽快以立法方式解决。这也可能是这次修改这两部法律的主要原因之一。

第三种方案：暂不修改，对国家监察委员会与全国人大及其常委会关系的内容，由全国人大以作出决定的方式，单独进行打包式立法。

采取第一种方案，可能出现的情况是，提出的问题很多，各方面意见不一致，并且不具备短时间内达成共识和作出修改的条件，怎么办？笔者认为，可以不作修改，或者将原计划的修改时间延长一至两年甚至更长的时间。

采取第二种方案，只在两部法律中增加有关国家监察委员会的内容，对其他内容不作修改，但这样可能会引起其他诸多修改内容的动议和意见，要求与增加有关监察委员会的内容一并进行修改。出现这种"顺带""攀比"性的修改动议，怎么办？笔者认为，较好的方式是采取第三种方案，即对两部法律不作改动，由全国人大采取打包的方式，对涉及国家监察委员会的事项作出专门决定。这不仅可以解决国家监察委员会与两部法律衔接的问题，还可以顺带解决与立法法、监督法等其他法律的相关问题，不仅可以解决中央一级国家监察委员会的问题，还可以对地方各级监察委员会与地方组织法、监督法等法律的关系问题，一并予以解决。

需要着重考虑的是，针对第一方案，即按照立法计划进行修改，可能会出现哪些问题。有以下方面须引起注意：

一是，现在两个草案所修改的内容，除了国家监察委员会的有关规定外，其他的修改并无实质性、突破性的改变，基本属于可改可不改的内容。比如，关于组织法修正案草案中增加的总则一章，不增加也没有关系。这个问题下文将专门述及。比如，关于增加的主席团、常委会、委员长会议和专门委员会行使职权的内容，虽然两部法律并没有规定，但多数已是实践中的长期做法，以前未修改法律，也没有发生什么争议。再比如，新增加的宪法和法律委员会、监察和司法委员会、社会建设委员会，虽然全国人大组织法中没有规定，但这些专门委员会及其行使的职权，本身就是全国人大及其常委会以立法方式作出的决策，与原有法律的规定不一致，也已有一段时间了，不必急于修改相关法律。

关键是，修改这两部法律的权力本身就属于全国人大，即使没有修改两部法律，但全国人大在两部法律制定后所作出的决定，采取的做法，凡与两部法律不一致的,按照新规定、新做法优于旧规定、旧做法的基本适用原则,就应当视为对两部法律的修改,并在实践中执行。法律原有规定与新规定、新做法不一致的地方,实际上已失去效力。而实践中的有些做法,即使没有作出明确的规定,也应视为对法律的修改完善。

二是,这两部重要法律不启动修改程序,一般不会引起太多注意和争议,而一旦决定要修改,就会引起广泛关注讨论,各方面可能提出很多问题。比如,有人就会提出,为什么只修改这些内容,而其他更为重大的问题应当作出修改和明确的,却不在修改的范围内?客观地说,制定这两部法律的时间比较早,现在看来需要研究修改的内容是比较多的,至少从问题的重要性和数量来看,现在修正案草案中的内容是远没有涵盖的。但是,一旦启动修改程序,并向社会征求意见,允许进行广泛讨论,对所提出的意见,就可能出现吸收修改不好、不吸收修改也不好的尴尬情况。

三是,现在修正案草案的一些内容,容易引发对一些重大问题的讨论甚至纷争。全国人大的组织和议事制度,处于我国政治制度的最顶层,其中有些内容,不只具有法律的特性,还有很强的政治性,具有政治性与法律性交织甚至政治性超过法律性的特点。涉及这方面的一些重大事项,法律的已有规定存在问题,没有激活点,一般就不会引起注意和争议。但如果拟修改的一些内容,容易激活和引发问题,就需要十分慎重了。

四是,由于这两部法律的极端重要性和特殊性,如果不能有针对性地回应解决涉及根本政治制度中的那些重大问题,一般不宜多作修改,为解决一般性问题甚至为把工作中的一些具体做法上升为法律规定,就作修改,是可以不必的。

五是,全国人大的组织和议事制度,与党的领导,确切地说,是与党中央、中央政治局、中央政治局常委会以及党和国家领导人个人的领导制度、领导方式,关系十分密切的。对这两部法律只要启动修改和讨论,在这方面就不可避免地会引起广泛关注,引起各种或明或暗的议论。对其中的一些重大问题,是不是要用法律的形式予以规范,如何规范,在理论和实践中是否已经达成共识,都是需要认真研究的,可能短时间内还拿不出适当的方案。但是,启动了修改程序,牵涉到了这些问题,却又难以采取适当方式回答,怎么办?

六是,2019年《中共中央关于加强党的政治建设的意见》提出,要"将坚持党的全面领导的要求载入人大、政府、法院、检察院的组织法"。这应当是这次修改法律的一个重要根据和原因。但是,这个文件并没有列出修改这些法律包括人大组织法的具体时间表。对党全面领导人大工作的制度设计,科学成熟了，就应当及时修改相关法律，如果还不成熟，是可以不急于修改的。这个问题下文将专门述及。

所以，建议有关方面对修改这两部法律可能出现的各种情况，做充分的预估和权衡。

此外，由于这两部法律修改调整的内容较多，结构的变化可能也会比较大，如果再加上一些重要内容的修改，是用"修正"还是"修订"好一些？建议再研究一下。

（二）建议对组织法所应规定的内容再做研究

什么叫全国人大组织法，它应当规定哪些内容？什么叫全国人大议事规则，它又应当规定哪些内容？这些问题，在理论和实践中都缺乏必要研究。1982年制定全国人大组织法时，比较仓促，其中的很多问题是与修改宪法连带考虑的，而宪法对全国人大的制度，所设计的只是一个大体框架。至于全国人大的组织和议事规则有什么区别，在当时的历史条件下，不可能研究得很充分、很成熟。所以，现在看来，全国人大组织法中规定了不少应当由议事规则规定的内容。到了1989年，全国人大才制定了议事规则，但很大程度上，议事规则只是全国人大组织法的补充和完善，并没有在立法技术上对两部法律的调整范围做严格区分。

现在的两个修正案草案已经注意到这个问题，并试图对组织法和议事规则的内容做调整区分。在前次法工委的视频征求意见中，大家也都觉得应当对组织法和议事规则做必要的立法区分。上海交通大学的徐向华教授则明确提出，组织法所应当规定的是全国人大的组织及其产生和职权，议事规则所规定的应当是行使职权的程序。要求对两个法律所规范的内容作出区分，是完全站得住的。如何区分？把组织法所应当规定的内容研究清楚，议事规则的调整范围自然就明朗了。这有以下问题值得研究：

1. 组织法与议事规则在位阶上有无高下之分

在一些国家，议会的议事规则是不被视为法律的，仅仅被当作议会内部的自治规则，但全国人大的议事规则在性质上属于法律，这是没有疑问的。问题在于，同样是法律，全国人大组织法和议事规则在位阶上有没有高下之分？现行议事规则第一条规定，议事规则是根据全国人大组织法制定的，修正案草案也维持了这个规定。那么，据此可否认为组织法是议事规则的上位法？既然议事规则是根据组织法制定的，其位阶和效力就应当低于组织法，它所规定的内容也就不得与组织法相抵触。所以，两个法律的位阶有无高下之分，对于确定它们各自的调整范围就十分重要。如果确有高下之分，应当由组织法规定的全国人大的组织及其产生和职权等事项，议事规则就不宜规定，应当由议事规则规定的议事程序，由组织法来规定也不合适。建议有关方面对这个问题予以研究。

2. 全国人大的组织究竟有哪些

全国人大究竟有哪些组织？现在的法律只规定了四章（每一章并没有分节），章名和顺序分别是："全国人民代表大会会议""全国人民代表大会常务委员会""全国人民代表大会各专门委员会""全国人民代表大会代表"。这里有两个问题：

一是，应当将第四章的"全国人民代表大会代表"调整为第一章，其他的依次向后推为第二、三、四章，因为全国人大是由代表组成的，先有代表，才有代表大会，代表是代表大会的基础和单元，只有把代表放到第一章，才符合逻辑。

二是，第一章的章名"全国人民代表大会会议"并不是一个组织，只是一种特殊的会议（与此类似的还有委员长会议，委员长会议也不是一个组织，而是一种特殊的会议，其名称是否合适，也值得推敲），与后面的全国人大常委会、专门委员会和代表，从语法语义的性质上看，都不宜并列，因此，建议将这个章名改为"全国人民代表大会"，去掉"会议"二字，与其他章名一致起来。

代表、代表大会、常委会和专门委员会，当然是全国人大的组织，但是，这恐怕远没有揭示代表大会组织的全部。比如，代表团、主席团、委员长会议、常委会工作机构和办事机构，都是全国人大内部的重要组织，而委员长、副委员长、秘书长个人，虽然从人数上看不是组织，但他们在全国人大内部具有崇高的地位，发挥重要的作用，也应当视为特殊的人大内部组织。而常委会党组、机关党组、工作机构内部的党组织，以及代表团中的临时党组织，实际也是重要的人大内部组织。现在，组织法只将代表、代表大会会议、常委会和专门委员会分别列为一章，作为全国人大的四个组织单元，显然没有全面反映各类内部组织在全国人大组织框架中的实际地位和所起作用。

如果要作出较全面的规定，似乎可以采取两个办法：一是，在体例结构上增加几章，比如，代表团、主席团、委员长会议以及人大内部的党组织，都可以单独列为一章进行规定。二是，保持这四章的体例结构，并根据不同的情况，在每章下再设单独的节，对代表团、主席团、委员长会议、工作机构和办事机构等重要的内部组织，以及委员长、副委员长和秘书长等重要的个体，予以规定。同时，增加一章，对全国人大内部的党组织进行规定。

3. 全国人大各组织是如何产生的

全国人大代表以及其各类组织的产生，已有法律作出规定的，组织法就不作规定，没有其他法律规定的，均应作出规定。

4. 各组织应当确定什么样的人数、结构、领导体制

将全国人大及其常委会的人数以及各代表团、主席团、委员长会议、专门委员会等内部组织的人数，以法律的形式确定下来是必要的。在这个基础上，按照党派、民族、性别、区域、职业等标准，设计适当的比例结构，也是必要的。而对全国人大内部各类组织的领导体制予以规定，则是组织法一项十分重要的内容。比如，代表团、主席团、委员长会议、专门委员会的领导体制，就需要明确。现在，主席团、委员长会议按照现行法律和修正案草案的规定，都行使着十分重要的职权，但其领导和决策的体制机制，缺乏明确的规范。

5. 各组织具有什么性质和法律地位

有明确的性质和法律地位，行使职权才会"名正言顺"。现在，代表大会、常委会、专门委员会、工作机构的定性和地位是清楚的，而主席团、委员长会议行使的职权极其重要，但两者的法律地位并不明确。人大内部的党组织，领导整个机关的运转，但其性质和地位在法律中却缺乏明确的规定。委员长虽然是由个人担任，但在全国人大及其常委会中处于十分重要的地位，在法律中也缺乏明确的性质和地位，建议在修改组织法时予以研究。

6. 各组织有什么样的职权

全国人大及其常委会的职权宪法已有明确规定，这次组织法的修正案草案对主席团、委员长会议和专门委员会的职权，做了进一步充实，但其他一些重要组织的职权也应予以明确和优化，包括人大内部的党组织、委员长、副委员长和秘书长的职权，法律也应做出规定。虽然我们强调人大是集体有权、个人无权，但集体行使职权主要是体现在投票这一环节的，在投票环节之外，常委会的党组织和委员长、副委员长以及秘书长，实际还行使诸多重要职权，发挥重要作用和影响，因此，将他们的职权法定化，是十分必要的。

7. 这些组织内部和外部都具有何种相互关系

全国人大内部各类组织之间具有相当复杂的关系。比如，代表与代表、代表团之间，各代表团之间，主席团与代表、代表团和代表大会之间，委员长与副委员长和委员长会议之间，委员长会议与常委会委员、常委会、专门委员会和常委会工作机构之间，秘书长与其他各类组织之间，专门委员会之间，专门委员会与常委会工作机构和办事机构之间，各类党组织与机关的组织之间，等

等，全国人大内部各类组织之间的关系，是组织法应当规定的十分重要的内容。有些内容在其他法律中已有规定，但有些尚没有规定，建议予以研究。

组织法还应当规定的是全国人大各组织与外部组织的关系。现在，现行法律与修正案草案，对全国人大与"一府一委两院"之间的关系做了大体规定，还可以进一步细化完善。但有一类十分重要的关系缺乏规定，即全国人大与各党派、人民团体和全国政协的关系。这些外部组织对于全国人大行使职权具有重要影响。其中，特别重要的是党中央和全国人大及其常委会的关系，具体包括党中央、中央政治局、中央政治局常委会、党的领导人个人以及党中央办事机构和中央各部门与全国人大各类组织的关系。建议将党中央各组织和党的领导人个人与全国人大各组织的关系，作为修改法律的十分重要的内容予以研究，并在全国人大组织法中作出明确规定，为实现党对全国人大的领导，提供重要、坚强的法律保障。

（三）对组织法新增"总则"的意见

全国人大组织法修正案草案的一大亮点，也是最重要的一部分内容，就是增加了总则，作为第一章，但这也引发了一些需要讨论研究的问题。

组织全国人大的目的是什么，科学的方式是什么，在组织过程中的指导思想、基本原则和总体要求是什么，全国人大内部各类组织的产生、组织和职权，以及处理彼此之间关系，有哪些规律性的特点和不同要求，等等，老实说，受各种条件的限制，对这些重要的问题，我们是缺乏充分研究的。而这些内容，研究清楚、回答好了，自然就是组织法总则的内容。

八二宪法制定的时候，对于如何组织全国人大，胡乔木首先考虑的是"两院制"，在征求意见时还有不少地方表示赞成。后来，邓小平决定，全国人大实行一院制，不搞"两院制"。实行一院制又涉及一个问题：全国人大的人数非常多，如何经常性地行使职权？针对这一问题，宪法的设计是，全国人大之下设立常委会，在代表大会闭会期间，经常性地行使职权，并为全国人大设立专门委员会，作它的工作机构。但几十年来，针对全国人大及其常委会在行使职权中遇到的问题，不断有意见要求对代表大会和常委会以及专门委员会的组织、结构、人数、职权等进行改革。所以，要修改组织法，就不可避免地会引起对这些问题的讨论，而无论什么样的讨论，从根本上看，都需要回答全国人大组织法的总则是什么。

现行全国人大组织法没有规定总则，除了受限于当时的立法技术和时间外，恐怕也还有其他的一些考虑，比如规定总则的必要性如何，如果写，究竟写什么内容才是合适的？现在看来，这似乎仍然是一个需要研究的问题。

这次组织法修正案草案在严格遵守宪法规定，保持全国人大及其常委会这一组织结构框架不变的前提下，增加了总则的规定，共写了七个条文，即第一条至第七条。第一条写的是立法宗旨和根据，笔者没有不同意见。现对第二条至第六条，提出一些个人意见。

1. 关于全国人大及其常委会的性质

草案第2条规定，全国人大是最高国家权力机关，其常设机关是全国人大常委会。组织法对全国人大及其常委会的性质与法律地位作出规定，当然是必要的，但这个内容宪法已有明确规定，在组织法中不作重复性规定，是可以的。

2. 关于党的领导地位和依法行使职权

草案第3条规定，全国人大及其常委会"坚持中国共产党的领导，坚持以马克思列宁主义、毛泽东思想、邓小平理论、'三个代表'重要思想、科学发展观、习近平新时代中国特色社会主义思想为指导，依照宪法和法律行使职权"。

这个规定中，坚持马列主义毛泽东思想等指导思想，特别是坚持以习近平新时代中国特色社会主义思想为指导，是极为重要的，这也是组织任何国家机关所必须坚持的指导思想，这一重要内容在宪法中已有规定，在各类组织法加以重申，也是必要的。但是，这一条规定全国人大及其常委会"依照宪法和法律行使职权"，可能就偏离了全国人大组织法的主题，因为依照宪法和法律行使职权，是全国人大的各类组织行使职权的一项总原则，也是其他一切国家机关行使职权的总原则，是不言而喻的，而组织法所应规定的，是全国人大各类组织的产生、结构、性质、职权以及彼此之间和与外部有关组织之间的关系，并不是人大的各类组织如何具体地行使职权，所以，依法行使职权不宜作为组织法的总则内容予以规定。

现在需要着重分析的是坚持党的领导的规定。

2018年修改宪法，将党的领导是中国特色社会主义最本质的特征写入宪法总纲第1条，进一步强化了党的领导地位。如果说八二宪法将党的领导写在序言中，容易引起是否具有法律效力的争议，那么，2018年将党的领导写入宪法总纲，就不会有任何争议了，党的领导具有了明确的最高法律效力。所以，任何国家机关的产生、组织和职权的确定，都必须坚持党的领导，这是不能动摇的；全国人大在国家机构体系中处于核心地位，更不能例外。无论组织法是否明确写党的领导地位，党的领导地位都是明确的，不能动摇的。

修正案草案的说明中有这样的表述："中共中央关于加强党的政治建设的意见中明确提出，将坚持党的全面领导的要求载入人大等国家机构的组织法。"

"在具体条文中明确党的领导地位,是坚持党对国家各项工作全面领导的必然要求。"这个表述说明,将党的领导地位写入全国人大组织法,是对《中共中央关于加强党的政治建设的意见》中有关要求的贯彻落实,这也是全国人大在立法工作中坚持党的领导的充分体现。

《中共中央关于加强党的政治建设的意见》是中共中央办公厅2019年发布的重要文件。这个文件第三部分的标题是"坚持党的政治领导",这一部分中的第五个二级标题是"完善党的领导体制"。在这个标题之下,对于如何完善党的领导体制,文件有这样的表述:"贯彻落实宪法规定,制定和修改有关法律法规要明确规定党领导相关工作的法律地位。""将坚持党的全面领导的要求载入人大、政府、法院、检察院的组织法,载入政协、民主党派、工商联、人民团体、国有企业、高等学校、有关社会组织等的章程,健全党对这些组织实施领导的制度规定,确保其始终在党的领导下积极主动、独立负责、协调一致地开展工作。"目前为止,笔者尚未看到对这个重要文件以上表述的权威解读。

个人认为,准确理解上述文件中关于将党的领导载入相关法律法规章程的要求,需要把握以下几个要点:

第一,对党的领导入法入章程,是立足于政治的,目的是加强党的政治领导,因为这些内容是文件第三部分标题"坚持党的政治领导"的具体化。这个标题下面虽然有"坚持党的全面领导的要求"这一表述,但这里党的全面领导,也是着眼于政治的全面领导,是政治领导中的全面领导,而不是包揽甚至党代替国家机关和其他组织行使职权的领导。

第二,在有关国家机关组织的法律法规和其他组织的章程中,写党的领导,具体内容是要完善党的领导体制,而不是简单地、重复地写一两句关于坚持党的领导的话,因为文件"坚持党的政治领导"之下的二级标题就是"完善党的领导体制",因此,关于党的领导入法入章程,目的是要完善党的领导体制,要有完善党的领导体制的具体内容。

第三,关于党的领导入法入章程的内容,很明确,包括两个部分:一是党的领导地位,即党领导人大等国家机关和其他组织的法律地位;二是党对人大等国家机关和其他组织实施领导的具体制度,并且是健全的制度。只有把这两个部分都写好了,才能在法律中体现文件所说的"坚持党的全面领导的要求"。有人可能认为,健全党对这些组织的领导制度的内容,不是由法律规定的,而是由党内法规规定的。但是,分析基本的语法逻辑即可发现,上述文件的表述,用语严谨准确,前后环环相因、严密紧凑,而且"章程"与"健全"之间,用的是逗号,这就清楚地表明,党的领导入法入章程,不仅是领导地位入法入章程，而且是健全的领导制度也要入法入章程，不是仅将领导地位入法入章程，领导制度入党内法规，而是领导制度要和领导地位同时入法入章程。上述文件的这一精神是清晰的，毫不含糊的。现在，将党的领导地位入法入章程，是明确和不容置疑的，需要十分重视的是，党对各国家机关和其他组织的健全的领导制度，也要同时写入各类法律法规章程，单写领导地位是不够的。

由上可见，现在全国人大组织法修正案草案仅将坚持党的领导写入总则，至少是不全面的。将党的领导地位写入人大组织法很容易，也很简单，但更重要、更复杂、更紧迫的是，如何把党中央领导全国人大的各项具体制度写入组织法。

上述中共中央关于加强党的政治建设的意见，要求将党的领导地位和领导制度载入法律法规章程，确保各类组织"始终在党的领导下积极主动、独立负责、协调一致地开展工作"。把这一要求贯彻到全国人大组织法的修改中，就是，既要加强党中央对全国人大的集中统一领导，又要保证全国人大依法充分行使最高国家权力。这与党的十八届四中全会有关"三统一""四善于"的要求，以及党的十九大报告和十九届四中全会既要加强党的领导，又要使党"支持和保证人民通过人民代表大会行使国家权力""支持和保证人大及其常委会依法行使职权"的精神，是一脉相承、相互统一的。这是修改全国人大组织法的重要指导思想。

现在，草案第二条先写全国人大是最高国家权力机关，第三条只写坚持党的领导，没有写党对全国人大具体领导的制度，而草案的其他地方也没有写党对全国人大实施领导的具体制度，没有从具体制度上体现和突出党对全国人大的集中统一领导，与全国人大行使最高国家权力的有机统一性和一致性，这就容易让人产生一种错误的认识，觉得第二条的规定与第三条的规定是互相矛盾的，甚至会错误地认为，既规定全国人大是最高国家权力机关，紧接着又规定全国人大必须坚持党的领导，似乎全国人大就并不是最高国家权力机关了。所以，在规定党的领导地位的同时，将党中央领导全国人大及其常委会的具体制度同时写入法律中，是较好的策略方法，建议有关方面对这个问题予以重视，并研究解决。

3. 关于全国人大与人民的关系

草案第4条规定：全国人大由民主选举产生，对人民负责，受人民监督；全国人大及其常委会同人民群众保持密切联系，始终坚持体现人民意志，保障人民利益。这个规定揭示的全国人大及其常委会与人民的关系，与全国人大组织有一定联系，但不宜纳入全国人大组织法的范畴，应当在选举法和代表法中加以规定，并且这两个法律已有相关的规定精神，建议不写。

4. 关于全国人大的监督权

草案第5条规定，全国人大及其常委会加强对宪法和法律实施的监督，维护社会主义法制的统一和尊严。这一内容规定的是全国人大及其常委会的监督权，而监督权只是全国人大及其常委会行使的多项职权之一，如果在组织法中规定，也应当放到具体的职权而非总则中规定，不然就会引起疑问：为什么总则只规定监督权，而不规定立法权、任免权、决定权？是不是监督权比其他几项职权重要？建议不在总则作此规定。

5. 关于行使职权的民主集中制原则

草案第6条规定，全国人大及其常委会实行民主集中制原则，充分发扬民主，集体行使职权。先要说明的是，全国人大行使职权的原则，应当在全国人大及其常委会的议事规则中规定，或者在立法法、监督法等具体行使职权的法律中规定，而不适宜在全国人大组织法中规定。即使要在全国人大组织法中规定，也不适宜规定在总则中，而可以放在全国人大及其常委会及其内部其他组织行使的具体职权中，作附带性规定，因为组织法要确定的是哪些组织有哪些职权，而某一组织行使职权的具体原则不是重点，一般不必规定。

现在的问题是，如何理解民主集中制的原则？按照宪法的规定，我国的国家机构实行民主集中制的原则，这在人民代表大会制度上的重要体现是，人民代表大会按照民主集中制的原则组织起"一府一委两院"，即民主集中制在国家机构体系中是一项组织原则，是人民代表大会组织起其他国家机关的原则，而不能一概地视为各国家机关组织起来和行使职权的原则。按照宪法的规定，全国人大及其常委会在与选举单位的关系上，适用的是民主集中制的组织原则，但是，全国人大内部其他各个组织的产生、组织、性质和职权的确定，以及处理彼此之间的内部外部关系，究竟适用的是什么原则，实际是缺乏研究的，即使有一些原则，恐怕也很不一致，更不能一概地说成民主集中制原则。

即使是全国人大及其常委会行使职权，似乎也不能一律说是要遵循民主集中制原则。全国人大及其常委会组成人员在投票表决时，实行一人一票，集体行使职权，不存在谁服从谁的问题，是典型的民主原则。但全国人大及其常委会的党员代表委员，在行使职权的时候，如果用党纪约束，就必须坚持党内的民主集中制原则，实行个人服从组织，下级服从上级，全党服从中央。而全国人大内部其他组织行使职权应当遵循什么原则，实际并不十分清晰，也缺乏公开和明确的规定。比如，委员长会议行使职权，应当遵循什么原则，似乎就缺乏明确的规定。由此看来，民主集中制原则的内涵和适用范围，是比较复杂的，不宜在组织法的总则中规定为全国人大组织的一项原则。建议对这个问题如何表述，再予研究。

6. 关于全国人大的对外交往

草案第 7 条规定，全国人大及其常委会积极开展对外交往，加强与各国议会和议会组织的交流与合作，增加了解与信任。议会交往是全国人大内部的一项具体工作，很难说是一项职权，不适宜也没有必要在组织法的总则中加以规定。对外交往不仅是全国人大的工作，也是"一府一委两院"的一项具体工作，如果组织法中规定议会外交，那么，国务院组织法、监察法、法院和检察院的组织法中，是不是也都要规定国务院、监察委、法院和检察院的对外交往？议会对外交往和宪法规定的其他有关主体在对外事务方面的职权还不相同，而且全国人大对外交往不是一项单方面的外交职权，它是一种交流学习合作性质的工作，还取决于错综复杂、风云变幻的外部环境，取决于交往各方的意愿，建议对此不作规定。

鉴于以上问题，建议对全国人大组织法是否要增加"总则"一章，再予研究。

（四）对质询、罢免和表决器发生故障问题的意见

这里主要就全国人大行使质询权、罢免权和表决权提一些意见。

1. 关于全国人大行使质询权、罢免权的问题

按照宪法、全国人大议事规则和组织法的规定，全国人大监督的对象包括全国人大常委会组成人员，国家主席、副主席，国务院组成人员，中央军事委员会组成人员，最高法院院长和最高检察院检察长，监督的方式除了听取和审议有关的工作报告外，还包括质询、罢免、特定问题调查等，这次组织法的修正案草案保留了这些内容，并将国家监察委员会主任纳入监督的范围，同时，增加了有关代表大会闭会期间，常委会根据委员长会议、国务院总理提请，撤销国务院个别组成人员职务的规定，以及根据中央军事委员会主席提请，撤销中央军事委员会其他个别组成人员职务的规定。

代表大会闭会期间由常委会撤销国务院、中央军事委员会个别组成人员的职务，是没有问题的，这种情况以前也发生过。但是，规定主席团、代表团、一定数量的代表和代表大会对有关国家机关进行质询，对国家机关领导人进行罢免，特别是对中央一级国家机关领导人行使这些监督权，是否符合现行体制，具有多大的可行性，可能导致什么样的后果和影响，就需要深入研究了。这里有几个问题：

一是，我们不实行多党制，不搞西方多党制背景下的议会质询、弹劾制度，在中国共产党一党领导执政下，不存在一个议会弹劾国家主席、委员长、总理、中央军事委员会主席、国家监察委员会主任、最高法院院长、最高检察院检察长的问题，有没有必要规定全国人大对这些国家机关领导人的质询、罢免？

二是，全国人大对这些国家机关领导人采取质询、罢免手段，行使的是重大监督权，必须坚持党的领导。全国人大及其常委会是党中央领导下的重要政治机关，其监督工作当然必须在党中央的领导下进行。栗战书委员长于2018年在十三届全国人大常委会第四次会议上明确提出，"人大监督工作必须在党的领导下进行"，"全国人大常委会监督工作情况和重要事项，要及时向党中央请示报告"，并强调"这是最根本的一条原则"。2019年，中央办公厅还专门发布了《中国共产党重大事项请示报告条例》，这个条例当然适用于全国人大的重大监督权行使。因此，全国人大要对中央一级国家机关的领导人进行质询、罢免，有关的党组织以及其他组织，事先必须向党中央请示报告，得到党中央的批准才可以行使这一职权。设想一下，如果由党中央在全国人大会议期间，批准全国人大对有关国家机关领导人启动质询、罢免的程序，都应当基于什么原因，又将会出现怎样的情形？在党中央的集中统一领导下，对中央国家机关领导人进行监督的措施很多，又有什么必要在大会期间，由全国人大在全世界的关注聚焦之下进行质询、罢免呢？

三是，需要十分重视的是，宪法和法律规定对中央国家机关领导人的质询、罢免制度，四十年来实际并没有运用过。没有运用不表明就不曾具备运用的动因和条件。宪法和法律既然规定了，就说明可以用，而一旦有激活点，真正运用起来，在一党领导执政的体制下，对政治的安全和稳定乃至国家的长治久安可能带来的影响，我们就应当有足够的估计。

笔者认为，是否有必要保留质询，可以研究，但不宜规定罢免。因为罢免过于刚性，不适合我们的政治文化传统，不能用，也不实用。还不如加强对有关国家机关工作报告的改革，加强代表对工作报告审议和表决的力度，规定工作报告表决不通过，作报告机关的领导人就必须辞职。全国人大有这个监督力度，恐怕也就够了。

四是，全国人大行使监督权与地方人大有没有区别？如果有，区别在哪里？这个问题我们似乎缺乏充分研究和科学设计。地方人大可以大胆运用质询、罢免等措施进行监督，这些措施激活了，可以极大地促进地方人大工作，但全国人大如果采取这些措施，处理不好，在我们这样一个单一制的大国，是完全可能引起宪法危机的，套用一个时髦的用语，就是"宪制危机"。这是应当深加注意的。

五是，八二宪法的重大制度设计可能存在一些需要研究总结的问题。这部宪法将党的领导写在序言中，但党的领导方式和法律效力又并不十分明确。在这个背景下，又设计了人民代表大会制度，将全国人大定性为最高国家权力机关，并赋予其广泛的职权，包括质询和罢免这样的重大监督权。但是，宪法对行使这两项职权的可行性、具体条件、程序和可能带来的重大影响，似乎缺乏充分考虑和研判。如果党的领导方式和法律效力不十分明确，全国人大又真正行使了宪法规定的质询权、罢免权，那么，这两项职权就不是没有被错误地理解为类似西方议会质询和弹劾制度的可能的。所以，在一定意义上可以说，八二宪法对国家顶层政治制度的设计是存在一些不安全因素的，是有隐患的。所幸四十年来全国人大没有实际行使这两项职权。2018年修改宪法，将党的领导写到总纲第1条，具有了最高法律效力，是一件好事。但与此同时，宪法又无条件地保留了全国人大的质询、罢免权。这样，如何在中央一级党政机关中，做到既要坚持党的领导，又要保证全国人大行使质询权、罢免权，可能就是一个需要慎重研究又很不好处理的重大问题了。

2. 关于罢免事项进一步涉及的问题

对罢免权，上文已涉及较多，鉴于问题的极端重要性，这里再做进一步分析。根据议事规则第39条和全国人大组织法第15条的规定，以及两个法律修正案草案的规定，主席团、三个以上的代表团或者十分之一以上的代表，可以提出对全国人大常委会组成人员，国家主席、副主席，国务院和中央军事委员会组成人员，国家监察委员会主任，最高法院院长和最高检察院检察长的罢免案。这里有几个问题：

一是，既然主席团可以提出对这些国家机关领导人的罢免案，那么，主席团又按照什么样的程序酝酿产生这一动议？在提出议案的过程中，又如何坚持党中央的集中统一领导？

二是，三个以上的代表团或者十分之一以上的代表，也可以提出罢免案，这是否意味着代表团和代表在代表大会期间，可以公开串联沟通，对中央国家机关领导人形成罢免动议？

如前所述，八二宪法在规定全国人大的罢免权时，可能缺乏充分考虑，而与宪法同时制定的全国人大组织法在规定罢免的动议程序时，可能也缺乏充分考虑，因为它规定三个以上的代表团或者十分之一以上的代表可以提出罢免案，但未规定提出罢免案的具体程序。

宪法以及全国人大的组织法和议事规则，对代表团或者一定数量代表提出议案的规定，主要有三种：第一种是，五分之一以上的代表可以提出修改宪法的议案；第二种是，一个代表团或者30名以上的代表可以提出一般的议案包括质询案；第三种就是，三个以上的代表团或者十分之一以上的代表可以提出罢免案。在这三种方式中，如采取第二种方式，多数情况下就可以在一个代表团内部解决，因为多数代表团的代表数量，都能超过30名。但是，要采取第一种、第三种方式，达到五分之一以上、十分之一以上的代表数量，以及三个以上的代表团，恐怕就必须实行跨代表团的沟通和联合了。需要注意的是，即使是30名以上的代表数量，法律也没有排除跨代表团的串联，而且，在代表人数不足30名的代表团之间，要达到这个数量，也必须跨团串联才能实现。

代表团之间、跨代表团的代表之间进行串联沟通，有两种方式。一种是有一定组织的串联沟通。比如，1993年的修宪，是由代表临时签名提议案启动程序的。而这次代表联名，实际是各代表团之间有一定组织的一次跨团联名。另一种方式是，没有任何组织和领导，而是代表团之间、代表之间自发地、私下或者公开地串联沟通，联名提出议案。这种情况在全国人大会议期间当然是有的。现在的问题是，是不是所有的议案都可以在代表团和代表之间自发地串联沟通，从两部法律的规定看，当然是没有问题的。但是否也应当考虑：一般的议案，可以自发联名或者由代表团联合提出，而有一些特殊的议案，似乎就不宜自发联名或者由代表团联合提出？对此问题，尚缺乏法律的明确规定。在现在十分强调党中央的集中统一领导的背景下，是否还应当考虑，这种代表团和代表之间的自发跨团沟通与不同层级的党的领导是什么关系？比如，代表的跨团联名，与本代表团的临时党组织是什么关系？

具体到罢免案的提出，面临的问题则是，现行法律以及相关修正案草案，都没有对三个以上的代表团和十分之一以上的代表如何组合或者联名作出规定，这实际意味着代表团和跨代表团的代表之间可以自发地私下串联，提出对中央国家机关领导人的罢免案。如果出现这种情况，与坚持党中央对全国人大及其常委会的集中统一领导，与增强"四个意识"、坚决做到"两个维护"的要求又如何衔接协调？因为罢免的对象可能就是党中央的领导人，而罢免的启动又要坚持党中央的领导，即接受被罢免对象的领导，无论从逻辑还是做法上看，这都是有明显矛盾和冲突的。建议有关方面对这个重大问题予以研究。

三是，三个以上的代表团或者十分之一以上的代表，可以提出对国家主席和中央军委主席的罢免案，是一个极为重大的问题。在党中央的集中统一领导下，针对委员长、国务院总理、国家监察委员会主任和"两高"负责人的罢免，处理得好，多半会引起舆论的波动，可也还不至于对政治稳定带来大的冲击，但是，如果对国家主席和中央军委主席也可以提出罢免案，启动罢免程序，可能就会从根本上造成国家政治生活和政治制度的不稳定。

前面说到八二宪法可能存在的一些问题，这里需要围绕国家主席和中央军委主席再做展开。这部宪法总结"文化大革命"教训，最初规定的国家主席是虚职的，俗称"虚君共和"。也就是说，国家主席的职责就是代表国家，做国家的象征，通俗地说，就是不掌实权。这样，国家主席就不会同时担任其他的重要职务。而且，在宪法实施后的近七年中，中共中央总书记、国家主席和中央军事委员会主席，也都是由不同的人担任的。按照这样的体制和做法，全国人大对国家主席或者中央军委主席进行罢免，是对一个领导人、一个领导职务的罢免，并不涉及其他的国家机关领导人和领导职务，特别是不涉及党的最高领导人，即中共中央总书记。如果党和国家的领导体制健全并且坚强有力，这样的罢免，影响会很大，但不至于对政治安全稳定造成大的损害，不至于对政治制度造成冲击，所以，在那样的历史背景下，全国人大组织法和议事规则有关全国人大罢免国家主席和中央军委主席的规定，有其合理性。

但需要注意的是，1989年11月十三届五中全会起，中共中央总书记开始同时担任党的中央军委主席，到了1993年八届全国人大一次会议，中共中央总书记又担任了国家主席和国家中央军委主席。从那时起，中共中央总书记就同时担任国家主席，并逐步同时担任中央军委主席。而党的十八大以来，习近平总书记则同时担任国家主席和中央军事委员会主席，形成了"三位一体"的领导体制。这个体制和做法，已经成为人民代表大会制度中极为重要的宪法惯例。实践充分证明，国家主席和中央军委主席由中共中央总书记担任，对于保证党的领导地位，实现党和国家的长治久安，具有极为重大深远的意义。

但是，在国家主席和中央军委主席由中共中央总书记担任的"三位一体"领导体制下，宪法和全国人大组织法、议事规则关于全国人大主席团、三个以上的代表团和十分之一以上的代表，可以提出对国家主席、中央军委主席的罢免案，就明显不协调了，或者说，与这一领导体制存在明显的冲突了，因为，三个重要职务由一个人担任，一旦罢免国家主席或者中央军委主席，与罢免总书记又有什么区别呢？难道国家主席或者中央军委主席职务被罢免了，党的总书记还能继续担任，或者还能同时担任另外一个重要职务？这是不可想象的。

出现这样的情况，又如何坚持党中央的集中统一领导、做到"两个维护"？全国人大议事规则是1989年4月七届全国人大二次会议通过的，这个时间点在当年11月中共中央总书记担任中央军委主席之前，更在1993年中共中央总书记担任国家主席之前。因此，那时候的立法设计，显然没有考虑到中共中央总书记同时担任国家主席和中央军委主席，当然也没有考虑到，一旦全国人大可以罢免国家主席和中央军委主席，就与这一领导体制形成了内在的紧张关系。而这个紧张关系，是国家政治制度顶层的根本性内在紧张关系，攸关国家政治制度的根本，攸关党的领导执政地位，攸关政治社会稳定和国家的长治久安。

建议有关方面对这个重大问题予以慎重研究，甚至可以考虑，将这两部重要法律的修改，与修改宪法放到一起研究推动。

3. 有关表决器的问题

全国人大及其常委会包括人大内部其他组织的表决，是十分复杂、牵涉面很广的事项。建议对这个问题加以系统研究规范。

值得注意的是，这次修正草案将现行法律第 53 条有关全国人大表决的事项，修改为第 65 条，并增加规定，如表决器在使用中发生故障的，可以采用举手方式或者其他方式进行表决。全国人大会议使用电子表决器，始于 1990 年 3 月的七届全国人大三次会议，也就是说，1989 年制定全国人大议事规则的时候，全国人大尚没有使用表决器，因此，不存在表决器发生故障的问题，现在的议事规则也就没有针对这个问题的规定。但是，也要看到，从 1990 年至 2020 的 30 年中，从未听说全国人大在进行表决的时候，出现表决器发生故障的问题。全国人大作为最高国家权力机关，一般一年才开一次会议，为准备每年的全国人大会议，各方面投入大量的人力、物力和技术力量，表决器必须做到万无一失才对，怎么能够允许临到表决的时候，表决器竟然发生故障呢？在党中央的集中统一领导下，作为最高国家权力机关，全国人大会议的表决器竟然会发生故障，未免太不严肃、匪夷所思了。

还要注意的是，如果全国人大议事规则规定表决器发生故障，可以采用举手方式表决，那么，各个地方人大的议事规则纷纷效仿，也规定表决器发生故障即可举手表决，万一这个规定被某些人利用，故意在表决时让表决器发生故障，进而迫使大会举手表决，就可能给地方人大依法行使权力带来巨大隐患。建议有关方面予以研究，最好不作此规定，并针对性地增加规定大会秘书处须维护表决秩序，确保表决时电路安全、表决器不发生故障的内容。

十三

认识人大监督与支持关系的难点和根本所在[①]

长时间以来，在人大对"一府两院"的监督工作中，有一种使用频率很高的说法，叫"人大的监督，是监督，也是支持"，或者叫"监督也是支持"。把监督与支持联系起来表述，给人的感觉，一方面是鼓励人大加强监督、敢于监督、善于监督，同时也要正确地认识人大监督的性质定位，把握监督的方式和尺度；另一方面是要求被监督机关从有利于促进自身工作的角度理解人大监督，自觉、主动地接受人大监督。但实践中，各方面仍然普遍觉得，人大监督工作不好开展；即使开展起来，也容易流于形式。为什么会出现这种情况？从根子上看，恐怕还是在如何准确地理解监督与支持的关系方面，有很多困难和困惑。因此，对这个问题展开研究，对于准确把握人大监督工作的性质定位，找到人大监督工作的总开关，特别是科学处理加强人大监督与坚持党的领导的关系，具有十分重大的意义。

（一）一些重要的提法及其变化

人民代表大会制度是最适合中国国情、最有利于人民行使当家作主权利的政治制度。那么，在这个制度下，如何才能把国家的权力牢牢掌握在人民手中？十分关键的一条，就是由人大对它产生的其他国家机关实施监督。但是，监督这项职权说起来容易，深入思考下去，真正落实下去，却是很难的，因为它涉及的关联因素太多、太复杂。回顾历史就可以发现，对如何定性和定位人大监督，如何把握人大监督的度，如何处理人大监督与其他党政机关行使职权的关

[①] 本文发表于《苏州大学学报》（法学版）2020年第3期。

系，我们的提法是在不断变化的。①

1. 毛泽东、周恩来的提法

关于人大监督的提法，从源头上可以追溯到毛泽东1945年在延安与黄炎培说的一句关于人民监督政府的名言："只有让人民起来监督政府，政府才不敢松懈。只有人民起来负责，才不会人亡政息。"② 毛泽东所说的监督主体虽然是"人民"，但在人民代表大会制度的体制下，代表人民行使监督权的当然就是人民代表大会了。这里，他是站在如何跳出"历史周期律"的角度，提出只有让人民（人大）起来监督政府，才能避免人亡政息，强调的是人大拥有监督权的意义，而没有涉及对人大具体监督工作中的定性。

制定五四宪法时，毛泽东进一步说："我们的主席、总理都是由全国人民代表大会产生出来的，一定要服从全国人民代表大会，不能跳出如来佛的手掌。"③ 这里，毛泽东直接提出了人民代表大会的监督问题，但这个监督强调的是主席、总理对人大的服从，而没有涉及人大对主席、总理进行监督时，在处理各种关系中的定性定位。

五四宪法实施后，人大的监督很快变为具体的实践。这个实践既包括全国人大的实践，也包括地方人大的实践，但首先是全国人大的实践，因为全国人大的实践对地方人大具有示范意义。这样，就需要回答人大如何监督以及这种监督的性质问题了。对这个问题，1956年7月21日，周恩来在上海市第一次党代会上讲话时，做了相当篇幅的生动阐述。

他说："今年召开的全国人民代表大会已经开了一个先例，就是把所有代表的发言，包括批评政府工作的发言，不管对的、部分对的甚至错的都发表出来。这就在人民中揭露了政府工作的缺点。"④ 周恩来这句话有一个重要信号值得注意，即：全国人大代表批评政府工作报告的发言，不管是对的还是错的，都能发表出来。翻看那一时期的《人民日报》就可以发现，全国人大代表的发言，特别是批评性的发言，的确是都能发表出来的。而在周恩来看来，人大对政府工作的这种批评和发表，目的是揭露政府工作中的缺点。

---

① 蒋清华. 支持型监督：中国人大监督的特色及调适[J]. 中国法律评论, 2019（4）.（青年学者蒋清华在研究人大监督与支持关系时，检索引证了不少全国人大常委会工作报告的表述，具体内容可参见此文。本文检索梳理的主要是一些重要领导人讲话中的表述。）
② 黄方毅. 毛泽东黄炎培当年延安话民主[J]. 新华文摘, 1990（4）.
③ 中共中央文献研究室. 毛泽东年谱：第二卷（1949—1976）[M]. 北京：中央文献出版社, 2013：228.
④ 周恩来选集（下卷）[M]. 北京：人民出版社, 1984：208.

那么，政府对这种"揭露"应当采取什么态度？周恩来说："我们不怕揭露，即使揭露错了一点也不要紧，有则改之，无则加勉，这有好处。政府应该让人民代表批评自己的错误，承认应该承认的错误。"① 对于人大与政府的这一"揭露"与"不怕揭露"的关系，周恩来继续说："明年还准备进一步允许辩论，当然现在也允许辩论，小组会上就辩论得很热烈，将来在大会上也可以辩论。就是说，人民代表提出的意见，政府要出来回答。回答对了，人民满意；不对，就可以起来争论。"②

最后，周恩来对人大与政府的这种揭露、回答和辩论的监督互动，用了一个形象的词来概括定性，叫"对台戏"。他说："资本主义国家的制度我们不能学，那是剥削阶级专政的制度，但是，西方议会的某些形式和方法还是可以学的，这能够使我们从不同方面来发现问题。换句话说，就是允许唱'对台戏'，当然这是社会主义的'戏'。我们共产党人相信真理越辩越清楚。我们共产党人要有勇气面对真实，面对错误，有错误就不怕揭露，就勇于承认和改正。"③ 周恩来这里提出一个共产党领导的社会主义制度下，人大与政府能不能唱"对台戏"的问题。显然，他是热情地支持这种监督方式的，并认为在"对台戏"的结构中，政府面对人大的揭露监督，应当勇于承认和改正错误。周恩来为什么支持"对台戏"式的监督？这恐怕与他哲学意义上的思考有关，即"共产党人相信真理越辩越明"，因为站在认识论的角度，人大对政府"对台戏"式的监督，显然是达到真理越辩越明的有效渠道。

当然，五四宪法真正实施的时间并不长，全国人大对国务院进行"对台戏"式的监督主要集中在1955年到1957年上半年。后来，从反右到"文化大革命"的那段时间，人大的全部工作被中断直至破坏，更谈不上"对台戏"式的监督了。所以，"对台戏"可能引发的问题也就没有得到充分的注意和研究。比如，如果允许全国人大代表对国务院提出的批评，不管是正确的、部分正确的甚至是错误的，都在《人民日报》全文发表，在当时看来非常有积极意义，但如果成为一项工作规则或者惯例甚至法律的规定，是否具有可行性，将会引发什么样的问题？再比如，在人大会议上，如果人大代表对政府展开充分的"揭露"，政府与人大代表进行充分的辩论，需要什么样的条件，最终又会出现什么样的情况？等等。客观地说，当时对这些问题的预料和重视，至少是不够全面、长

---

① 周恩来选集（下卷）[M]. 北京：人民出版社，1984：208.
② 周恩来选集（下卷）[M]. 北京：人民出版社，1984：208.
③ 周恩来选集（下卷）[M]. 北京：人民出版社，1984：208.

远的。

而八二宪法制定后,对于如何定性和定位人大对政府包括法院、检察院以及现在的监察委员会的具体监督工作,我们的认识又经过了不断发展变化的过程。

2. 彭真20世纪50年代的提法以及80年代的变化

在实施五四宪法初期,彭真的态度与周恩来一样,也是热情地支持人大与政府唱"对台戏"的,这在他1957年3月21日在全国政协会议结束后召开的全体党员大会上就百家争鸣问题发表的讲话中,就有生动体现。他说:"根本的方针是不要把人大和政协搞成形式,敷衍了事,而是要认真地同党外人士一起,共同商量解决问题。""就是要百家争鸣,唱对台戏。""平时所讲的对台戏,就是你唱我也唱,百家争鸣,看谁鸣得对。"① 彭真不仅从百家争鸣的角度来看"对台戏",还把这种"对台戏"式的监督,比喻为"合法斗争",并说:"把各种有意见的人,纳入合法斗争的轨道,这样对人民有利。有些人对我们不满,是让他讲出来,对的我们接受,不对的加以说明解释好呢?还是不让他们讲,逼使人家搞非法斗争,搞小乱子好呢?当然是合法斗争好。""有意见的都在会上提出来,这样,就可以改进工作,人民内部关系就可以得到调整,有一点矛盾就解决,就可避免矛盾的总爆发。"②

但是,到了20世纪80年代,对于"对台戏"问题,彭真的态度发生了很大的变化。1983年6月24日,他在六届全国人大常委会第一次会议上对如何做好省级人大常委会工作,专门做了讲话。在这个讲话中,彭真明确提出了省级人大常委会监督政府的方针:"省级人大常委会在同政府的关系上,方针不是唱'对台戏',但也不是等因奉此、不问是非的'橡皮图章'"。③ 那方针是什么?彭真说:"方针是实事求是,以人民利益为根据,以宪法、法律为准绳,是就是,非就非。对的,就肯定,就支持;错的,就否定,就纠正。"④ 这里,彭真改变了前述周恩来和他自己二十多年前关于"对台戏"的提法,明确提出方针不是唱"对台戏"。值得注意的是,在五四宪法实施的时候,周恩来担任国务院总理,彭真担任全国人大常委会副委员长兼秘书长,那一时期全国人大开会过

---

① 《彭真传》编写组. 彭真传(第三卷)[M]. 北京:中央文献出版社,2012:933.
② 《彭真传》编写组. 彭真传(第三卷)[M]. 北京:中央文献出版社,2012:933.
③ 彭真. 论新时期的社会主义民主与法制建设[M]. 北京:中央文献出版社,1989:198.
④ 彭真. 论新时期的社会主义民主与法制建设[M]. 北京:中央文献出版社,1989:198.

程中对国务院进行的"对台戏"式的监督,彭真不仅有亲身经历,而且这种监督很大程度上都是由他直接主持和安排的。所以,对于"对台戏",彭真无疑有深刻的体验和认识。

但是,彭真在这里没有回答为什么要改变以前关于"对台戏"的提法。他只从正面强调,在方针上,人大监督应当实事求是,以人民利益为根据,以宪法、法律为准绳。为什么方针不是唱"对台戏"?是否可以做这样的推想:"对台戏"本身是一种监督的形式,如果以唱"对台戏"为方针,就容易忽视或者把握不住监督的内容和效果,变成追求形式,为了唱"对台戏"而唱"对台戏"了。而如果对监督的内容效果不加以把握,代表的意见,不管是对的、部分对的甚至是错误的,都可以在会议以及媒体上全部发表出来,是不是就可能失之主观,进而偏离实事求是、人民利益以及宪法和法律的原则方向,甚至产生其他难以预料的影响呢?显然是有可能的。如果出现这种情况,监督的质量可能就难以保障了。

但是,如果不以"对台戏"为方针,不强调监督的针对性或者对抗性,人大的监督就有可能失去锐气和力度,因此,彭真在指出方针不是唱"对台戏"的同时,又不无担忧地提醒说:"但也不是等因奉此、不问是非的'橡皮图章'";在强调实事求是、以人民利益为根据以及以宪法和法律为准绳的同时,又明确要求人大的监督"是就是,非就非","对的,就肯定,就支持;错的,就否定,就纠正"。但仔细研究彭真提出的这个监督方针及其落实的办法,无疑会让人觉得,这个要求是很高的。它要求人大及其常委会的组成人员对所要监督的人和事,都事实清晰、对错分明,对人民利益和宪法、法律的规定都了然于胸,而这个要求几近对一个法官审理案件的要求了,而有任期限制的人大组成人员,要达到这个标准是很不容易的。由此可以进一步思考的问题是,在人民代表大会制度下,"一府一委两院"由人大产生,受人大监督,能否用类似法官的标准,来要求人大这个国家权力来源的监督主体?对这个重要问题,我们缺乏充分研究。而从另一方面看,人大要对其他国家机关进行监督,其批评监督的意见就既可能是正确的、部分正确的甚至可能是错误的,我们能否因为担心人大监督的意见只是部分正确甚至是错误的,而不允许出现唱"对台戏"的对抗方式呢?老实说,对这个重要问题我们长期以来也缺乏研究。

值得注意的是,彭真在改变人大监督是"对台戏"的提法,重新定性人大监督政府的方针时,还提出了一个人大支持政府工作的问题。

就笔者所阅资料,第一位将支持与监督放在一起阐述的领导人,是彭真。也是在上述1983年6月24日的讲话中,他说:"人大常委会对政府工作的监督，主要是监督它是否违宪、违法，是否执行国家的方针、政策，是否符合人民的根本利益。"① 在明确监督的这三个具体指向和任务后，彭真随即把话题转向了人大对政府的支持。他说："现在，原来在党和政府工作的相当一批负责同志选到人大常委会，加强了人大常委会的工作。但是，如不注意正确支持政府工作，而是干涉政府日常工作，政府就不好办事了。"② 这里，彭真提出了一个人大支持以及干涉政府工作的问题。顺着这个问题，他进一步说，人大在监督的时候，"不要代替政府工作，不要不恰当地干扰政府工作，只管重大原则问题"，"至于具体工作，可以这样办，也可以那样办，还是由政府去办比较好。重大原则问题，该管就管，少一事不如多一事；日常工作问题，不必去管，多一事不如少一事"③。

从彭真的这些论述可以发现，他认为，人大在监督政府的同时，也要很注意正确支持政府的工作。什么是支持？监督与支持又是什么关系？这个问题可以从不同的角度来认识，但彭真这里强调的是，不干涉就是支持，人大既要监督，但又不能干涉、干扰和代替应当由政府做的工作。那么，监督与支持的界限在哪里呢？彭真认为，是否属于"只管重大原则问题"，就是监督与支持的界限，人大监督要抓住重大原则问题，对"重大原则问题，该管就管，少一事不如多一事"，这是监督的边界。但是，对于政府的日常工作，人大"不必去管，多一事不如少一事"，做到这一点，就是对政府的支持。

而到了1987年6月22日，彭真在六届全国人大常委会第二十一次会议上又发表了一篇《一不要失职，二不要越权》的重要讲话。他在这个讲话中提出："我们全国人大常委会需注意，一不要失职，就是要认真履行宪法赋予的职责；二不要越权，就是不要越俎代庖，干扰宪法规定由政府、法院、检察院分别行使的行政权、审判权、检察权。"④ 彭真的这个讲话要点，与前述1983年讲话中的人大监督"只管重大原则问题""少一事不如多一事""多一事不如少一事"的生动表述是一脉相承的，强调的是：对于宪法和法律赋予的监督职责，人大不要失职，但在监督的时候，人大也不能越俎代庖，干扰宪法规定应当由"一

---

① 彭真. 论新时期的社会主义民主与法制建设 [M]. 北京：中央文献出版社，1989：198.

② 彭真. 论新时期的社会主义民主与法制建设 [M]. 北京：中央文献出版社，1989：198.

③ 彭真. 论新时期的社会主义民主与法制建设 [M]. 北京：中央文献出版社，1989：198.

④ 彭真. 论新时期的社会主义民主与法制建设 [M]. 北京：中央文献出版社，1989：360－361.

府两院"行使的职权,即不要越权。这个不越权,就是对"一府两院"的支持。

彭真上述关于监督与支持关系的生动阐述,在八二宪法实施后的相当长时间内,对于指导人大的监督工作,产生了广泛影响和重要作用,至今也有重要的现实指导意义。

3. 江泽民等领导人的提法

彭真担任六届全国人大常委会委员长结束后,自七届全国人大到现在,关于人大监督的提法,或者主要地说,是关于人大监督与支持关系的提法,又发生了一些重要的变化。这些变化体现在党和国家领导人的讲话中。

第一个变化,体现在江泽民在1990年3月18日参加七届全国人大三次会议、全国政协七届三次会议的党员负责同志会议上的讲话中。他说:"监督'一府两院'的工作是人大及其常委会的一项重要职责。这种监督,既是一种制约,又是支持和促进。"[①] 这里,江泽民将监督与制约以及支持促进联系起来了。

仔细分析江泽民的以上表述,有三个问题值得注意:

一是,他将监督与制约联系起来了,认为监督本身就是一种制约。在中国的语境和通常的理解中,监督既可以指一个国家机关对另一个国家机关居高临下的监督,也可以指平行的国家机关之间的监督,但一般所说的制约主要是平行的国家机关之间的制约(比如,宪法规定公、检、法三机关办理刑事案件中的关系,就是分工负责、互相配合、互相制约,而没有说互相监督),而人大对"一府两院"的监督能否视为居高临下的制约,迄今尚缺乏必要的权威论述。那么,人大对"一府两院"的监督与制约是平行的监督与制约,还是居高临下的监督与制约?江泽民在讲话中没有做进一步阐述。

二是,江泽民这里所说的监督"又是支持和促进",显然容易被理解为人大的监督工作,本身就是对"一府两院"的支持和促进,即监督中包含了支持促进的内容,或者说监督在很大程度上就等同于支持和促进。而这与上述彭真关于监督过程中不干涉、不代替、不越权就是支持的含义,在看问题的立足点和角度上,显然是不相同的。

三是,理解和把握"监督是一种制约"与"监督是支持和促进"之间的关系,还是有难度的。如果人大的监督是居高临下的监督与制约,那么,这种监督与制约如果类似父母对子女的监督与制约,在一定意义还可以理解为支持和促进,但是,如果人大对"一府两院"的监督,是一种平行的国家机关之间的监督与制约,那么,这种监督与制约能否视为支持和促进?它与西方三权分立

[①] 江泽民文选(第一卷)[M]. 北京:人民出版社,2006:115.

体制下平行的国家机关之间的监督与制约又有什么区别？客观地说，这些问题，在理解和执行中如何把握，是有难度的。

第二个变化体现在李鹏的一些讲话中。

1998年4月29日，李鹏在九届全国人大常委会第二次会议上对人大监督与支持的关系有这样的表述："人大监督的目的是督促和支持'一府两院'依法行政、公正司法。"①1999年3月15日，在九届全国人大二次会议上，李鹏又说："各级人大对司法机关进行个案监督的目的，是督促和支持司法机关公正司法。"② 一个月后的4月29日，李鹏在九届全国人大常委会第九次会议上再一次说："人大监督的目的，是为了督促国家行政、审判、检察机关依法行政、公正司法，把工作做得更好，从这个意义上说，监督也是对这些国家机关工作的支持。"③

在以上的三次讲话中，李鹏明确地将人大监督的目的定性为对"一府两院"工作的督促和支持，这样，监督与支持的关系，就可以理解为手段与目的关系，是指人大通过监督这一手段来督促和支持"一府两院"依法行政、公正司法。李鹏认为，从这个意义上说，监督也是支持。将李鹏的这些表述与前述江泽民关于监督"又是支持和促进"的表述分开，站在不同的角度，就会有不同的理解，但如果联系起来分析，也可以认为，江泽民的表述与李鹏的表述有相同的含义，而李鹏的表述则是对江泽民相关表述的进一步明确和深化。但如果不细加联系和推理，要把两者等同起来理解，显然是有困难的。

除了从手段与目的的关系来论述监督与支持的关系外，李鹏还通过中西方政治制度的差异和对比来阐述监督与支持的关系，这个内容是江泽民在相关表述中所不曾有的。在前述1998年4月29日的讲话中，为了说明监督是支持，李鹏先说："全国人大常委会、国务院和最高人民法院、最高人民检察院，都是党领导下的国家机关，虽然分工不同、职能不同，但工作的基本出发点和目标是一致的。"接着又说："人大常委会对'一府两院'的监督，根本不同于西方国家议会对政府和司法机关的权力制衡。因此，人大监督工作中，要把监督和支持结合起来，在监督的同时，还要强调支持，通过监督，支持政府、法院、检察

---

① 全国人大常委会办公厅秘书一局. 第九届全国人民代表大会及其常务委员会会议大事记[M]. 北京：中国民主法制出版社，2003：601-602.
② 全国人大常委会办公厅秘书一局. 第九届全国人民代表大会及其常务委员会会议大事记[M]. 北京：中国民主法制出版社，2003：584.
③ 全国人大常委会办公厅秘书一局. 第九届全国人民代表大会及其常务委员会会议大事记[M]. 北京：中国民主法制出版社，2003：632.

院把工作做得更好。"① 在前述1999年3月15日的讲话中,李鹏又说:"在我国,人大和'一府两院'都是在党的领导下,根本目标是一致的,只是职责有所不同。这种关系是我国政治体制的一大特点,也是一大优势,有助于国家机器高效运转。"② 在前述1999年4月29日的讲话中,李鹏再次强调说:"人大依法行使监督权,是党领导人民依法治国的重要内容,是人民当家作主的重要体现。同时也必须明确,人大对'一府两院'的监督,同西方国家议会对政府的制约有着本质区别。我国的国家机构是按照民主集中制的原则建立和运转的。各国家机关都在党的领导下开展工作,是密切配合、分工合作的关系,不是'三权分立'的关系。"③

李鹏以上的三次相关讲话实际是从政治体制的宏观局面出发,来阐述为什么人大的监督是支持。其中有几个要点值得注意:一是,全国人大和"一府两院"都是在党领导下的国家机关,分工不同,但目标是一致的,所以,监督是一种支持;二是,人大对"一府两院"的监督,与西方政治制度不同,不是三权分立、相互制衡,所以,在监督的同时,还要强调支持;三是,人大和"一府两院"是按照民主集中制原则建立和运转的,职责不同但目标一致,而监督是支持,有助于国家机关的高效运转。当然,李鹏的讲话也有一个理解上的难点,即:他在上述1998年4月29日的讲话中,既说"监督的目的是督促和支持",又说"要把监督和支持结合起来,在监督的同时,还要强调支持"。但是,监督的目的是支持,说明监督与支持并不矛盾,是手段与目的的关系,而要把监督与支持结合起来,在监督的同时还要强调支持,则说明监督与支持本身是有冲突的,不是手段与目的的关系。所以,要把这两个表述融合起来理解,还是有难度的。

李鹏从政治体制出发并与西方三权分立对比,对监督是支持的一系列阐述,被后来担任委员长的吴邦国沿用下来了。2005年4月29日,吴邦国在江苏考察时的讲话中明确说:"人大与'一府两院'有监督关系,还有支持的关系。大家的目标相同,都是在党的领导下发挥各自的职能作用。小平讲过,我们这个制

---

① 全国人大常委会办公厅秘书一局. 第九届全国人民代表大会及其常务委员会会议大事记 [M]. 北京:中国民主法制出版社,2003:601-602.
② 全国人大常委会办公厅秘书一局. 第九届全国人民代表大会及其常务委员会会议大事记 [M]. 北京:中国民主法制出版社,2003:583.
③ 全国人大常委会办公厅秘书一局. 第九届全国人民代表大会及其常务委员会会议大事记 [M]. 北京:中国民主法制出版社,2003:632.

度最大的优越性,就是干什么事情一下决心、一做决定,就立即执行、不受牵制。"① 到了半年后的 10 月 29 日,在听取部分省级人大常委会负责人关于监督法草案的意见时,吴邦国又说:"在我国,人大与政府、法院和检察院的关系,既有监督又有支持。在中央统一领导下,大家协调地开展工作,中央决定的事情,各方贯彻落实。因此考虑人大与'一府两院'的关系,考虑监督法,决不能从'三权分立'的政体出发,而应从我国政治体制出发,自觉地坚持符合中国国情的、中国人民自己选择的、实践证明是正确的政治发展道路,划清与'三权分立'的界限。"②

(二) 认识中的困惑与难点

总结以上有关监督与支持关系的权威表述,以及理论实践中的一些问题,可以发现,在认识把握两者关系时,还有不少困惑和难点需要研究。

1. 人大监督与西方议会监督的区别需要深入研究

正如前述李鹏等领导人所说,在我国,人大的监督,根本不同于西方国家议会对政府和司法机关的权力制衡,因为人大监督是在党的领导下进行的,人大与它所要监督的机关只是分工职能不同,根本目标是一致的,因此,人大监督不仅有监督的一面,还有支持的一面,要做到监督与支持相结合。这些论述无疑是精辟和深刻的。但是,仍然有一些问题需要进一步研究回答:

一是,人大与被监督机关只是分工职能不同,根本目标是一致的,但为了共同的根本目标行使职权,为什么监督工作却常常很难开展起来,或者效果不如人意?

由此需要进一步思考的是,人大监督的根本目标与西方议会监督的根本目标有什么区别?研究这个问题有两条线索:

一条线索是,西方议会的监督是以多党制为前提,在多党制背景下进行的,是在野党对执政党的监督,监督的目标是把执政党控制的政府拿下来,轮流坐庄。从这里可以看出,在西方国家,议会监督的根本目标是让执政党控制的政府下台,让在野党的政府上台,监督与被监督者的目标是背道而驰、势不两立的。

另一条线索是,我们国家人大的监督,不是要把由它产生的政府或者监察委员会、法院、检察院推倒,更不是要让执政党下台,让其他的党取而代之,

---

① 全国人民代表大会年鉴(2005 年卷)[M].北京:中国民主法制出版社,2006:146.
② 全国人民代表大会年鉴(2005 年卷)[M].北京:中国民主法制出版社,2006:153.

因为人大与被监督机关的根本目标是一致的。但需要回答的是，这个彼此一致的根本目标是什么？客观地说，对这个问题，我们的回答不够清晰。如果说监督的根本目标是保证宪法和法律的正确实施，那么，西方议会的监督是否也有保证宪法和法律实施的目标？如果有，这个目标与我国人大的这一监督目标有何区别？而人大及其他国家机关在监督中共同致力于实现这一目标，为什么监督工作却不容易开展？如果说目标是实现党的领导，那么，一旦一些党的组织和负责人领导的方式内容与宪法和法律不一致，又如何开展监督？有人可能会说，监督的目标是实现党的领导、人民当家作主、依法治国有机统一，但这个"有机统一"的具体内容是什么？实践中，由于"有机统一"的内容不甚清晰，就使得实现"有机统一"的具体办法又具有很大的不确定性，如果处理不好，监督工作也很难开展。所以，在对政治体制进行比较的大背景下，研究我国人大监督目标与西方议会监督目标的区别，十分必要。

二是，西方议会在监督政府和司法机关时有没有支持的一面？如果有，与人大对被监督机关的支持有什么区别？长期以来，我们对西方三权分立体制下议会与政府和司法机关的关系，在理解和宣传上强调的是分权制衡，这无疑是正确的，但除了分权制衡之外，它们之间有没有合作和支持的一面呢？在某些方面、某种程度上，显然也是有的。比如，美国的国会对总统在进行监督制约的同时，经常也有配合和支持的一面，这种配合和支持与我国人大对"一府一委两院"的支持，在性质上以及其他方面，无疑是有区别的，但是，对这种区别我们缺乏深入的研究。

三是，人大监督的对象与西方议会监督的对象究竟有何区别？这是一个十分重要的问题。在实行多党制的西方国家，政党在议会等国家机关中活动，议会对政府的监督，既是对政府的监督，也是对执政党的监督。但在中国，包括人大在内的所有国家机关都是由党领导的。党领导国家机关，主要有两个渠道：一是通过独立的党的组织对人大等国家机关进行领导；二是通过党内成员担任国家机关的领导成员实现领导。这样，人大监督的对象与西方国家议会监督的对象，恐怕就有两个重要的区别：

区别之一，人大对国家其他机关的监督，从外部表现上看，是一个国家机关对国家其他机关的监督，但由于人大的监督工作是由人大及其常委会的党组织领导开展的，而国家其他机关是由该机关中的党组织领导行使职权的，所以，人大的监督与其说是人大这一国家机关对国家其他机关的监督，还不如说在很大程度上，是人大内部党组织对国家其他机关内部党组织的监督，是统一的执政党内部一个组织对另一个组织的监督，即这种监督具有明显的党内监督的特点。这一监督对象与西方议会的监督对象显然是有重要区别的，而这个区别直接影响到对人大监督与支持关系的认识。这个问题尚缺乏必要研究。

区别之二，人大的监督还要接受独立于国家机关的党组织的领导，即接受人大及被监督的国家机关之外的同级党委的领导，也就是说，对被监督对象要不要监督、采取什么方式监督、监督到什么程度，并不是人大及其常委会自身以及自身的党组织就能独立决定的。这个特点与西方议会的监督也大不相同，直接影响到对监督与支持关系的认识，但对这个问题，我们也缺乏必要的研究。

2. 监督与支持的含义及其相互关系的逻辑联系不甚清晰

分析以上一些领导人的讲话可以发现，他们在阐述人大监督与支持的关系时，都是从不同时代、不同政治背景出发，针对不同的情况，站在不同角度看问题的，因而阐述的重点和指向时常有变化。他们的提法和表述在当时当地无疑有很强的针对性和现实意义，但是，从理论上、制度设计上看，监督与支持究竟是什么关系，这一关系究竟有哪些要点，在理解上还不很清晰，甚至会遇到不少困难疑惑。主要有以下一些需要研究回答的问题：

一是，人大监督的内涵和外延并不清晰。按照《现代汉语词典》的解释，监督的含义是指察看并督促。而按照百度百科对监督含义的解释，其基本意思是，对现场或某一特定环节、过程进行监视、督促和管理，使其结果能够达到预期的目标。那么，把这些一般性的解释运用到人大的工作中，又如何对监督的含义进行具体、准确的理解？长期以来，无论在立法、具体的实践还是理论中，似乎都并没有给予重视，因而对它与支持的关系，稍加深究，就会发现问题。就拿监督法来说，这部法律中规定的人大常委会的监督措施包括听取审议专项工作报告、审查批准计划预算报告、执法检查、对规范性文件的备案审查、询问质询、特定问题调查和撤职等。但是，这些监督措施包括它的各个环节，能否说就是严格意义上的监督，与支持又是什么关系，就明显缺乏一些规律性的特点与共性。

比如，人大常委会听取审议专项工作报告、审查批准计划预算报告的行为，虽然是法定的监督措施，审议审查的过程就有监视和督促的内容，当然是一种监督。但是，如果审议审查后，它对报告予以肯定和批准，那么，在一定意义上，这个肯定和批准就可以说成是对"一府一委两院"的一种支持，或者说它就不是完整意义上的监督。比如，撤销职务是一种监督，但如果要把对某一国家机关领导人职务的撤销说成对他的支持，在理解上就有困难（这个问题下文会再举例说明）。再比如，按照宪法和有关国家机构组织方面的法律的规定，人大还行使任免权这一重要职权。任免权虽然没有被监督法列为监督措施，但是，人大酝酿审议拟任免国家机关组成人员，从过程看，本身也有监督拟任免人员的特点，酝酿审议的过程就可以理解为监督的过程。而从结果看，如果人大表决通过了有关人事任命，就可以理解成一种支持，而没有通过一项人事任命，就可以理解为一种否定性的监督。所以，人事任免权虽然不是法定的监督权，但在某种意义上也可以视为一项监督权，而这个监督权也可以理解为具有监督与支持的双重特点。举以上几个例子，是想说明，人大及其常委会行使的职权比较多，每一项职权行使的情况和特点又比较复杂，很难对一项职权做出单一的定性，而在不同的职权中对监督的性质与内容又可以做出不同的理解，所以，如果对法律规范中监督的含义没有明确的界定，离开了具体的问题和情境，概括性地说人大的监督也是一种支持，在理解认识上就容易出现困惑，就会出现一些难以说清楚的问题。

二是，人大支持的含义也不甚清晰。按照彭真的说法，人大不干涉、不越权就是支持。按照江泽民的提法，监督本身就是一种支持。按照李鹏的说法，监督的目的就是督促依法行政、公正司法，从这个意义上说，监督也是支持。而按照吴邦国、栗战书的提法，支持指的是支持"一府两院"依法开展工作（监督的是不依法或者违法开展工作）。所以，从这些权威的提法说法来看，支持的含义究竟是什么，实际并不完全统一。而什么是支持，支持的指向、范围和侧重点是什么，不够清晰，也就不易厘清它与监督的关系。

三是，对监督与支持关系的内在逻辑，尚缺乏必要的论证。梳理以上不同历史时期领导人关于监督与支持关系的论述，可以发现，他们提出了不少论断性的要点，但对这些要点，特别是关于监督与支持关系的内在逻辑联系，阐述却相当少，而领导人讲话之外的相关文件和负责人讲话，对这方面的阐述也很罕见。

比如，说监督是一种支持，或者监督的目的是支持，无疑是正确的，但为什么说监督也是一种支持，监督又如何能成为一种支持，监督的目的又为什么是一种支持等，尚缺乏权威、充分的论证。比如，说监督和支持是统一的、一致的，但为什么说二者是统一的、一致的，二者在什么条件下才能统一、一致，这种统一性、一致性具体有哪些体现，也缺乏权威的论证。再比如，说要把监督与支持结合起来，在监督中支持、在支持中监督，但两者为什么能够结合，如何把两者结合，在监督中如何支持、在支持中又如何监督，还是缺乏充分的阐述。总体上看，关于监督与支持的权威性讲话、论断中的要点都具有结论性和正确性，一些重要表述还充满了辩证法的色彩。但同时，这些表述又偏原则性和抽象性，缺乏具有内在逻辑联系的指导意义的阐述，这在很大程度上带来了认识、理解的难度，实践中也不易具体把握，不可避免地影响了人大监督工作的开展。

3. 监督与支持存在的矛盾冲突，尚没有引起重视和研究

从常识出发，人们就会提出疑问：既然监督也是一种支持，既然人大的监督与"一府一委两院"在根本目标上是一致的，那么，"一府一委两院"应当巴不得人大进行监督，对监督持欢迎和期待的态度才对，但现实不完全是这样，人大的监督开展起来并不容易。这说明，要把监督也是一种支持理解透彻，还有一些问题需要研究。从根本上说，是不是因为监督与支持还存在矛盾和冲突呢？恐怕确实是有的。现列出以下一些问题：

一是，一个具体的监督行为，能不能同时又具有支持的性质？在监督的含义具体明确的前提下，人大的任何一项依法行使职权的监督行为都有明确、具体的措施，都指向明确、具体的主体和事项，而一个明确具体的监督行为，会不会同时具有两个相反方向的性质？比如，某县级人大常委会要依法撤销该县一名副县长的职务，这个撤职的方式当然是对副县长的严厉监督，但能不能反过来说撤职同时又是对该副县长的支持？比如，特定问题调查或者质询，也都是监督措施，人大在行使这两项职权的时候，对被调查和被质询主体弄清事实、追究责任的倾向是十分明显的，是一种严厉的监督，但能否把该监督也说成是对被调查、被质询主体的一种支持？再比如，人大及其常委会撤销某个与宪法和法律相抵触的下位法或者规范性文件，是一种监督，但能否把这种撤销也说成对下位法或者规范性文件制定机关的支持？

在一般的理解上，监督主要指向具体的违法、错误的行为或者主体，即使以对某一事项进行审查管理的方式进行监督，其主要的指向也是如此，所以，只要是监督，就必然包含着对违法、错误的行为和事项或者主体的批评、否定、纠正，而支持是对合法、正确的行为和事项或者主体的支持或者肯定，如果把对一个违法、错误的行为和事项或者主体的批评、否定或者纠正也说成支持，逻辑上可能会产生混乱。人们会问：人大所支持的应当是合法的、正确的东西，怎么能支持违法的、错误的东西呢？

从以上问题可以看出，在不少情况下，针对同一行为、事项或者同一主体，如果说监督又是一种支持，在理解上明显是有困难和容易发生混乱的。出现这种情况，就类似于说一项具体的措施是向东的，但同时又说它向西，这在逻辑上说不通。当然，如果换个角度看问题，说撤销某副县长职务，是对该县人民政府工作的支持，在很大程度上、很多情况下就站得住，但这种情况下，被监督的主体、事项就不是支持的主体、事项了（这个问题下文还将述及）。所以，

<<< 十三 认识人大监督与支持关系的难点和根本所在

说监督是一种支持,就有进一步明确监督和支持的行为、事项或者主体的必要。

二是,如果强调监督也是一种支持,一旦这种监督给被监督一方带来不利后果怎么办?从常理上讲,如果是支持,就不能也不会给被支持一方带来不利的后果。而人大在监督过程中一旦发现"一府一委两院"有问题,是要依法追究被监督主体法律责任的,这对被监督一方明显不利。而人大作为监督主体,发现被监督主体有问题,却故意不追究其责任,不让其承担法律后果,这才容易被认为是一种支持。因此,如果说人大的监督是对被监督对象的一种支持的话,实际就可能被误解为,监督之后发现问题,人大也不好追究责任。因为一追究责任,就显然不是支持。而不能追究责任,这种监督恐怕就没有效果,是空的。

三是,能否把人大和"一府一委两院"的关系不太恰当又比较形象地比作父母与子女的关系?实践中有一个形象的比喻,认为人大是父母,"一府一委两院"就是子女,"一府一委两院"由人大产生,对人大负责、受人大监督,因此,人大对"一府一委两院"的监督,就类似父母对子女的监督。但这种比喻是否恰当,值得研究。父母生了孩子,让他写作业,他不写,就对他进行监督甚至体罚,这个监督无论多严厉,可以肯定地说,是对孩子的支持。但是,这个支持是有前提的,即父母不能将孩子开除出家庭,断绝与子女的关系,因为他们的关系是不可选择替代的血缘关系,不能换一个孩子来替代,所以可以说,父母对孩子的监督是百分之百的支持,也正是因为这个情况,父母就敢于监督。

但人大的情况并不相同,人大在监督过程中发现"一府一委两院"存在问题,依照法律程序,可以对几个机关的负责人进行撤换,是可以不要负责人这个"孩子",再换其他"孩子"来的。也就是说,人大对"一府一委两院"进行监督,如果较起真来,是可以让它们的负责人丢饭碗、可以换"孩子"的,因为这些"孩子"不具有不可替代性。所以,对于具体的被监督的人来说,这种监督就不可能是支持。而更重要的问题是,人大撤换"一府一委两院"负责人,还涉及党管干部的问题,因为人大不能完全管干部(此问题下文还将述及)。所以,人大对其他机关的监督,如果说是支持的话,与父母对孩子的这种监督和支持的关系有根本性的不同,牵涉很多复杂的因素。这是一个需要研究的大问题。

(三) 理解监督也是支持的不同角度

以上说的是监督与支持关系中存在的一些困惑难点,但由于事物的特点具有多面性,人们对事物的认识可以有不同的角度,监督与支持的关系也具有多面性，从不同的角度看，也完全可以得出人大的监督也是一种支持的结论。

1. 是对人民主权的支持

说监督是一种支持，恐怕是用更高的思维方法，从辩证法的角度看问题所得出的结论。在这一意义上，可以把人大监督上升到人民主权的高度，即人大对其他国家机关所进行的监督，是要监督其他国家机关是否代表人民行使各项职权，因为只有被监督机关代表人民行使职权，并对人民代表大会负责，受人民代表大会监督，人民代表大会才能保证最终把各项国家权力掌握在自己的手中，从而代表人民行使当家作主的权利。所以，在这一意义上考虑人大的监督与支持的关系，就可以说，人大监督是对人民主权的支持，是以监督的方式支持人民通过各国家机关行使当家作主的权利。但是，对人民主权的支持毕竟是抽象的理解，类似一个概念性质的东西，在具体的监督实践中，人大行使职权的任何行为，又是在宪法和法律层面进行操作的，是很具体的，因此，在理解的时候，不宜简单地把监督是支持这个概念性质的东西和具体的监督行为放在一起，否则，就类似于在哲学上把"马"的概念和一匹白马放在一起，容易得出"白马非马"的错误结论。

2. 是对民主集中制中人民统一意志的支持

对监督也是一种支持的理解，还可以从民主集中制的国家机构组织原则出发。这是一个重要的视角。李鹏在1999年4月29日的讲话中，明确将监督是一种支持与民主集中制联系起来阐述，认为我国的国家机构是按照民主集中制的原则建立和运转的，各国家机关都在党的领导下开展工作，是密切配合、分工合作的关系，不是"三权分立"的关系，所以人大的监督也是一种支持。后来吴邦国等领导人的相关阐述也都揭示了这个含义。他们都强调，民主集中制这一政治制度的组织原则决定了人大与其他国家机关不是"三权分立"的关系，因此，即使对其他国家机关实行监督，这种监督关系也是一种支持的关系，或者是既有监督，又有支持的关系。当然，如前所述，对这些阐述要做更深层次的理解，特别是要将人大民主集中制组织原则下的监督与支持，与西方"三权分立"体制下议会对政府的监督与支持关系做明确的区分，还有一些问题需要研究。

从民主集中制的原则出发来认识人大监督与支持的关系，大概可以追溯到刘少奇在1954年宪法草案报告中的一些论述。在这个报告中，刘少奇对民主集中制中民主与集中的结合做了阐述。他说："有不少的人，常常错误地把民主和集中看作绝对对立而不能互相结合的两回事。他们以为，有了民主就不能有集中，有了集中就不能有民主。他们看到我们国家机关中的人民的政治一致性，

>>> 十三 认识人大监督与支持关系的难点和根本所在

看到全国高度的统一领导,就企图证明在我们这里'没有民主'。他们的错误在于他们不了解人民民主,也就不能了解建立于人民民主基础上的集中。"① 刘少奇这里虽然没有明确提到人大的监督以及监督与支持的关系,但是,按照他的阐述,在人民代表大会制度下,人大对由它产生的国家机关的监督,显然就是民主的一面,而这个民主的一面,本身也体现了集中的一面,而这个集中的一面反映的正是"国家机关中的人民的政治一致性"和"全国高度的统一领导"。所以,从这个"集中"的一面出发,当然可以认为人大的监督也是一种支持,这种支持是为了"保持国家机关中的人民的政治一致性"和"全国高度的统一领导"。

如果说刘少奇上面的阐述对于理解监督与支持的关系还不够明确的话,那么,他在1954年宪法草案报告中紧接着上面的话所做的阐述就很明确了。他说:"人民的共同利益和统一意志,是人民代表大会和一切国家机关工作的出发点。因此,在这一切国家机关中,也就能够在民主的基础上形成人民的政治一致性。"② 这里,他实际把上述民主集中制中"集中"的一面解释为"人民的共同利益和统一意志"。紧接他又说:"但是,不能因为政治上的一致性而取消或者缩小批评和自我批评。恰恰相反,批评和自我批评是我们民主生活的一种极重要的表现。"③ 刘少奇这里所说的批评与自我批评,就是人大的监督,就是民主集中制中民主的一面。因此,他接着说:"在我们的一切国家机关中,工作中的缺点和错误总是有的,因此,在全国人民代表大会的会议上,在地方各级人民代表大会的会议上……都要充分地发扬批评和自我批评。我们必须运用批评和自我批评的武器来推动国家机关的工作,不断地改正缺点和错误,反对脱离群众的官僚主义,使国家机关经常保持同群众的密切联系,正确地反映人民群众的意志。如果没有充分的批评和自我批评,也就不能达到和保持人民的政治一致性。压制批评,在我们的国家机关中是犯法的行为。"④ 这里,刘少奇明确提出了人民代表大会会议上的批评和自我批评(人大的监督)及其与民主集中制的关系问题。

总结刘少奇所说的在各级人民代表大会会议上的批评和自我批评(这种自我批评应当理解为人民代表大会会议上因为人大监督而引起的政府等被监督机

---

① 刘少奇选集(下卷)[M].北京:人民出版社,1985:158-159.
② 刘少奇选集(下卷)[M].北京:人民出版社,1985:159.
③ 刘少奇选集(下卷)[M].北京:人民出版社,1985:159.
④ 刘少奇选集(下卷)[M].北京:人民出版社,1985:159.

关所做的自我批评），与"人民的共同利益和统一意志""政治上的一致性"之间的关系，可以得出几个要点：一是，在人民代表大会制度下，实现人民的共同利益和统一意志这一"集中"的一面，是一切国家机关工作的出发点；二是，不能因为有"集中"的统一意志和共同利益，就取消或者缩小人大的监督（批评和自我批评），相反，只有监督才是民主的极重要的表现；三是，没有充分的监督，就不能达到和保持人民的政治一致性（集中）；四是，压制监督（批评），在国家机关中是犯法行为。刘少奇上述关于批评监督和人民的政治一致性的论述是相当深刻精辟的，他从人民代表大会制度的政治体制出发，揭示了人大监督与民主集中制之间的深邃、复杂、抽象的关系。从他的论述出发，就可以清楚地发现，人大的监督不仅是发扬民主的一种重要形式，也是对实现人民共同利益和政治一致性的重要支持，即对民主集中制中"集中"的支持。刘少奇的这个论述具有辩证法的色彩，给人启迪，但如何转化为一种制度或者机制并有效地运用于实践，又值得深入研究。

3. 是对各国家机关依法、正确行使职权的支持

比人民主权低一层次的国家权力，根据民主集中制的原则组织起来，就体现为由各国家机关分别行使的职权，比如行政权、监察权、审判权、检察权等。如果把人大的监督定性为一种支持，也可以说是对这些抽象国家权力的支持。具体到人民代表大会制度下的"一府一委两院"，监督是一种支持，实际上是对一种抽象的行政权、监察权、审判权和检察权的支持，因为没有人大的监督，这几种国家权力就有可能违背它存在的初衷，甚至可能突破宪法和法律的笼子而腐烂变质。

但是，这些职权不光是抽象的概念，更是要得到具体执行的，其生命力只有在有关国家机关的具体执行中才能体现。在具体执行过程中，又必须受人大的监督，而将人大的监督理解为支持的时候，又必须回答一个问题：人大支持的是什么，或者说支持的标准是什么？这个问题，前述彭真等领导人的讲话实际上给出了答案。

比如，彭真说，"人大常委会对政府工作的监督，主要是监督它是否违宪、违法，是否执行国家的方针、政策，是否符合人民利益"；李鹏说，人大监督的目的是支持督促"一府两院""依法行政、公正司法"；吴邦国说，"人大监督的目的，在于确保宪法和法律得到正确实施，确保行政权、审判权、检察权得到正确行使，确保公民、法人和其他组织的合法权益得到尊重和维护"；而栗战书在前述十三届全国人大常委会第四次会议上的讲话中也强调说，监督的目的"是推动党中央决策部署贯彻落实，确保宪法法律全面有效实施，确保行政权、

监察权、审判权、检察权得到正确行使"。① 将这些领导人讲话中关于人大监督也是支持的标准，加以归纳总结，实际就是两条：第一条是，支持"一府一委两院"依照宪法和法律行使职权，即依法行使职权，强调"依法"二字；第二条是，支持"一府一委两院"正确行使职权，强调"正确"二字。依法行使职权好理解，难点是，什么叫正确行使职权？从广泛的意义上看，依法行使职权当然就是正确行使职权，但是，"一府一委两院"行使的职权有些并不是对宪法和法律的具体执行，而对于并非具体执行宪法和法律的行为，人大监督的标准是什么？就是彭真以及栗战书所说的，是否执行国家的方针政策，是否推动党中央决策部署的贯彻落实，是否符合人民利益。所以，除了依法之外，这三个"是否"，就是检验被监督机关是否"正确"行使职权的标准，也是人大监督或者支持的标准。当然，人大以是否"正确"为标准行使监督权，也必须有宪法和法律的规定，如果宪法和法律规定人大仅限于以是否"依法"为标准行使监督权，那么，"一府一委两院"行使职权是否"正确"就不属于人大监督的范围，否则，人大就属于越权监督，就不是支持了。

这样，用是否依法、正确行使职权的标准来衡量，人大对"一府一委两院"的监督，就是用宪法和法律、党中央的决策部署、国家的方针政策和人民利益这几条标准来对照，在监督的过程中挑毛病，找岔子，是就是，非就非，错的就否定、纠正，对的就肯定、支持，而不是简单地、不加分析地、不分对错地强调支持。如果一概地把人大的具体监督说成支持的话，在认识和实践中就容易产生混乱。所以，在具体的监督工作中，在人大与被监督机关之间，还是明确地把监督与支持分开为好，监督就是监督，支持就是支持。监督中有支持的成分，但监督本身与支持不是一回事，在人大监督的过程中，它的"支持"，仅限于支持被监督机关依法、正确行使职权。这样理解有几个好处：

一是，可以对监督的含义做同一指向的限定。人大监督的指向，应当限于那些违宪违法、违反党中央的决策部署和国家方针政策、违反人民意志利益的行为、事项或者主体，是指对违宪违法、错误或者不适当的行为、事项或者主体的发现、批评、否定和纠正。即使对工作报告、专项工作报告以及其他有关报告和事项的审查审议，其目的也是避免发生违宪违法、违反党和国家方针政策决策部署、违反人民利益的情况，一旦发生了，就要否定纠正。这样，具体到某一被监督主体，这种监督就不能简单地说成一种支持，它只能是一种审查、批评、批判、否定和纠正；监督的目的指向并非支持，而是发现并纠正问题，

---

① 全国人民代表大会年鉴（2018年卷）[M]．北京：中国民主法制出版社，2019：258.

但在监督过程中，对于被监督主体依法、正确行使职权的行为，应当支持。这样，把监督的含义指向弄清了，就可以避免对同一行为做监督与支持两个相反方向的理解。

二是，有利于明确界定支持的含义。人大在开展各项具体工作中，对由它产生并受它监督的国家机关，如果说要支持，如前所述，也只能支持这些国家机关依法、正确行使行政权、监察权、审判权和检察权，对于违法或者错误地、不适当地行使职权的现象，人大就不能支持，只能监督了。这样，支持的含义就被限定在"依法"和"正确"的层面。

三是，有利于理解在监督中支持和在支持中监督的含义。如果把支持界定在支持被监督主体依法、正确行使职权，那么，前述在监督中支持的含义，就可以理解为，人大在依法监督"一府一委两院"的全过程中，又要支持它们依法、正确行使职权；在支持中监督的含义，就可以理解为，人大在支持"一府一委两院"依法、正确行使职权的同时，也要全过程监督它们是否有违反宪法法律、违反党中央决策部署和国家方针政策决策部署、违反人民利益的情况发生。

4. 人大依法行使监督权就是支持

对这个问题，前述彭真关于人大要注意正确地支持政府工作，而不要干涉、干扰甚至代替政府工作，以及在监督"一府两院"时一不要失职、二不要越权的论述，是相当深刻到位的，其关键在于，人大的监督也要严格依法进行。值得注意的是，栗战书在前述关于人大监督工作的讲话中，对人大的依法监督也有专门论述。他说，人大开展监督工作，"要严格遵循'依法'二字，依照法定职责、限于法定范围、遵守法定程序，督促'一府一委两院'依法履职尽责，而不能越俎代庖，代替它们行使行政权、监察权、司法权"。① 这个论述与彭真的思想是一脉相承的。

他们的论述表明，凡属于"一府一委两院"依法行使职权的事项，人大都要支持，而不能以监督的名义不恰当地干预、代替和越俎代庖。比如，按照宪法和法律的规定，全国人大常委会有权监督行政法规和地方性法规，但监督的标准是，是否与宪法和法律相抵触。如果行政法规和地方性法规发生与宪法和法律相抵触的情形，全国人大常委会就应当监督。但是，如果全国人大常委会认为行政法规、地方性法规规定了不适当的内容，也要进行监督恐怕就不好了，就干预地方人大及其常委会的职权了。所以，人大行使监督权固然重要，但是，

---

① 全国人民代表大会年鉴（2018年卷）[M]．北京：中国民主法制出版社，2019：258．

在不失职于监督的同时，又不能干预、干涉被监督机关依法行使职权。人大的监督也必须严格依法进行，人大依法而不越权监督，就是对被监督主体一种很好的支持。

5. 最根本的是对党的领导的支持

对人大监督也是一种支持，无论站在什么角度，做什么样的理解，万线汇总，都应当得出一个根本性的结论，即：人大的监督，最根本的是对党的领导的支持。这是问题的根本所在、命脉所在，有以下几个理由：

一是，人大的监督工作是在党的领导下进行的，是贯彻落实党中央以及各级地方党委的决策部署。如果人大不能认真有效地履行监督职权，党对各国家机关依法履行宪法和法律职责的领导、对现代化建设整体事业的领导也会落空。这个问题，栗战书在前述全国人大常委会会议上有充分的阐述。他说："人大监督是党和国家监督体系的重要组成部分，它同党的监督、民主监督、行政监督、司法监督、审计监督、社会监督、舆论监督等各有侧重、互相贯通，共同构成党统一指挥、全面覆盖、权威高效的监督体系"，"是在党的领导下，代表国家和人民进行的具有法律效力的监督"。[①]

在这次会议上，栗战书还明确提出，"人大监督工作必须在党的领导下进行，站在党和国家事业全局的高度"，"全国人大常委会监督工作情况和重要事项，要及时向党中央请示报告"，"这是最根本的一条原则"。[②] 在谈到人大监督工作的具体指向和重点时，栗战书还说，"其指向就是紧紧围绕保障党中央作出的重大决策部署的落实，实现党中央提出的重大目标任务来谋划和安排"。[③] 栗战书的上述讲话，是对当前及今后相当长时间人大监督工作的重要指引，对于坚持党对人大监督工作的领导，具有重要意义。同时，也充分表明，人大监督工作坚持党的领导，认真落实党中央重大决策部署，从根本上说，都是对党的领导的坚定有力的支持。

二是，人大监督"一府一委两院"认真执行宪法和法律，就是监督这些国家机关认真执行党的主张，因为宪法和法律是党的主张的体现，"一府一委两院"不认真执行宪法和法律，就是不认真执行党的主张。因此，人大监督"一府一委两院"认真执行宪法和法律，从根本上说是在监督党的主张有没有得到认真执行，是对党的领导最有力的支持。

---

① 全国人民代表大会年鉴（2018年卷）[M]. 北京：中国民主法制出版社，2019：258.
② 全国人民代表大会年鉴（2018年卷）[M]. 北京：中国民主法制出版社，2019：258.
③ 全国人民代表大会年鉴（2018年卷）[M]. 北京：中国民主法制出版社，2019：258.

三是，如前所述，人大监督在国家机关层面上体现为一个国家机关对其他国家机关的监督，但从内部工作上看，很大程度上是人大内部党组织对其他国家机关内部党组织的监督，是统一的执政党内部一个组织对另一个组织的监督，具有明显的党内监督的特点。既然是党内一个组织对另一个组织的监督，那么，这种监督与西方多党制下一党对另一党的监督的一个重大区别就是：西方国家一党对另一党的监督，是一种对抗和拆台，目的是让另一政党下台，实行轮流坐庄；但在我国，党内一个组织对另一个组织的监督，绝非对抗和拆台，绝非要轮流坐庄，而是具有明显、明确的支持和督促的性质，即使是对另一党组织工作的批评、否定和纠错，其本质也是一种支持，这是党建规律的体现，也是党建工作的基本要求。而按照党内民主集中制的组织原则，人大以及其他国家机关党组织都要接受共同上级党委的领导，并最终接受党中央的集中统一领导，所以，人大的党组织监督其他国家机关党组织是否严格执行宪法和法律，是否严格执行党中央和各级党委的决策部署，是否从人民利益出发行使职权，不仅是对同级被监督机关党组织的支持，也是对上级党委直至党中央的有力支持，是对一个统一的执政党及其整体事业的支持。

四是，也只有把人大的监督从根本上看成对党的领导的支持，人大的监督才真正有权威，"一府一委两院"也才会提高政治站位，自觉接受人大监督，把接受人大监督视为接受党的领导的重要和具体的体现。

五是，在地方，政府的首长都是由同级党委副书记兼任，监察委主任由同级党的纪委书记兼任，与同级纪委合署办公，实行两块牌子、一套班子，并接受同级党委领导，而地方"两院"的工作也要接受同级党委及其政法委的领导。在这样的党政关系背景下，如果人大的监督不能被视为对党的领导的支持，就容易产生一种错误的认识，认为人大监督党委提名的"一府一委两院"领导成员，就是在与党委作对，是在拆党委的台。这样，一些党委负责人就会消极对待，不支持甚至阻碍人大的监督。所以，只有把人大监督视为对党的领导的支持，使党的领导与人大监督统一起来、一致起来，人大对"一府一委两院"的工作及其领导成员的监督才会顺畅有效。

六是，在中国共产党一党领导和执政的背景下，不存在所谓轮流坐庄、轮流执政，人大既不是在野党，也不代表任何在野党，它的监督工作不是与党的领导作对，而是以实现党的领导为目标而履行职权。党领导人民制定的宪法和法律，执行得越好，党的领导执政地位就越巩固，所以，人大的监督越有力度、越到位，越是有利于巩固党的领导和执政地位。这样看来，我们越是强调党的集中统一领导，人大越是要依照党的十九大精神，担负起宪法和法律赋予的监督职责,从一个重要的侧面加强监督,才能保证党的领导的实现。

党的十八大以来,关于人大工作包括人大的监督工作,必须坚定不移地坚持党的领导的提法,不断得到强调和提升。比如,必须坚持和加强党对一切工作的领导,必须坚决维护党中央权威和集中统一领导,全国人大常委会是党中央领导下的重要政治机关,必须坚决维护党中央一锤定音、定于一尊的权威,等等,这些重要提法对于充分认识各级人大及其常委会在新时代的政治定位和法律定位至关重要。党的十八届四中全会提出,党的领导和社会主义法治是一致的,党的十九大报告进一步提出,要使各级人大及其常委会成为全面担负起宪法和法律赋予的各项职责的工作机关,2018年修改宪法又明确将党的领导是中国特色社会主义最本质特征写入总纲第一条,从而具有了最高法律效力。在这样的背景下,从政治上说,各级人大及其常委会已经成为党领导下的履行宪法和法律职责的名副其实的工作机关,因此,其监督权的行使,必须在党的领导下进行。同时,人大的监督必然也是对党的领导的支持。说人大的监督也是支持,是把人大定位在党领导下的履行宪法和法律职责的工作机关这个前提下,与其他国家机关从不同的侧面履行宪法和法律赋予的职责包括监督职责,在这个意义上,需要特别强调,人大的监督是对党的领导的支持。

(四) 小结与建议

由上述可以发现,准确把握人大监督与支持的关系,不是一件易事。理顺两者的关系,需要沿着历史的脉络,并从党领导下的人民代表大会制度这一政治体制的顶层,对人大的监督工作做出科学的定性定位。将监督说成一种支持,从不同的角度来看,是有说服力的,但是,就人大的一项具体监督工作而言,不宜笼统说监督又是支持,否则容易让人在认识上感到自相矛盾和困惑不解。而简单地从不同侧面强调监督是一种支持,又容易忽视事物的主要矛盾和矛盾的主要方面,忽视事物多种属性中的根本属性,认识不到人大的监督从根本上说是对党的领导的支持,从而既削弱党的领导,又不利于人大开展监督工作。

建议有关方着重研究解决几个问题:一是,对人大监督与支持的关系做出权威、充分和统一的论述,立体地、辩证地阐述两者的关系;二是,对我国一党领导执政情况下人大监督与西方多党制下议会监督的区别与联系,做深入分析,达到认识上的正本清源;三是,从人大监督与党的领导的关系入手,深刻揭示人大监督是对党的领导的支持这个根本性的主题思想,使各级党委和人大统一认识、统一思想,将坚持党的领导与加强人大监督统一起来,将人大能否有效监督当作检验是否坚持党的领导的重要标准;四是,十分注意人大监督其他国家机关的背后，实际涉及人大的党组织监督其他国家机关中的党组织，同时又必须接受同一级党委领导这个深层的背景，在这个背景下研究人大监督的空间和方式方法；五是，研究人大监督在党的领导、人民当家作主、依法治国有机统一中的具体实现机制，如果没有科学的实现机制，人大监督与支持的关系就不好处理，党的领导、人民当家作主、依法治国也难以实现有机统一；六是，在各类重要文件和领导人讲话中，对人大监督与支持的关系进行统一、一致的表述，以避免表述稍有差异就影响认识和实践导向的问题。

十四

领导干部运用法治思维和法治方式是实现依法治国的必由之路[*]

党的十八大提出,实现依法治国,需要"提高领导干部运用法治思维和法治方式深化改革、推动发展、化解矛盾、维护稳定能力"。十八大结束后,习近平同志在2012年12月4日首都各界举行的现行宪法公布施行30周年纪念大会上,在2013年2月23日中央政治局依法治国的集体学习会议上,不仅对领导干部运用法治思维和法治方式深化改革、推动发展、化解矛盾、维护稳定的任务和目标提出具体要求,还进一步提出,要通过提高领导干部运用法治思维和法治方式的能力,改进党的领导方式和执政方式。在中央政治局6月22日—25日召开的群众路线教育实践专门会议上,习近平同志又强调,领导干部要以法治思维和法治方法抓作风建设。半年左右的时间内,党的领导人先后在重要讲话中反复强调领导干部提高运用法治思维和法治方式能力的重要性,并对提高这一能力的着力点提出明确要求,这是颇不寻常的。各级领导干部在认真学习十八大报告的基础上,以高度的政治敏锐性和自觉性,领会贯彻习近平同志讲话精神所包含的深刻的用意和远见,对于不断提高自身法治素质、改进党的领导方式和执政方式、实现依法治国,具有十分重要的意义。

(一)提高运用法治思维和法治方式的能力,是我们党为适应全面推进依法治国事业需要,对领导干部法治素质提出的新要求

在一个具有几千年封建专制传统的国家,要实现治国方略由人治向法治的转变,是极为不易的。新中国成立前,在严酷的战争环境中,中国共产党没有条件对治理国家的基本方略进行深入的思考和探索,新中国成立后几十年,党在领导人民进行奋斗的历程中,又经历了巨大挫折,特别是经历了"文革"那

---

[*] 这是作者2013年撰写的一篇稿件。

样践踏法治的灾难。歧路使人猛醒,苦难铸就辉煌。党的十五大提出,实行依法治国,建设社会主义法治国家。这一内容于1999年被载入宪法。将依法治国作为治理国家的基本方略,不仅是党领导人民对历史经验教训的深刻总结,更是党对治国方略认识的一次质的飞跃,给社会主义民主法制建设以及国家社会的全面健康发展带来光明前景。

在十五大报告的基础上,党的十六大要求"依法治国基本方略得到全面落实",党的十七大又明确提出,"加快建设社会主义法治国家",党的十八大进一步提出,"全面推进依法治国"事业的发展。党的四次代表大会的这些重要阐述充分表明,依法治国不仅已经成为全党全社会的共识,而且被确立为我们党矢志不渝、为之不懈奋斗的目标。

现在,如何落实十八大报告提出的全面推进依法治国的宏伟目标,是摆在我们面前的相当艰巨的任务。依法治国是广大人民群众在党的领导下,依照宪法和法律管理国家和社会事务的伟大实践。这里,党的领导被摆在关键位置,而领导干部特别是党的领导干部又是关键中的关键。江泽民、胡锦涛、习近平同志多次强调,领导干部在依法治国中要走在实践的前沿,起带头示范作用。没有领导干部的身体力行,依法治国事业就无法进行。而领导干部在依法治国中能否起关键作用,又取决于他们的法治素质,领导干部具有良好的法治素质,法治就会顺利推进,反之,就很难有效地实行法治。抓住了领导干部法治素质这件大事,就执住了依法治国事业之牛耳,找到了推动依法治国的根本性方法。

为适应法治进程的需要,我们在不同的时期对领导干部的法治素质提出了不同的要求。在新时期法制建设的起步阶段,这个问题已经引起重视。那时候,我们强调领导干部要具有"法律意识"。到了1997年,党的十五大报告提出,要"着重提高领导干部的法制观念和依法办事能力",后来,十六大报告又强调,"尤其要增强公职人员的法制观念和依法办事能力",十七大报告提出,要"弘扬法治精神",而党的十八大报告在要求"弘扬法治精神,树立社会主义法治理念"的同时,首次提出,要"提高领导干部运用法治思维和法治方式"的能力。从"法制观念"、"依法办事能力"、"法治精神"到"法治理念",再到"法治思维和法治方式",我们可以清晰地看到党的重要文献在不同的历史时期对于领导干部法治素质的不同要求,这种要求是一脉相承、不断深化、不断发展、不断提高的,而法治思维和法治方式的提出,是我们党为适应全面推进依法治国事业需要,对领导干部法治素质提出的新要求。各级领导干部要努力适应这一新要求,不断提高运用法治思维和法治方式的能力,确保能够担当起领导依法治国事业全面推进的重任。

<<< 十四 领导干部运用法治思维和法治方式是实现依法治国的必由之路

  法治思维,说的是国家和社会治理活动中,一种信仰法律、依靠法律、善于运用法律来发现问题、研究问题、妥善解决问题的思想意识、思想观念、思想方式、思想习惯和思想风气。衡量一个领导干部法治思维能力的高低,有三个要素不可或缺。首要的是看他对法律有没有信仰以及信仰的程度。领导干部只有把法律作为最高的信仰,实行法治才有了良好主观基础。衡量领导干部法治思维能力的第二个要素,是看他能不能坚持从法律出发,紧紧依靠和围绕法律开展经济、政治、社会等各方面的工作,让人民群众切实感受到,法律无时无刻不在自己的身边。实践中的一种普遍性现象是,不少领导干部在发表讲话、做出批示、制定政策、规定措施以及进行视察、调研等日常工作时,要么游离于法律的规定之外,要么即使是执行法律的行为,通常也不表明其所行使职权的法律依据。长此以往,就容易给社会造成一种错觉,似乎法律没有发挥作用,一些领导干部的日常工作都是他们在法律之外自我创造的工作。这种现象容易司空见惯、熟视无睹,对实行法治是十分有害的。衡量领导干部法治思维能力的第三个要素,是看他在工作中有没有依靠和善于运用法律去发现问题,研究分析问题和妥善解决问题的主观素质。这一素质在各级领导干部中还不同程度地存在差异,甚至存在相当大的差异,需要引起足够重视。

  而就具体内容来说,法治思维所蕴含的要素是十分丰富的。法律意识、法制观念、法治精神、法治理念等都是法治思维的应有之义,但法治思维反映的不仅仅是有关法治的思想意识的某一局部、某一层次、某一阶段性的东西,它是人类对于法治的信仰和情感、知识和理论、习惯和能力等诸多因素的科学化、系统化的反映。它不仅表现为法律意识、法制观念等较初级的思维形态,更表现为法治精神、法治理念等更高一级的思维形态,不仅表现为对法律知识、法律精神、法学理论的占有和掌握,更表现为对各种法律现象的理性清醒的认识和运用法律解决问题的能力;不仅表现为一种静止的法治思维状态,更表现为一种善用法治、积极推动法治的自觉性和能动性。由此可以看出,党的十八大报告提出和习近平同志反复强调的,领导干部要提高运用法治思维的能力,所包括的内涵相当丰富深刻,是对各级领导干部提出的很高的要求。

  与法治思维密切相关,十八大报告还提出了"法治方式"的新用语,要求领导干部在提高运用法治思维能力的同时,也要提高运用法治方式的能力。法治方式就是法治思维在实践中的具体化,是法治思维影响和指引下的一种工作方式方法。法治思维是思想的方法,认识的方法,法治方式是行动的方法,实践的方法。有什么样的法治思维,就会有什么样的法治方式,法治思维决定法治方式。法治方式也会反作用于法治思维,法治方式的良好运用会为提升法治思维不断积累、输送正能量。在依法治国的实践中，领导干部要科学认识法治思维和法治方式的辩证关系，相辅相成、不可偏废地运用它们。

马克思主义认识论认为，我们在承认实践是认识的基础的同时，也要十分重视认识对实践的反作用。列宁就说："人的认识不仅反映客观世界，而且创造客观世界。"马克思主义还认为，实践的第一个基本要素就是目的性，而目的性又是人的主观能动性的集中体现，当这种目的性符合事物的客观规律时，我们就应当充分发挥主观能动性，以达到改造世界的目的。因此，主观能动性不仅是实践的内在特征，而且是衡量实践水平高低的重要标志。马克思主义的这一基本理论对于我们认识和理解法治思维与法治方式、依法治国的关系具有重要的指导意义。法治思维既凝聚了我们对社会主义法治规律的科学认识，也体现了我们厉行法治的主观能动性，各级领导干部只有不断提高运用法治思维的能力，并在法治思维的影响和指引下，善于运用法治方式开展广阔丰富的治国理政实践，才能走上依法治国的必由之路，实现依法治国的目的。领导干部运用法治思维和法治方式能力的高低，不仅反映依法治国的内在特征，而且也是衡量依法治国水平和进程的重要标志。所以，当依法治国的目标确定后，领导干部运用法治思维和法治方式的能力，就成为实现这一目标的决定性因素。

（二）要充分认识各级领导干部运用法治思维和法治方式，对于改进党的领导方式和执政方式，实现依法治国的重要意义

依法治国的宗旨，是保证国家和社会的各项工作都依法进行，逐步实现社会主义民主的制度化、法律化，使这种制度和法律像邓小平同志所要求的那样："不因领导人的改变而改变，不因领导人的看法和注意力的改变而改变"。要实现这一宗旨，就必须依靠党的领导。

党领导的依法治国事业，是前无古人的事业。党领导人民进行革命和建设已经走过了90多年的风雨历程。其中，在不同的历史时期，采取了不同的领导方式和执政方式。历史的经验表明，要坚持党的领导，必须不断地改善党的领导。党要卓有成效地领导依法治国事业，保证人民充分行使民主权利，维护人民当家作主的地位，就必须与时俱进，不断改进自身的领导方式和执政方式。2001年5月23日，江泽民同志在安徽考察工作时，着重讲了改进党的领导方式方法问题。他说："采取正确的领导方式和领导方法，是我们党作为马克思主义政党，作为带领人民紧跟时代潮流、不断开拓前进的执政党，必须具备的能力。"他严肃地提出："面对新形势新任务，如何进一步改进领导方式和领导方法，实现领导方式和领导方法的创新，是当前我们党的建设、也是我们的政治体制改革面临的一个重大课题。"不仅如此,江泽民同志还直接地、明确地点出了改进党的领导方式方法与依法治国的关系。他说,"实施依法治国方略","把依法治国和以德治国结合起来","其中都包含着改进和完善党的领导方式、领导方法的意义在内","党的领导方式和领导方法的不断改进,为我们的事业不断改进提供了有力的推动和保证"。江泽民同志这篇重要讲话的摘要,被收入他的著作《论党的建设》中,题目就是《努力提高党的领导水平和执政能力》。第二年,就是2002年的11月8日,在党的十六大报告中,江泽民同志又提出,"改革和完善党的领导方式和执政方式","对于推进社会主义民主政治建设,具有全局性作用"。2004年,胡锦涛同志在纪念全国人民代表大会成立50周年大会上也指出,要"不断改革和完善党的领导方式和执政方式,坚持依法治国基本方略"。2012年,他在党的十八大报告中再次指出,要实行依法治国,就"要更加注重改进党的领导方式和执政方式,保证党领导人民有效治理国家"。习近平同志在2012年12月4日纪念现行宪法公布施行30周年大会上讲话时也强调,实行依法治国,要"坚持党的领导,更加注重改进党的领导方式和执政方式"。学习江泽民、胡锦涛、习近平同志的这一系列重要论断,我们就能深刻领会到,改进党的领导方式和执政方式,是党领导和实现依法治国的一个重大的前提性问题,也是摆在全党面前的一项紧迫任务。

如何改进党的领导方式和执政方式?改进党的领导方式和执政方式的决定性因素是什么?这又是一个值得全党深思远谋的重大课题。习近平同志在纪念宪法公布施行30周年大会上的讲话,是一篇十分重要的讲话,是推进依法治国特别是推进宪法实施的一篇经典性文献。在这篇讲话中,他花了相当的篇幅阐述如何改进党的领导方式和执政方式,以推动依法治国事业前进。其中,特别重要的一条就是,各级领导干部要提高运用法治思维和法治方式的能力。这就把领导干部提高运用法治思维和法治方式的能力,放到攸关改进党的领导方式和执政方式的重要位置上了。习近平同志的这个重要观点,无论从主体因素上还是从主观因素上说,都切中肯綮地抓住了改进党的领导方式和执政方式的要害。正反两方面的经验教训都证明,党的领导方式和执政方式能不能改进,在多大程度上改进,要害就在领导干部,特别是党的领导干部。而领导干部的头脑里有没有法治思维,有什么样的法治思维,又决定了他能不能运用法治方式以及运用什么样的法治方式,去改进党的领导方式和执政方式。所以,我们要充分认识各级领导干部运用法治思维和法治方式,对于改进党的领导方式和执政方式,实现依法治国的重要意义。

认识领导干部运用法治思维和法治方式,对于改进党的领导方式和执政方式，实现依法治国的重要意义，就要牢牢树立依宪治国、依宪执政的理念，始终不渝地把宪法摆在治国理政的最高位置。宪法是国家的根本大法，是社会主义法律体系的核心，是依法治国的纲领性文件。但不能否认，在一些领导干部的思想和行动中，宪法还没有受到应有的重视，在治国理政的千头万绪中，宪法的核心作用、纲领作用还没得到充分发挥，一些领导干部甚至党组织和国家机关违背宪法的行为时有发生，而且没有得到及时纠正。习近平同志在2012年的宪法纪念大会上强调指出："依法治国，首先是依宪治国；依法执政，关键是依宪执政。"这里，他把依宪治国、依宪执政放到了依法治国和依法执政中的首要地位，也就是说，我们改进党的领导方式和执政方式，首要的和关键的任务，是要坚决做到依宪治国和依宪执政。广大领导干部应当以习近平同志的这一要求为工作指针，认真学习宪法，善于运用宪法，以宪法为根据开展工作，以宪法为标准衡量工作，以宪法为镜子检查和纠正工作中的违宪行为，自觉树立起宪法在国家和社会生活中至高无上的权威。应当特别注意，领导干部能否自觉在宪法的范围内活动，是一件大事。20世纪50年代，中央在决定重大问题时，毛泽东同志、周恩来同志常常都要问一下，是不是符合宪法，并严肃提醒一句："可不能违宪呐"！彭真同志在担任六届全国人大常委会委员长期间，也经常讲：在人大工作最重要的是按宪法办事，决不允许出现不符合宪法规定的做法。他还对全国人大常委会的有关负责同志说：我这个委员长如果违反宪法，我就辞职！你们要是违反宪法，也要辞职。毛泽东、周恩来、彭真同志的这种做法和精神至今听来都是令人震撼和引人深思的，广大领导干部应当用以为镜，来检验和鞭策自己对宪法的忠诚。

认识领导干部运用法治思维和法治方式，对于改进党的领导方式和执政方式，实现依法治国的重要意义，就要深刻认识和把握党的领导与人民当家作主、依法治国的一致性、统一性原则。在新时期民主法制建设开始起步的时候，针对如何处理党的领导与依法办事关系的疑问，彭真同志强调说，"党的领导与依法办事是一致的、统一的。"江泽民同志担任总书记后，又强调说，"加强党的领导同充分发扬民主和严格依法办事是一致的。"他还说："共产党执政，就是领导和支持人民掌握和行使管理国家的权力。"在党的十六大报告中，江泽民同志进一步提出，"发展社会主义民主政治，最根本的是要把坚持党的领导、人民当家作主和依法治国有机统一起来。"胡锦涛同志、习近平同志在党的十七大报告、十八大报告以及其他重要讲话中都反复强调，要坚持党的领导、人民当家作主和依法治国的有机统一。这里的"有机统一"，是在实现人民当家作主这一目标一致基础上的有机统一，没有目标的一致就谈不上有机的统一。党的领导人之所以一以贯之地强调党的领导与人民当家作主和依法治国的一致性、统一性，是因为这既是一个处理三者关系的重大原则问题，又是一个在认识和实践中不易把握、容易发生偏差的问题。我们领导干部要深刻认识、科学把握党的领导与人民当家作主、依法治国关系的一致性、统一性原则，既要反对片面强调党的领导，不尊重法治规律和人民当家作主要求的看法和做法，又要反对以实行法治和人民行使权利为由，抵触甚至否定党的领导的看法和做法，总体来说，就是要避免把党的领导与人民当家作主、依法治国割裂开来甚至对立起来。

认识领导干部运用法治思维和法治方式，对于改进党的领导方式和执政方式，实现依法治国的重要意义，就要十分注意使党善于运用国家政权机关处理国家事务。毛泽东、刘少奇、周恩来和邓小平等领导人都曾强调，党要善于通过国家政权机关来领导各项事业，不能向国家机关发号施令。1962年1月27日，刘少奇同志在中央工作会议上做报告时强调："不错，我们党是国家的领导党，但是，不论何时何地，都不应该用党的组织代替人民代表大会和群众组织，使它们徒有其名，而无其实。如果那样做，就违反了人民民主制度，就会使我们耳目闭塞，脱离群众，这是很危险的。"在新的历史时期，江泽民同志指出，"各级领导同志要学会在宪法和法律的范围内加强和改善党的领导。""既保证党委的领导核心作用，又充分发挥人大、政府、政协以及人民团体和其他方面的积极作用。"胡锦涛同志指出，党要"把依法执政作为党治国理政的一个基本方式"，"善于运用国家政权处理国家事务"。习近平同志强调，党要"善于通过国家政权机关实施党对国家和社会的领导，支持国家权力机关、行政机关、审判机关、检察机关依照宪法和法律独立负责、协调一致地开展工作"。由此可见，要求党坚持依法执政，善于通过国家政权机关实施领导，是我们党的一贯主张和宗旨。但是，这一主张和宗旨有时贯彻得好，在很多时候贯彻得又并不理想。各级领导干部只有不断提高运用法治思维和法治方式的能力，才能相应地提高依法执政、善于通过国家政权机关实施领导的能力。

认识领导干部运用法治思维和法治方式，对于改进党的领导方式和执政方式，实现依法治国的重要意义，就要坚持不懈地抓领导干部的作风建设。领导干部的作风与党的领导方式和执政方式密切相关，很大程度上可以说，作风问题是领导方式和执政方式的决定性因素。1980年，邓小平同志在《党和国家领导制度的改革》这篇著名文章中，就严厉批评了领导干部中存在的官僚主义现象、权力过分集中的现象、家长制现象以及其他形形色色的特权现象，并指出："只有对这些弊端进行有计划、有步骤而又坚决彻底的改革，人民才会信任我们的领导，才会信任党和社会主义，我们的事业才有无限的希望。"现在，不少领导干部实际上还没能克服邓小平同志批评的这些作风弊端。比如，在依法执政、领导执法的日常工作中，一种普遍性的现象是，受官僚主义、形式主义等因素的影响，一些领导干部常常不注重直接执行法律，甚至把法律的规定弃于一边，而热衷于在法律之外发表讲话，用讲话代替法律甚至凌驾于法律之上；热衷于做出批示，用层层批示的方式要求执行法律，甚至干扰正常执法；热衷于搞文山会海，把本应直接执行法律的工作，变成用文件落实文件，用会议落实会议的做法。这些现象突出反映了他们还是自觉不自觉地把个人置于法律之上，口头上讲依法治国，但行动上还是一套人治的作风做法。习近平同志指出，"要以法治思维和法治方法抓作风建设，实现作风建设制度化、规范化、常态化。"这切中了领导干部作风建设的要害。我们党历来重视自身的作风建设，80年前，为了夺取革命的新胜利，毛泽东同志在延安就号召改造我们的学习，反对党八股，整顿党的作风。今天，各级领导干要对照习近平同志的讲话，发扬延安时期的整风精神，举一反三，切实通过加强作风的法治化建设，不断改进我们党对依法治国的领导方式和执政方式。

（三）要着力运用法治思维和法治方式，深化改革、推动发展、化解矛盾和维护稳定，推动依法治国事业不断推前进

深化改革、推动发展、化解矛盾和维护稳定，是当前和今后相当长时间内依法治国的重要任务。十八大报告在提出"更加注重发挥法治在国家治理和社会管理中的重要作用"的同时，强调通过提高领导干部运用法治思维和法治方式能力，富有成效地完成这四项任务。习近平同志对此十分重视，并对领导干部在工作中提高运用法治思维和法治方式的能力提出具体要求，就是"努力推动形成办事依法、遇事找法、解决问题用法、化解矛盾靠法的良好法治环境，在法治轨道上推动各项工作"。在2013年2月23日中央政治局就全面推进依法治国进行集体学习时，他进一步提出了领导干部运用法治思维和法治方式的目标，就是"努力以法治凝聚改革共识、规范发展行为、促进矛盾化解、保障社会和谐"。习近平同志的要求、目标都是明确的、坚定的，各级领导干部要认真贯彻落实。

1. 深化改革需要运用法治思维和法治方式

改革是这个时代的大主题。十一届三中全会以来，我们已进行了40多年的改革，法治建设也随着改革的推进而不断前进，并对改革的顺利进行起到了重要作用。十八大报告强调，要不断深化改革，特别是"不失时机深化重要领域改革"。有一种说法认为，改革已进入"深水区"和"攻坚期"，这形象地说明了深化改革特别是深化重要领域改革的难度。实践证明，改革离不开法治，改革越是进入"深水区"和"攻坚期"，各级领导干部就越是要重视法治的作用，越是要提高运用法治思维和法治方式的能力，来推动改革的不断深化和突破。

用法治思维和法治方式深化改革，就要重视和认识法治与改革的辩证关系。这方面，我们积累了不少经验。比如，在立法方面，我们始终注意从改革的实际出发，在不同时期，根据不同的改革形势，果断地采取立法推动政治体制改革前进的策略，或者用改革创新的精神推动经济立法，或者在立法中妥善处理改革、发展、稳定的关系，或者妥善处理法律的稳定性与变动性、前瞻性与可行性的关系，等等。但是，也存在一些值得注意的问题。比如，现在的立法还存在滞后于改革、不能适应改革需要以及偏于原则粗疏的情况，而在执法和司法过程中，还存在一些不重视法治甚至违背宪法和法律搞改革的现象。领导干部站在法治与改革实践的前沿，要探索和总结改革时代法治的特点，以及法治在改革中的作用与定位，科学把握法治与改革关系的基本规律，只有这样，才能不断提高运用法治思维和法治方式深化改革的能力。

用法治思维和法治方式深化改革，就要像习近平同志所要求的那样，努力用法治凝聚改革共识。现在，以宪法为核心的社会主义法律体系已经形成，这个法律体系是几十年来我们用法治凝聚起来的最大的改革共识，需要倍加珍惜。要在改革中自觉维护法制的统一、尊严和权威，特别是要旗帜鲜明地反对各种以改革的名义，动辄怀疑和否定宪法和法律确立的根本制度和基本制度的言论和做法。这些言论和做法容易给人以热心改革的错觉，实则是对改革共识的根本性破坏。要用法治引领和保障改革的前进，注重在法治的轨道上积极探索改革的重点、难点和突破点，积累和巩固改革的经验成果，科学预见改革的方向，使深化改革的过程体现为推动法治的过程，使深化改革的共识不断凝聚为法治进步的结晶。

用法治思维和法治方式深化改革，就要十分注重发挥法治在深化重要领域改革中的作用。现在，深化政府机构的职能转变，就是重要领域的改革之一。李克强同志不久前在国务院机构职能转变动员会议上讲话时专门强调："我们一定要用法治思维和法治方式履行政府职能，推动改革发展，建设现代政府。"李克强同志的这个观点，也完全适用于其他重要领域的改革。因为重要领域的改革，常常就是我们所说的"深水区""攻坚期"的改革，具有难度高、阻力大的特点，只有用法治思维和法治方式加以深化和推进，才能使我们在把握改革时机、出台改革政策措施的时候，有法治的根据和法治的底气，才能保证改革朝着法治的方向前进。

2. 推动发展需要运用法治思维和法治方式

发展是党执政兴国的第一要务。在充分肯定这么多年来各项事业发展取得巨大成就的同时，我们也要正视和解决发展中出现的各种问题。在实际工作中，不少领导干部头脑里有单纯追求 GDP 和短期政绩以及其他违背客观规律的发展观，他们或者脱离实际情况甚至违法确立发展的任务和目标，或者过于注重经济的、城市的发展，而忽视社会的、民主政治的和农村的协调同步发展，或者以牺牲生态环境、质量效益为代价，片面追求发展的速度、数量和短期效应，或者以牺牲一部分公民的法定权利和公平正义的基本价值为代价，人为造成发展中的两极分化、矛盾激化和社会不稳定现象，或者不适当地干预市场要素，以政府之手代替市场规律，从而扭曲经济社会发展过程中政府与市场的关系，等。这些问题要引起我们的足够重视。克服片面的、不协调的、不可持续的发展观和发展方式，认真落实科学发展观，关键是要善于用法治来规范发展行为。各级领导干部要努力用法治来科学处理发展与改革、社会稳定的关系，在推动发展的过程中，认真贯彻立法有关改革、发展、稳定关系的规定和精神，避免发展与改革脱节和影响社会稳定的情况。要在法治的范围内确立发展的任务和目标，严格以法定的发展任务和目标为根据，规划和制定国家的、地方的、部门的发展任务和目标，并十分注重经济发展与社会发展、民主政治发展，城市发展与农村发展的协调同步性。要用法治来规范政府与市场在发展中的关系，特别是要严格执行行政许可法等规范政府职能权限的法律，避免政府违法干预市场发展。要坚决纠正和杜绝党政机关及其工作人员在推动发展过程中破坏法律规定、侵犯公民法定权利的各种现象。

3. 化解矛盾需要运用法治思维和法治方式

随着改革的不断深化，利益格局的不断调整，加上公权力的违法不当行使等叠加因素的影响，我国已经进入社会矛盾的多发期、频发期，一些因为矛盾没有得到妥善解决而引发的极端性事件、群体性事件，已成为影响社会和谐稳定的突出问题。胡锦涛同志指出，"正确处理人民内部矛盾，是关系改革发展稳定的全局性课题，是促进社会和谐的基础性工作。"在认识和把握新时期人民内部矛盾特点和规律的基础上，如何采取措施有效地化解各类矛盾，已经成为摆在各级领导干部面前的严峻任务。化解矛盾，根本的还是靠法治。胡锦涛同志多次强调，解决社会矛盾，总的原则是要坚持依法办事。习近平同志也提出，要重视运用法治思维和法治方式促进矛盾化解。

用法治化解矛盾，首要的是把重点放在维护群众的合法权益上。大量事实表明，社会矛盾的产生和激化，很多时候与我们在土地房屋征收、环境保护、城管执法、涉法涉诉等方面没有切实维护群众的合法权益有密切关系。群众利益无小事。胡锦涛同志强调，要"注重维护群众权益"，"善于运用法律手段解决矛盾，依法保护群众合法权益"。"要把解决群众切身利益的工作纳入制度化法制化的轨道。这是正确处理人民内部矛盾的根本途径。"十八大报告也专门提出，"坚持依法办事和依法维权相结合。"现在，以习近平同志为核心的党中央，正在带头开展群众路线的教育实践活动。各级领导干部一定要以此为契机，深入贯彻群众路线，站在群众的立场上，用法治思维和法治方式，及时发现、研究和妥善解决各类涉及群众利益的矛盾，切实维护群众合法权益。

用法治化解矛盾，要加强立法，为处理各种社会矛盾及时提供有效的法律依据；要严格依法行政，真正把权力关进制度的笼子里；要完善民意表达机制，注重从源头上防止和减少矛盾的发生；要加强法宣传教育，健全社会矛盾纠纷调处机制，引导群众通过合法手段表达利益诉求；要不断增强司法公信力，像习近平同志所指出的那样："依法公正对待人民群众的诉求，努力让人民群众在每一个司法案件中都能感受到公平正义。"

4. 维护稳定需要用法治思维和法治方式

用法治有效化解社会矛盾，是维护稳定的重要工作。但是，我们不能把化解矛盾等同于维护稳定，也不能满足于靠化解矛盾来维护稳定，而应当从更深层次上，用全局和长远的眼光深刻思考维护稳定的相关重大问题。胡锦涛同志在党的十六届四中全会上指出，"能否确保社会长期稳定，对党的执政能力来说，既是一个重要标志，也是一个重要考验。"这句话分量是很重的，各级领导干部要深长思之。

从改革、发展、稳定的关系上看，我们要科学运用立法、执法的手段，把改革的力度、发展的速度和社会可以承受的程度统一起来，像胡锦涛同志所指出的那样，"要真正做到在社会稳定中推进改革发展，通过改革发展促进社会稳定"。

与此同时，我们更要深刻认识和把握维护社会稳定的内在规律，那就是，坚持人民主体地位，在法治的轨道上大力发展社会主义民主，让人民真正满腔热情地投身到当家作主的实践中。党的十八大提出，"人民民主是我们党始终高扬的光辉旗帜"，"改革开放以来，我们总结发展社会主义民主正反两方面经验，强调人民民主是社会主义的生命"。习近平同志指出："我们要坚持国家一切权力属于人民的宪法理念"，"最广泛地动员和组织人民依照宪法和法律规定"，行使管理各项事务的权利，使人民"成为国家、社会和自己命运的主人"。他还说："我们要根据宪法确立的体制和原则"，"调动一切积极因素，巩固和发展民主团结、生动活泼、安定和谐的政治局面"。十八大报告和习近平同志的这些讲话,是很精辟到位的。坚持人民主体地位说起来容易做起来难。习近平同志前不久前在湖北考察工作时,批评一些领导干部脱离群众,说了一句很生动的话。他说:"一枝一叶总关情。什么是作秀,什么是真正联系群众,老百姓一眼就看出来了。"这句话用在人民当家作主的说法和做法上,也是很贴切的。实践证明,一种政治制度、经济制度和社会制度是不是脱离群众,是不是作秀,老百姓也是一眼就能看出来的。所以,发展社会主义民主,就必须来实在的,必须让人民群众在法治的范围内充分行使权利和自由,真实地参与到国家和社会各项事务的管理中。只有这样,人民群众对社会主义和社会主义的各项制度,才会有认同感、归属感和主人翁感,社会稳定才会有内在动因和坚实的群众基础,国家的长治久安才会有切实保障,社会主义的理论自信、道路自信和制度自信才会不树自立。维护稳定不是目的,创造稳定的环境让人民当家作主才是目的。反过来说,如果人民不能真正行使当家作主权利,社会稳定也就难以保障了。各级领导干部一定要深刻认识这个基本道理,从这一带有全局性、长远性和根本性的规律出发,以坚定不移的决心勇气和时不我待的紧迫感,加快提高运用法治思维和法治方式的能力,大力发展社会主义民主,努力从根本上写好维护社会长期稳定这篇大文章。用法治思维和法治方式维护社会稳定还有方方面面的具体工作要做,但是,各级领导干部把发展社会主义民主这篇大文章做好了,其他的工作就会纲举目张、迎刃而解了。

历史潮流浩浩荡荡。依法治国是全党全国人民共同选择的奋斗目标,是实现伟大中国梦的必由之路,但也必将是一条漫长曲折的道路。各级领导干部要在十八大报告和习近平同志重要讲话精神的指引下,以高度的责任感和使命感,努力提高运用法治思维和法治方式能力,改进党的领导方式和执政方式,在深化改革、推动发展、化解矛盾、维护稳定的丰富实践中,领导亿万人民充分行使当家作主权利,将依法治国伟大事业不断推向前进。